EL PODER DE LA CONCENTRACIÓN ABSOLUTA

DANDAPANI

EL PODER DE LA CONCENTRACIÓN ABSOLUTA

Herramientas prácticas para curarse de la
distracción y vivir con alegría y propósito

Traducción de Victoria Simó

DIANA

Obra editada en colaboración con Editorial Planeta – España

Título original: *The power of unwavering focus*

© Dandapani Satgunasingam, 2022
Todos los Derechos reservados incluyendo el derecho de reproducción total o
parcial en cualquier forma.
Edición publicada por acuerdo con Portfolio, un sello de Penguin Publishing
Group, una división de Penguin Random House LLC.

del diseño de interior, Jennifer Daddio / Bookmark Design & Media Inc.

© de la traducción, Victoria Simó, 2023

© 2023, Editorial Planeta, S. A. – Barcelona, España

Derechos reservados

© 2023, Editorial Planeta Mexicana, S.A. de C.V.
Bajo el sello editorial DIANA M.R.
Avenida Presidente Masarik núm. 111,
Piso 2, Polanco V Sección, Miguel Hidalgo
C.P. 11560, Ciudad de México
www.planetadelibros.com.mx

Primera edición impresa en España: septiembre de 2023
ISBN: 978-84-1119-095-4

Primera edición en formato epub: noviembre de 2023
ISBN: 978-607-39-0812-2

Primera edición impresa en México: noviembre de 2023
ISBN: 978-607-39-0766-8

Impreso en los talleres de Litográfica Ingramex, S.A. de C.V.
Centeno núm. 162-1, colonia Granjas Esmeralda, Ciudad de México
Impreso en México – *Printed in Mexico*

Este libro está dedicado al gurú
SATGURU SIVAYA SUBRAMUNIYASWAMI,
conocido afectuosamente como Gurudeva.

El amor incondicional que me profesó y su compromiso personal
con mi expansión espiritual constituyen el núcleo y la inspiración de
esta obra. Él me ofreció el mayor don al que se puede aspirar: las
enseñanzas y las herramientas que necesito para conocerme y
experimentar la divinidad que hay en mí. Las bases de la sabiduría
que me transmitió se encuentran en las páginas de este libro.

ÍNDICE

TERCERA PARTE
Las alas de la mente

CUARTA PARTE
La panacea para la mente

INTRODUCCIÓN

Vivir unos años con el gurú de mi orden como monje hindú de su monasterio fue el mayor privilegio que se me ha concedido en la vida. Tuve acceso a un saber inmenso, pero también me di cuenta de lo mucho que me quedaba por aprender. Él sentó las bases de mi expansión espiritual, sabiendo que sería el trabajo de toda una vida y que algún día no estaría presente para guiarme. Por desgracia, su prudencia se reveló más que acertada, cuando falleció tres años después de que me uniera a su orden monástica.

Pasados siete años desde su muerte, tras una década en el monasterio, decidí no renovar mis votos. Regresé al mundo exterior, me instalé en Nueva York y opté por vivir como sacerdote hinduista. En el hinduismo, los sacerdotes llevan una vida matrimonial: se casan, trabajan y se ganan el sustento como cualquier cabeza de familia.

Abandoné el monasterio durante la segunda mitad del 2008, cuando la crisis financiera global se encontraba en su máximo apogeo. Solo llevaba conmigo dos mudas, cien dólares en efectivo y una MacBook Pro. El dinero y la computadora fueron generosas donaciones del monasterio, para que pudiera empezar a construir una vida en el exterior. Si bien mis posesiones materiales eran escasas, mi maestro me había brindado un amplio abanico de enseñanzas y recursos para mi desarrollo espiritual que yo había asimilado y aprendido a aplicar mientras estaba en el monasterio.

Sabía que esas enseñanzas eran todo lo que necesitaba para desenvolverme en la siguiente etapa de mi vida. Había comprobado su efectividad en el monasterio y sabía que funcionarían también en el ancho mundo. Las lecciones, procedentes de una antigua tradición, estaban basadas en verdades universales. No importaba dónde me encontrara o qué estuviera haciendo. Serían válidas en cualquier rincón del planeta y cualquiera tenía la capacidad de entenderlas y aplicarlas.

Mientras todavía era monje del monasterio, a menudo oía decir a los visitantes: «Llevar una vida con propósito y alegría no puede ser muy difícil cuando vives en un monasterio de Hawái, en un ambiente tan sereno». No voy a negarlo. La vida monacal plantea grandes desafíos, pero sin duda resultaba más fácil poner en práctica las lecciones aprendidas en un entorno creado a propósito para consolidarlas. Sin embargo, las experiencias que viví y los resultados que obtuve aplicando mi aprendizaje a la vida cotidiana me llevaron al convencimiento de que funcionarían también fuera del monasterio.

Opté por dedicarme al mundo empresarial, como asesor de emprendedores, atletas y personas de todos los ámbitos a las que trataba de transmitir lo que yo sabía al tiempo que les enseñaba a sacar partido a la mente para vivir con propósito y alegría. Sin embargo, para asesorar a los demás tenía que ser capaz de aplicar con éxito esas enseñanzas a mi propia existencia. Mi entorno y mi estilo de vida habían sufrido un cambio radical. Debía idear maneras de acomodar esas lecciones a mis nuevos roles de marido, padre, empresario y demás, así como perfeccionar constantemente la manera de aplicarlas a medida que yo prosperaba y mis clientes se diversificaban.

Más de una década después de haber abandonado el monasterio, puedo afirmar con seguridad que sí, las lecciones funcionan al otro lado de los muros del claustro tan bien como lo hacían dentro. Presencié con gran alegría cómo una niña de siete años las empleaba para librarse de la ansiedad. Vi a empresarios y deportistas de enorme éxito usarlas para incrementar su rendimiento y mejorar sus vidas. Infinidad de testimonios procedentes de todo el planeta con relatos de cómo mis lecciones vitales habían transformado existencias acabaron de confirmarme lo que yo había intuido en un comienzo. Las enseñanzas funcionan de maravilla para todo el mundo, como ha sido siempre.

Este libro comparte contigo la formación básica que el gurú de mi orden me brindó: lecciones, sabiduría y herramientas, así como ideas que he desarrollado yo mismo, perfeccionadas a lo largo de una década a través de su aplicación práctica tanto a mi vida personal como en las formaciones a empresas y a miles de personas de todo el mundo.

Si estuviera al borde de la muerte y pudiera ofrecerte una sola cosa, sería el contenido de este libro. Es el mejor regalo que puedo hacerte. Nunca me cansaré de insistir en la capacidad de estas lecciones y recursos para transformar la vida. Tan solo se requiere el deseo ardiente de ponerlas en práctica para comprobar los resultados.

La obra se divide en cuatro partes. Cada una de ellas consta de capítulos y de lecciones.

La primera parte está dedicada a desarrollar por qué deberías vivir concentrado o focalizado. Es importantísimo porque, si no comprendes la razón de hacerlo, podrías no contar con la motivación necesaria para aplicar a tu experiencia vital las enseñanzas y las herramientas que te ofrezco en este libro. (Las palabras «concentración», «focalización» y «foco» se utilizan como sinónimos y las empleo indistintamente a lo largo de la obra.) En la segunda parte empezaremos a indagar en los mecanismos de la propia mente, la herramienta (o tecnología) más importante que poseemos —pues crea nuestra realidad— y, sin embargo, la única que no viene con manual de instrucciones. Comprender el funcionamiento de la mente es básico para construir una vida focalizada. La tercera parte habla de cómo podemos aprender a concentrarnos y a desarrollar la fuerza de voluntad, los dos aspectos indispensables para convertirnos en administradores de nuestra propia mente. La cuarta parte detalla herramientas prácticas para superar los desafíos más habituales de la vida —miedo, preocupación, ansiedad, estrés y demás— con el fin de transformar tu productividad y rendimiento en el ámbito del trabajo, las artes y el deporte. También te explico por qué aplicar esas enseñanzas mejorará tu salud mental y te ayudará a estar presente para que puedas experimentar la vida a fondo.

Mi objetivo no es abrumarte con infinidad de recursos. Estoy convencido de que no hacen falta demasiados. En realidad, serán suficientes unas pocas herramientas que estén en sintonía con nuestro propósito vital y nos ayuden a alcanzarlo. Es necesario entenderlas bien y, a continuación, aplicarlas de manera regular.

En este libro no vas a encontrar magia, atajos ni trucos; tan solo una propuesta paso a paso, definida con claridad y centrada en el objetivo de llevar una vida focalizada, no como ejercicio mental, sino por los beneficios que te reportará. Eso es lo que me impulsa a mí a vivir concentrado.

La capacidad de concentración me ha ofrecido incontables posibilidades y me ha brindado una vida que jamás hubiera imaginado. A lo largo de estas páginas me propongo compartir contigo una visión de las recompensas de una vida focalizada.

Lee las enseñanzas con atención. Haz el esfuerzo de asimilarlas. Sé constante a la hora de adoptarlas en tu vida. El saber que te ofrezco es transformador, pero solo si lo pones en práctica y, aún más importante, únicamente si deseas de corazón transformar tu experiencia vital. Sin un deseo ardiente y sincero de transformación por tu parte, el contenido de esta obra no dará resultado.

El mayor regalo que me podrías hacer, si acaso alguna vez desearas agradecerme el saber que te brindo, sería comprender a fondo el mensaje de estas páginas y llegar a dominar tu conciencia en el interior de la mente. Es mi deseo que te embarques en el estudio de este libro como quien se dispone a emprender un nuevo camino: con ilusión, entusiasmo, dispuesto a aprender y sin ideas preconcebidas.

PRIMERA PARTE

Vivir con propósito y alegría

CAPÍTULO 1

Las bases de la mente enfocada

La vida enfocada en un propósito

No hay nada tan importante como saber quién eres, qué camino estás recorriendo y adónde te lleva.

GURUDEVA

Un día de invierno frío y ventoso, caminábamos a toda prisa en dirección a un restaurante de Múnich. Si bien me encanta pasear por esa antigua ciudad bávara, mi favorita de toda Alemania, estaba ansioso por escapar del frío. Poco después llegamos a nuestro destino y la calidez del pintoresco local, con sus envejecidos suelos de madera, nos envolvió como un abrazo de bienvenida. Nos abrimos paso a una mesa del rincón, colgamos las voluminosas prendas invernales en el respaldo de las sillas, pedimos vino y proseguimos la conversación que manteníamos de camino hacia allí.

Estaba pasando unas horas con uno de mis amigos más queridos, Moritz, un empresario alemán al que conocía desde hacía años. Alargó la mano hacia su vaso de vino, tomó un trago, lo devolvió a la mesa y me preguntó:

—Si conocer el propósito vital de uno es tan importante como dices, trascendental, de hecho, ¿por qué siempre hablas de la mente y de la concentración? ¿Por qué no empiezas por enseñar a las personas a encontrar su propósito en la vida?

La silla de madera crujió cuando me incliné hacia delante para responder:

—Descubrimos nuestro propósito vital a través de la mente. Para hacerlo, tenemos que entender el funcionamiento de la mente y dominarla, además de poseer la capacidad de focalizarla. Solo entonces somos capaces de mantener el estado de autorreflexión sostenido en el tiempo que hace falta para concluir de manera clara y definitiva cuál es nuestro propósito vital. Así pues, aunque podría parecer que el propósito vital es el punto de partida, la realidad es muy distinta.

Proseguí:

—Cuando le pregunto a alguien qué le pide a la vida, por lo general la gente responde con una u otra versión de «ser feliz». A menudo oyes a los padres decirles a sus hijos: «Solo queremos que seas feliz». Uno no debería perseguir la felicidad. En vez de eso, debería encontrar un estilo de vida que generara felicidad como efecto colateral. Por ejemplo, estoy tomando una copa de vino con uno de mis mejores amigos en mi ciudad favorita de Alemania y eso me hace feliz. La clave es tomar un buen vino con un amigo muy querido en Alemania.

Moritz se rio y respondió diciendo:

—¡Brindo por eso!

—¡Salud! —sonreí cuando entrechocamos las copas.

Hacía calor en el interior, pero allí sentado, junto a la ventana, notaba cómo el frío hacía lo posible por colarse a través del cristal.

—Se trata de un proceso secuencial —le expliqué—. Tener una idea clara de cómo funcionan los mecanismos internos de la mente es, junto con la capacidad de concentrarse, la base de lo que hace falta para descubrir el propósito vital. El propósito define nuestras prioridades y las prioridades marcan el estilo de vida que deberíamos adoptar. La consecuencia de llevar una vida definida por el propósito es la felicidad.

Moritz respondió:

—Vaya, cuando lo explicas así, parece lógico empezar por entender la mente y aprender a concentrarse.

—Cuando somos capaces de llevar una vida concentrada en el propósito, nos sentimos realizados.

Este libro te presenta las ideas y las herramientas fundamentales para entender y beneficiarse de la mente y del poder de la concentración absoluta. Comprender esos dos aspectos —la mente y cómo focalizarla— te permitirá iniciar el proceso de descubrir tu propósito vital y, con posterioridad, definir tus prioridades y centrarte en ellas, algo que, a su vez, te capacitará para disfrutar de una vida de propósito y alegría. En los próximos capítulos aprenderemos, entre otras cosas, a saber utilizar esas destrezas para vivir en el presente, así como para superar muchas de las dolencias que asolan nuestra mente: preocupación, miedo, ansiedad y estrés.

Compartiré contigo un proceso paso a paso por el cuál podrás entender cómo funciona la mente, para que sepas controlarla y dirigirla. También aprenderás a enfocarla. Además, te voy a ofrecer una serie de herramientas sencillas y prácticas, pero muy efectivas, que te permitirán desarrollar la capacidad de controlar tu mente y concentrarte. Aprenderás modos de aplicar esos recursos de manera sencilla y sistemática en la vida cotidiana para seguir progresando hacia las metas que desees alcanzar. No esperes controlar plenamente las herramientas para cuando hayas terminado el libro; más bien deberías aspirar a entender su funcionamiento en profundidad y a contar con técnicas para aplicarlas en todos los aspectos de tu vida. Será la constancia en su aplicación a lo largo de las próximas semanas y meses la que determinará el grado de beneficio que obtengas de ellas. Con el tiempo, al aplicarlas con regularidad, descubrirás que tus patrones mentales y tus hábitos empiezan a transformarse y habrás construido un estilo de vida distinto.

La capacidad de concentrarse es una de las grandes ventajas con las que cuenta la humanidad. Es una pieza central de todo logro y deseo, porque el poder de focalizar el pensamiento es lo que permite al ser humano materializar sus objetivos vitales.

La gente, por lo general, desea experimentar una u otra versión de felicidad, dicha, iluminación u otros sentimientos constructivos, pero no saben cómo generar esos estados en sí mismos, porque nadie les ha enseñado que la clave para crear la vida que desean es la concentración. Por ende, poca gente ha podido aprender a aprovechar y dirigir el poder de la concentración como herramienta de manifestación.

Llegados a este punto, muchos preguntarán: «¿Necesito vivir concentrado?».

Mi respuesta es: «No. Por supuesto que no. Vivir concentrado es una elección y todos podemos decidir si deseamos hacerlo o no. Se trata de tu vida y tú eliges cómo vivirla. Dicho esto, también es cierto que vivir concentrado te permite disfrutar de una existencia más gratificante.

Si tienes este libro en las manos, por algo será, y espero que sea porque algo en tu interior te dice que llevar una vida centrada o focalizada en un propósito mejorará su calidad y le aportará más sentido.

¿En qué se diferencia una vida con foco de una existencia concentrada en un propósito? Una vida con foco es aquella que te permite ofrecer atención plena a aquellas personas o empresas con las que sea que te comprometas. Estás presente en todas tus experiencias y, en consecuencia, disfrutas de una vida más gratificante, aunque tus experiencias no vienen impulsadas por un propósito global. La existencia concentrada en un propósito, en cambio, es aquella en la que tu meta define tus prioridades, y dichas prioridades determinan el objeto de tu concentración. Vives desde la intención. Tomas decisiones sabias cada día de tu vida basadas en tu propósito vital: con quién pasas el rato, a qué dedicas el tiempo, qué música escuchas, qué libros lees, a qué espectáculos asistes, lo que comes y demás. Otorgas toda tu atención a la persona o la empresa con la que estás comprometido, pero la elección de esa persona o empresa obedece a una intención.

El objetivo de este libro, básicamente, es ayudarte a llevar una vida con foco o una existencia concentrada en un propósito y a cosechar sus infinitos beneficios.

1.2

Tomar las riendas

Podemos elegir a qué prestamos atención en esta vida. La decisión no siempre es fácil. En ocasiones, por no decir casi siempre, resulta extremadamente difícil, pero tenemos elección.

Cuando vivía en el monasterio como monje hindú, conocí a un hombre procedente de la isla de Mauricio que sonreía sin cesar. Pasó unos meses con nosotros llevando a cabo algo parecido a unas prácticas y durante ese tiempo llegué a conocerlo. Un día le pregunté:

—¿Por qué siempre sonríes?

Él me miró y dijo:

—Mi padre murió cuando yo era joven. Mi madre viuda tuvo que criarnos a mis hermanos y a mí en soledad y no nadábamos en la abundancia. Cada mañana mi madre nos despertaba, nos ponía en fila y nos hacía reír durante cinco minutos. Así empezábamos la jornada.

No tengo palabras para expresar hasta qué punto me impactó esa historia. Esa mujer, ante la pérdida de su marido y la necesidad de mantener a sus hijos y a sí misma, decidió cómo iba a afrontar el día. Eligió en qué aspecto de la vida quería que se concentraran sus hijos. Decidió qué faceta de la existencia iba a grabar en sus maleables subconscientes a primera hora de la mañana. No podía imaginar entonces que sus acciones se transmitirían como una onda a través del ancho mundo hasta llegar a Hawái a través del ejemplo viviente de su hijo y aparecerían un día publicadas en un libro.

Nelson Mandela pasó veintisiete años en la cárcel antes de ser liberado, derrocar el sistema racista del *apartheid* en Sudáfrica y convertirse en presidente. Su experiencia es la impagable lección de una persona que decidió en qué iba a concentrarse mientras estaba preso.

Ambos casos son ejemplos de personas que tomaron las riendas de su mente y eligieron conscientemente cuál iba a ser el foco de su vida. No podemos permitir que el entorno determine en qué nos concentramos. El resultado sería desastroso. Debemos tomar las riendas del foco de nuestra vida en función de nuestro deseo. Tampoco podemos dejar que lo haga nuestra mente, porque la mente no discrimina entre lo que es bueno para nosotros y lo que no.

Si mi mente supiera lo que es bueno para mí, todo iría de maravilla. Cada vez que estoy a punto de devorarme un plato de papas fritas, mi mente diría: «Come tres papas y luego esta ensalada, que es más sana». Pero mi mente no dice eso. Mi mente dice: «Claro, adelante. Come un plato de papas fritas y ponle doble ración de catsup, porque están riquísimas». Y luego: «¿Qué tal si incluyes también unos aros de cebolla?».

Si no la entrenas para que discrimine entre ambas cosas, la mente no es capaz de discernir lo que te conviene y lo que no. Una vez que hayas enseñado y programado tu mente para que sea capaz de decidir con sabiduría lo que te enriquece física, mental, emocional y espiritualmente, tomarás mejores decisiones vitales.

Hubo un tiempo en que la gente aceptó la idea de que fumar era bueno. Lo creían, les decían a sus mentes que fumar era bueno y fumaron hasta la muerte. De haber sabido la mente que fumar les estaba perjudicando, les habría dicho: «¡Idiota! Fumar mata. Deja de hacerlo. Vas a acabar con tu vida». Pero no lo hacía porque, a menos que le proporciones a la mente la información correcta, esta no posee la capacidad de orientarte en la dirección adecuada.

Dicho esto, existe una parte de la mente que sí sabe lo que te conviene. Es la mente supraconsciente.

Los tres estados de la mente

Para entender mejor cómo funciona la mente, imagínala en tres niveles. Este libro no explica en profundidad los distintos estados mentales, pero me gustaría ofrecerte una introducción sencilla, ya que te ayudará a entender muchas de las explicaciones que encontrarás en el libro.

Nos vamos a referir a los tres estados mentales como la mente consciente, la subconsciente y la supraconsciente. Para entenderlo mejor, imagina la mente como un edificio de tres pisos; el supraconsciente estaría en el piso más alto, el subconsciente en el centro y la mente consciente en la planta baja. Veamos las características de cada uno de estos estados mentales.

La mente consciente es la que se relaciona con el exterior; está pendiente del entorno y permanece vinculada a los cinco sentidos. Es nuestra parte instintiva y a menudo me refiero a ella como la mente instintiva. Gobierna, por ejemplo, el hambre y la sed, las facultades básicas de percepción y movimiento, la procreación, los procesos de pensamiento impulsivo y demás.

La mente subconsciente es el intelecto. En ella residen la razón y el pensamiento lógico. Se podría decir que la mente subconsciente es nuestro «disco duro». Registra todas las experiencias de la mente consciente, tanto si el sujeto las recuerda como si no. Además de eso, almacena sensaciones y patrones de conducta, y también gobierna los procesos fisiológicos involuntarios.

La mente supraconsciente, según la describe Gurudeva, es «la mente de luz, la inteligencia omnisciente del alma». En su nivel más profundo, el supraconsciente se podría describir como la conciencia espiritual o no dual. El supraconsciente es la fuente de la creatividad, la intuición o las experiencias espirituales trascendentes, entre otras cosas.

Visualizando estos tres estados mentales como un edificio de tres pisos podemos sacar las siguientes conclusiones. Para grabar algo en la mente subconsciente, la experiencia tendrá que pasar antes por la mente consciente (hay que pasar por la planta baja para llegar a la primera). La intuición, que procede de la mente supraconsciente, debe pasar por el subconsciente para llegar a la mente consciente y que nosotros la percibamos. Un subconsciente saturado impediría que la intuición se abriera paso.

De estos tres estados mentales, tan solo el supraconsciente sabe lo que te conviene. Alberga, al fin y al cabo, la inteligencia omnisciente del alma. Eso supone un problema, porque la mayoría de nosotros funcionamos desde el consciente y el subconsciente, al margen de algún que otro destello de sabiduría intuitiva procedente de la mente supraconsciente.

La mente subconsciente no sabe lo que es bueno para ti a menos que le hayas enseñado a discernirlo. Para entrenarla, primero debes lograr una buena comprensión y control de la mente en general. A continuación tienes que recabar la información adecuada, asimilarla, sacar conclusiones diáfanas y dirigirlas al subconsciente de manera organizada, para que este pueda gobernar tu conducta a través de esas conclusiones. Es entonces cuando la mente subconsciente se convierte en un valiosísimo recurso. Un subconsciente despejado que trabaja en armonía con el supraconsciente es un poder inmenso al que tú puedes acceder.

En el mundo actual, el tsunami de información que nos azota a diario arrasa el paisaje mismo de nuestra mente subconsciente. El subconsciente agoniza de sobrecarga informativa, lo que provoca incapacidad de tomar decisiones (incluidas las más sencillas), confusión, reflexión excesiva, ansiedad, estrés y otros síntomas. Consumimos información con más rapidez que un muerto de hambre devoraría comida, pero no nos concedemos tiempo para procesar esa información ni para la fase crucial de extraer conclusiones diáfanas. Esa manera de proceder debilita el subconsciente. Abundan cada vez más las personas que sencillamente son incapaces de tomar decisiones o de saber siquiera qué desean en la vida.

En cualquier momento del día, tu conciencia funciona en uno de esos tres estados mentales (aprenderemos más sobre la conciencia en el capítulo 3). Tus reacciones y actuaciones ante las experiencias de la vida dependen del estado mental que domine tu conciencia en ese momento. En última instancia, deberías ser capaz de controlar en qué región de tu mente opera tu conciencia.

Para tomar las riendas de tu vida, no deberías permitir que el entorno ni, por el amor de Dios, «el universo» decida el rumbo de tu existencia. A todas las personas que dicen: «El universo me mostrará el camino», les aseguro que Júpiter, Plutón y Urano no se dedican a pensar cómo resolver las dificultades que les plantea el día a día. La mente es una herramienta. Tú eres la encargada de manejarla. Depende de ti comprender cómo funciona y concentrarte en crear la vida que deseas.

Cuanto antes asimiles estas enseñanzas, más tiempo tendrás para aplicarlas y cosechar sus beneficios. Aunque solo te quedara una década de vida, podrías igualmente sacar partido de estas ideas y disfrutar de la mejor década de tu existencia. Es uno de los regalos más maravillosos que te puedes ofrecer, así como un don increíble para compartir con otras personas. A medida que te enriqueces y te conviertes en una versión mejor de tu persona, enriqueces a todo aquel que se relaciona contigo.

Recuerdo que, a los pocos meses de entrar en el monasterio, me embargó una tristeza considerable, ya que llevaba mucho tiempo sin hablar con mi familia. Los extrañaba. Ser monje en mi tradición implicaba entre otras cosas no poder mantener contacto con las personas que conocíamos de nuestra vida anterior. Un día me acerqué al despacho de Gurudeva para contarle lo que estaba sintiendo.

Le confesé:

—Gurudeva, estoy muy triste. Extraño a mi familia. Echo de menos a mis amigos, a mis parientes. Y a veces tengo la sensación de que haber entrado en el monasterio es una decisión demasiado egoísta, que no los estoy ayudando.

Él me escuchó paciente, prestándome atención plena, como hacía siempre, y luego hizo algo sumamente interesante. Extrajo un pañuelo de papel de una caja que tenía sobre el escritorio. Lo extendió sobre la mesa y dijo:

—Tú estás aquí, en el centro. Tu padre está en esta esquina, tu madre se encuentra en esta otra y en estas dos están tus hermanos.

Situó el dedo en el centro del pañuelo y empezó a elevarlo hacia el techo. Prosiguió:

—Tú te ubicas en el centro y a medida que elevas tu conciencia observa qué les pasa a los demás. Su conciencia se eleva también.

Según levantaba el centro del pañuelo, las esquinas se despegaban de la superficie del escritorio. Siguió hablando:

Estás conectado energéticamente con todos aquellos que forman parte de tu vida. A medida que elevas tu conciencia, elevas la suya también, así que invertir tiempo en tu propio crecimiento no es egoísta.

Fue una lección sencilla pero muy profunda. Grabó en mi mente la impresión indeleble de que el trabajo que yo lleve a cabo para convertirme en una versión mejor de mí no solo influye en mi vida, sino en la de todas las personas de mi entorno.

El hecho de estar vivo es la única razón que necesitas para tomar las riendas y disfrutar de la mejor existencia posible. Las ideas, las herramientas y los ejercicios de este libro son las enseñanzas básicas que precisas para conseguirlo.

El deseo, la energía suprema de la vida

Sin un deseo que nunca se apaga, no se consigue nada.

Napoleon Hill, místico del siglo XX, dijo en su libro *Piense y hágase rico*: «En la base de esta demanda de cosas nuevas y mejores está la cualidad que debemos tener para salir triunfantes: el propósito definido, el conocimiento de lo que queremos y el deseo ardiente de alcanzarlo».

Saber lo que quieres y albergar el deseo de alcanzarlo. Si acaso tienes claro que deseas focalizar tu vida, la pregunta que se desprende a continuación es: ¿con qué intensidad lo deseas? La mayoría no lo desea con el ardor suficiente y esta falta de intensidad es lo que, en definitiva, les impide vivir con foco. Eso se aplica a cualquier aspiración que tengamos.

Los hermanos Wright deseaban volar. Edison deseaba iluminar la noche por sus propios medios. Hillary y Norgay deseaban coronar el Everest. Rosa Parks deseaba la igualdad de derechos. Gandhi deseaba la independencia por medio de la no violencia. La lista de hombres y mujeres que canalizaron el poder del deseo para plasmarlo en el mundo real se prolonga más allá de los anales de la historia. El poder de un deseo que nunca se apaga es capaz de arrasar toda oposición y superar cualquier obstáculo. Es la fuerza que silencia las llamativas voces de los críticos y descreídos. Es el velo que nos ciega a cualquier obstáculo. La energía imparable que alienta el éxito.

Conocí a Gurudeva cuando tenía nueve años. Nuestro segundo encuentro se produjo cuando yo ya había cumplido los veintiuno. Lo primero que compartí con él en esa segunda reunión fue mi deseo de alcanzar la autorrealización, que era mi propósito vital. Después de revelárselo, le pregunté si él me ayudaría a conseguirlo.

Me miró a los ojos y me preguntó:

—¿A qué estarías dispuesto a renunciar para conseguirlo?

Respondí sin titubear y con una convicción que llevaba años consolidada:

—Sería capaz de renunciar a mi vida.

No vi duda en su semblante cuando escuchó mis palabras, aunque a mí me daba igual lo que pensara de mi respuesta. Mi deseo y lo que estaba dispuesto a entregar a cambio estaban por encima de cualquier otra disquisición. Tenía claro lo que quería y necesitaba un guía. Alguien que conociera a fondo mi meta y el camino que debía transitar para alcanzarla. Aceptarme o no como alumno dependía de él.

A lo largo de los años siguientes lo vi poner a prueba mi deseo y convicción. Desafío tras desafío, prueba tras prueba, yo seguía decidido a unirme a su orden monástica, dedicar mi vida a aprender de él y trabajar para conseguir mi propósito. Tres años más tarde, mi búsqueda de la autorrealización me llevó a dejar a mi familia y el mundo que conocía desde mi nacimiento para recluirme en el monasterio hindú de mi maestro.

Este acto de renuncia implicaba no volver a comunicarme con mi familia, parientes, amigos ni conocidos. La música, el cine, el teatro, las bebidas, la comida, mis gustos personales... toda mi vida tal como la conocía iba a pasar a la historia. No me importaba lo más mínimo. Mi propósito vital eclipsaba cualquier otro deseo. Mi vida se iba a convertir en la canalización de todo anhelo hacia el deseo único de iluminación, la conquista espiritual definitiva para la filosofía hindú que yo profeso.

Todo se reduce a la intensidad con que anhelas lo que sea que quieras alcanzar. La intensidad de este deseo determina lo que estás dispuesto a hacer para conseguirlo y qué estás dispuesto a sacrificar para emprender la búsqueda. En mi caso, estuve dispuesto a renunciar a mi vida para conseguir mi deseo.

Quiero dejar claro que, cuando hablo de perseguir un único deseo a expensas de todas las demás facetas de la vida, no estoy sugiriendo que yo nunca tuviera dudas ni me cuestionara el camino que había elegido. No pretendo dar la imagen de superhéroe o de un monje imperturbable, inmune a los embates de la vida. A menudo cedemos a la tentación de retratar a las personas que admiramos con pinceladas de perfeccionismo y cualidades mesiánicas. Te aseguro que todos somos humanos, hasta el último de nosotros. Lloré, grité, cometí errores, vacilé, me desesperé, me sentí perdido, cuestioné mi decisión y mucho más. Pero nunca dejé de perseguir mi propósito vital. Ese deseo todavía arde en mí; define lo que hago en la vida y dónde concentro mis energías.

Si alguien te dice que jamás se ha planteado renunciar a su deseo, te está vendiendo una isla tropical en el Ártico.

Durante una conversación con Joe de Sena, el fundador de Spartan Race —carreras de obstáculos al estilo militar diseñadas para poner a prueba la resistencia mental y física— le pregunté si alguna vez, en el transcurso de alguna de las carreras de alta resistencia en las que participa, se había planteado renunciar. Apenas había terminado de formular la frase cuando respondió:

—Todo el tiempo. Me planteo abandonar en todas y cada una de las carreras.

No pude dejar de admirar para mis adentros la sinceridad de su respuesta.

Te aseguro que representar ante los demás una vida desprovista de incertidumbre e influida de perfeccionismo no inspira esperanza; más bien ofrece la falsa imagen de que el camino al éxito no implica cierto dolor; una imagen que sumirá a los demás en la decepción cuando no sean capaces de alcanzar tales recompensas. Las idealizadas cimas, afiladas y sobresalientes, que la mayoría tiende a relacionar con el éxito no son sino una mínima parte de los profundos abismos por los que se arrastran los triunfadores la mayor parte del tiempo. Este libro narra la historia y comparte las lecciones aprendidas por una persona normal que pasó de ser un niño despistado a un adulto capaz de vivir concentrado en sus compromisos vitales. No hay milagros, paseos sobre las aguas ni mares que se dividen. Tan solo el ardiente deseo de contar con un propósito claramente definido en un viaje con más valles que cimas de camino a una vida con foco.

Hay que dejar de lado todo lo que no sea una fe absoluta en que el propio deseo se puede alcanzar. Solo una convicción semejante en un único anhelo acabará por extinguir la llama de la duda y abrir un camino hacia la manifestación de ese deseo.

Básicamente, tienes que quererlo. Debes desear con toda tu alma lo que andas buscando y creer de corazón que puedes conseguirlo, y lo conseguirás. Este deseo debe venir acompañado de una paciencia inquebrantable y de la aceptación de que la materialización del deseo podría demorarse décadas.

Citando de nuevo a Hill: «No hay nada, bueno ni malo, que la convicción sumada a un deseo ardiente no pueda hacer realidad. Esas cualidades están al alcance de todos».

Defender la causa

A lo largo de los años he conocido a innumerables personas que deseaban con toda su alma vivir con foco. Expresaban el deseo con suma seriedad, pero eran muy pocas las que finalmente lo llevaban a cabo. Yo sabía que su incapacidad para conseguirlo se debía a que su deseo de focalizar su vida no era lo bastante intenso. Tal vez, en el momento en que me comentaron su deseo, estaban atravesando una temporada complicada y el sufrimiento que les provocaban sus dificultades los había inducido a buscar un estilo de vida alternativo. A menudo, sin embargo, cuando el dolor se atenúa, el ansia de cambiar desaparece también y las personas retornan a sus antiguas costumbres.

Además de la falta de deseo, a menudo me preguntaba qué otra carencia podía explicar que abandonaran su deseo de aspirar a una vida mejor. Corría el mes de octubre de 2017 y me habían invitado a presentar una ponencia en el XVIII Foro Internacional del Conocimiento. El evento, de tres días de duración, contaba con unos tres mil asistentes y un programa impresionante que incluía la presencia de antiguos primeros ministros y expresidentes, ganadores del Premio Nobel, numerosos CEO de corporaciones globales y otros ponentes de prestigio mundial.

Una noche me invitaron a una cena privada con setenta u ochenta dignatarios que participaban en el evento. La reunión se celebró en Seúl, en un maravilloso edificio construido al estilo *hanok*, la casa tradicional coreana, con techos curvos de tejas instaladas sobre gruesas vigas y estructuras. De pie en el jardín de esa casa sencilla, inmaculada y elegante, me sentí transportado a la Corea del siglo XVIII. Mientras charlaba con un par de invitados, un caballero se acercó y me preguntó:

—Hola, ¿quién es usted y de qué trata su ponencia?

Yo me presenté y le expliqué a grandes rasgos el tema de mi charla. Él, a su vez, me comentó que estaba allí por haber sido el antiguo jefe de personal de la Casa Blanca.

En el transcurso de nuestra conversación, alegó que si las personas no conseguían transmitir su mensaje era, principalmente, porque no defendían su causa.

Le pedí que desarrollara la observación y él se refirió a la charla que había ofrecido ese mismo día Ban Ki-moon (antiguo secretario general de las Naciones Unidas) sobre problemas medioambientales a escala global. Comentó que el mensaje de Ban Ki-moon habría interesado más de haber defendido él su causa. Prosiguió diciendo: «Por ejemplo, ¿cómo convencemos a una madre soltera con tres hijos que vive en Pensilvania y tiene dos empleos de que piense en el medioambiente cuando tiene que estar pendiente de cuidar a sus hijos y llegar a fin de mes? Cuando les explicas el valor de hacerlo y los beneficios que les reporta es más fácil que la gente se deje convencer. Tienes que acomodar las piezas por ellos. Si le cuentas a una madre soltera con tres hijos qué aporta su compromiso, accederá a poner su granito de arena para cuidar del medioambiente. Pero tienes que defender la causa».

La frase «defender la causa» fue toda una revelación y seguramente uno de mis aprendizajes más significativos de ese año. Había viajado por todo el mundo enseñando a las personas en qué consiste el foco, pero conversando con el antiguo empleador de la Casa Blanca comprendí que no había sabido defender la causa de vivir focalizado. También me hizo comprender que seguramente la gente no acostumbra a analizar por qué necesita vivir con foco. En otras palabras, no han defendido la causa ante sí mismos y, en consecuencia, no han comprado el concepto. A causa de eso, carecen de uno de los elementos necesarios para perseguir una vida concentrada.

A menos que nos convenzamos de la necesidad de concentrar la vida, no seremos capaces de hacerlo. De manera parecida, cuando enseñemos o animemos a los demás a vivir centrados, tendremos que defender la causa. Después de aquella conversación en Seúl, cada vez que hablaba de foco y atención, explicaba el valor y los beneficios y de inmediato el mensaje interesaba de manera más significativa al público.

Así pues, mientras aprendes a vivir centrado, si acaso sientes el impulso de compartir y enseñar a tus hijos, amigos, familia, empleados o compañeros de trabajo el arte del foco absoluto, asegúrate de defender la causa. No te limites a decirles a tus hijos que vivan centrados porque, de hacerlo así, lo percibirán como un mensaje, entre otros tantos, vacío de contenido. Debes convencerlos y a menos que lo logres, carecerán de la motivación necesaria. Tienes que conseguir que entiendan por qué es importante aprender a concentrarse.

A lo largo del siguiente capítulo vamos a profundizar en los alicientes de vivir con foco. Es una fase fundamental, ya que, si te convences de la importancia de focalizar tu vida, las enseñanzas y las herramientas que te ofrece este libro pasarán a formar parte de ella. También exploraremos una serie de conductas esenciales para vivir con foco.

CAPÍTULO 2

Preparar el terreno para triunfar

La vida es para vivirla con alegría

(El primer incentivo de una vida focalizada)

Suponiendo que hayas decidido vivir con foco, ¿sabes por qué quieres hacerlo? Yo he defendido la causa ante mí mismo y, gracias a eso, a lo largo de cuatro décadas he aspirado y me he esforzado por vivir una vida focalizada o concentrada en un propósito. Al meditar el valor de hacerlo, he comprendido que existen tres motivos principales por los que cualquiera debería vivir con foco: felicidad, manifestar los propios objetivos y la muerte. Analicemos el primero: la felicidad.

El gurú me dijo una vez: «La vida es para vivirla con alegría». Esta frase me causó una honda impresión. Cuando la oí, pensé: «Sí, ¿por qué no vivir la vida con alegría?». Desde muy joven sentí fuertes inquietudes espirituales y descubrí que las opiniones predominantes acerca de lo que implicaba una vida espiritual hablaban de austeridad, privaciones, solemnidad, reglas, moralidad, restricciones y demás. Casi nadie hablaba de alegría y felicidad. Mi maestro era la primera persona a la que oía afirmar con rotundidad que una vida espiritual podía ser dichosa; que realmente estamos aquí para vivir con alegría. ¿Cuántas personas desean ser desgraciadas? Algunos viven sumidos en una desgracia autoinfligida, pero la mayoría preferirían, entiendo, tener una vida dichosa si pudieran o supieran cómo hacerlo.

Si uno tiene muy claro su propósito vital y si además es consciente de las prioridades que determina ese propósito y posee la capacidad de centrarse en ellas, su actitud derivará en una vida dichosa. Entre una vida feliz y una desgraciada, yo escogeré la feliz. De ser también tu caso, sigue leyendo.

Cuando el gurú supo que le quedaban pocos días en este plano terrenal, les dijo a los monjes que lo estaban acompañando: «Qué vida tan extraordinaria. No la habría cambiado por nada del mundo». Son unas palabras muy profundas en labios de una persona que agoniza. Qué gran privilegio tener la oportunidad de resumir tu vida estando al borde de la muerte y definirla como algo extraordinario.

¿Cuántas personas podrían decir lo mismo con sinceridad? Pocas. La mayoría no podrían porque no han vivido con propósito. No tenían claro cuál era su razón de ser y, por ende, desconocían sus prioridades (quién y qué es importante). Así pues, no sabían dónde poner el foco. Ofrecer atención plena a las personas y a las situaciones que verdaderamente nos importan, incluidas las experiencias de la vida que escogimos a conciencia, es una fuente de dicha. Cuando ponemos el foco en personas y cosas que no son trascendentales para nosotros, las consecuencias nunca son las mismas que si nos centramos en personas y cosas que sí nos importan. Jamás experimentaremos los mismos niveles de alegría y felicidad.

Si recorres la vida año tras año teniendo claro con qué personas y objetivos te quieres comprometer y dónde deseas poner el foco, disfrutarás de experiencias enriquecedoras de alta calidad. El efecto colateral de esas experiencias será la felicidad. ¿Quién rechazaría algo así?

Una de las grandes bendiciones de saber dónde poner el foco en esta vida es que al instante sabes dónde no ponerlo.

Pasar el rato con personas que amas y ser capaz de concentrarte en ellas cuando estás en su compañía genera un sentimiento de felicidad. Dedicar tiempo a algo que amas y ser capaz de concentrarte en ello genera un sentimiento de felicidad. Así pues, te aconsejo adoptar un estilo de vida basado en tu propósito y tus prioridades cuyo efecto colateral sea la felicidad. Dicho esto, es imposible adoptar un estilo de vida cuyo único efecto colateral sea la felicidad, porque la necesidad a menudo nos obliga a hacer cosas que no nos apasionan y eso es algo normal. La vida es así, pero sin duda podemos trabajar para construir una existencia que, por norma general, suscite felicidad.

¿Cómo sacar el máximo partido de las cosas que nos hacen felices? Estando plenamente presentes en todo aquello en lo que nos involucramos para poder experimentarlo al máximo. ¿Y cómo estar plenamente presentes? Desarrollando una concentración absoluta. Muchas personas hablan de estar presentes y vivir el momento, pero casi nadie te explica cómo hacerlo. Cuando el gurú me enseñó qué son la mente y la conciencia y cómo sostener esa conciencia en las personas o las cosas con las que me involucraba, aprendí por fin a estar presente con todo mi ser. Al estar plenamente presente en las experiencias de mi vida, era capaz de sacarles el máximo partido, lo que a su vez me generaba felicidad.

Como es natural, deseo ser feliz y sé que cuanto más focalizo, más capacidad tengo de estar presente en las experiencias que vivo en cada momento, y más partido les puedo sacar. El efecto colateral es un mayor sentimiento de felicidad, lo que supone un aliciente inmenso para que quiera hacer el esfuerzo de vivir con foco.

A continuación, echaremos un vistazo al segundo gran aliciente para vivir con foco.

Manifiesta la vida que deseas

(El segundo incentivo de una vida focalizada)

Todos tenemos metas y sueños, y el gran desafío siempre ha sido hacerlos realidad. Intervienen muchos factores en la materialización de una visión, pero ciertas aptitudes son imprescindibles. La capacidad de concentrarse es una de ellas.

El segundo aliciente para vivir con foco es que esa concentración absoluta te permite materializar tus objetivos. Por esa razón, vale la pena hacer el esfuerzo de aprender a concentrarse.

> La vida es la materialización de la zona en la que inviertes la energía.
>
> DANDAPANI

Para entender esta máxima, lo mejor es visualizar la energía como agua. Si lleno de agua una regadera y riego un segmento de jardín ¿crecerán las semillas o las flores? La respuesta es que tanto unas como otras crecerán, porque el agua no posee la capacidad de discernir. La parte del jardín que reciba agua crecerá sin discriminación.

La energía funciona exactamente del mismo modo: aquello en lo que invierta mi energía empezará a crecer. Si invierto mi energía en algo positivo, prosperará y se multiplicará. Si, por el contrario, la invierto en algo negativo, será la negatividad la que aumente. La energía no discrimina entre positivo y negativo. Aquello a lo que destine mi energía empezará a crecer y a materializarse en mi vida. Si quiero que algo cobre realidad, no tengo que hacer nada más que invertir en ello mi energía.

En este momento exacto eres la suma total de aquello en lo que has invertido tu energía a lo largo de toda tu vida. Tu constitución física, mental, emocional y demás es la consecuencia de tu inversión consciente o inconsciente de energía. Si decido seguir una dieta saludable y hacer ejercicio con regularidad, estaré usando mi energía para crear un cuerpo físico sano. De optar por enviar únicamente afirmaciones positivas a mi subconsciente, quitar la negatividad y meditar, estaré invirtiendo energía en una mente sana.

Por lo general, la gente no es consciente de dónde pone su energía en la vida cotidiana, en particular porque no tiene las ideas claras en relación con su propósito vital y, en consecuencia, tampoco ha definido sus prioridades. A causa de eso, carece de un punto preciso en el que focalizar su energía y son escasos los deseos que llega a materializar. Una vez que tenemos claro nuestro propósito y prioridades vitales, la capacidad de concentrarse cobra relevancia.

Más adelante, cuando profundicemos en el estudio de la mente y la conciencia, aprenderás que focalizando la conciencia puedes elegir en qué dirección fluye tu energía y, por ende, decidir qué plasmas en tu vida; otra razón inmensa para aprender a concentrarte.

La muerte, el gran aliciente

(El tercer incentivo de una vida focalizada)

No hay mayor motivación para optar por una vida focalizada que el innegable hecho de que la muerte espera paciente para recibirnos a todos con los brazos abiertos algún día.

Por lo general, no nos gusta hablar de la muerte. A muchas personas el tema les genera una incomodidad extrema, a otras les inspira temor y a algunas les provoca una fuerte reacción emocional. Llevamos mucho tiempo evolucionando en este planeta y, si bien cada uno de nosotros acumula infinidad de vivencias únicas, todos compartimos dos experiencias intensas: el nacimiento y la muerte. Nadie recuerda la primera y casi todos tememos la segunda.

Me temo que a más de uno le perturbará que aborde este tema. Cuando asumí el compromiso de escribir este libro, me dije que lo haría desde un espíritu de servicio altruista. Me hice la promesa de preguntarme a diario si realmente lo que estaba escribiendo buscaba ayudar a los lectores. También me comprometí a no guardarme nada que considerara importante, por más que incomodara a algunas personas. Sabía que, de ceñirme a mi intención de servir a los lectores, mis palabras generarían el máximo impacto.

Empezaré citando al dalái lama, que resume con sabiduría el propósito de esta lección en una sola frase: «La reflexión sobre la muerte no debe llevarnos a tener miedo sino a apreciar el valor de la vida». Al aceptar la realidad de que todos vamos a morir algún día, comprendemos hasta qué punto es valiosa la existencia. No hay que temer a la muerte, sino aceptarla como una parte natural de nuestro viaje por este plano terrenal.

Todos hemos vivido la muerte de un ser querido, directa o indirectamente. Perder a alguien que amas es una experiencia devastadora. Lo sé. Perdí a mi maestro y mi vida nunca volvió a ser la misma. La gente no suele hablar de la muerte, ya que evoca sentimientos de tristeza, pérdida, miedo y dolor. Y precisamente a causa de esa reticencia a hablar o pensar en ella, no es algo que se entienda bien. La mayoría crece sin que nadie nos enseñe lo que es la muerte, ni en casa ni en la escuela. Los padres no se sienten capacitados para hablar de ella a sus hijos, por su falta de conocimientos al respecto, y a menudo tienen la sensación de que abordar el tema podría asustar a los más jóvenes.

Dicho esto, las ideas que las personas tienen sobre la muerte a menudo se basan en la educación religiosa que han recibido. Cada religión o filosofía aporta una visión distinta de lo que sucede al otro lado del velo. Pero nadie lo sabe a ciencia cierta, porque nadie ha muerto, ha ido al cielo, se ha sacado una selfi y ha regresado para colgarlo en Instagram junto con la leyenda: «¡Aquí, en el cielo!», seguida de #enlaspuertasdelcielo. Cada quien tiene sus creencias y la mayoría se aferra a ellas, pero nadie puede afirmar nada con seguridad. Incluso si protagonizaste una experiencia cercana a la muerte, es difícil tener claro lo que sucedió en realidad.

La muerte de mi maestro fue la experiencia más devastadora de mi vida. Me obligó a enfrentarme a la cruda realidad de que nuestros seres queridos fallecen. Como decía a menudo Gurudeva: «Una vez que has comprendido algo, ya no puedes ignorarlo». Entender algo en un plano intelectual no es lo mismo que tomar conciencia de lo que implica.

Una de las acepciones del diccionario define «conciencia» como «conocimiento claro y reflexivo de la realidad». Uno puede experimentar algo sin llegar a tomar conciencia. He aquí un ejemplo. El padre de Julie muere y la experiencia la deja destrozada. Llora a su padre durante largos meses y años más tarde todavía lo añora con toda su alma. La muerte de su padre la ha afectado en el plano emocional, pero no necesariamente le ha servido para tomar conciencia de que la vida es finita. Sigue con su vida como de costumbre, cargando con el peso de su tristeza. Sin embargo, la muerte de su padre no ha modificado su manera de afrontar la vida. Así pues, podemos sacar la conclusión de que, si bien entiende en el plano intelectual que todo el mundo muere, no ha tomado conciencia de la realidad de la muerte.

Tomar conciencia de algo provoca un cambio total de perspectiva que se traduce en una modificación permanente de la conducta (la manera de actuar y de reaccionar a las experiencias de la vida).

Es posible conocer el impacto que una experiencia ha ejercido en una persona a partir de su conducta posterior. Algunos no cambian de comportamiento. En otros se observa un cambio temporal que mengua según declina el dolor. Para unos pocos, la vida no vuelve a ser la misma, pues el saber adquirido de la experiencia los catapulta a una nueva manera de encarar la vida.

La muerte de mi maestro me llevó a tomar una profunda conciencia de que las personas que amamos mueren, que todos morimos y que nuestro tiempo en este planeta es finito. La gente repite a menudo que «la vida es corta», un tópico al que yo me opongo por completo.

LA VIDA NO ES CORTA

Esperar un minuto en la fila para pedir un café con leche mientras la persona que tienes delante rebusca el dinero en el bolso puede ser mucho tiempo. Oír a un piloto anunciar que el avión tendrá que esperar otros treinta minutos en la pista de despegue a menudo, y casi siempre, provoca un coro de gritos y protestas. Cuando tu hijo pequeño llora a todo pulmón al comienzo de un vuelo transatlántico vives una profunda experiencia espiritual que te conecta con la eternidad. Quedarse atrapado en el tráfico durante tres horas equivale al infinito. Así pues, ¿cómo podemos decir que un año no es mucho tiempo? La afirmación de que «la vida es corta» no refleja la realidad en absoluto. Dejemos de repetir este lugar común irreflexivamente solo porque todo el mundo lo dice.

Cuando comprendemos que nuestra vida no es corta sino finita, tomamos conciencia de que la existencia, de hecho, es larga. Sustituye la frase «la vida es corta» por «la vida es finita». Ahora intentemos reflexionar sobre lo que estamos diciendo. La vida tiene un final claro y definitivo. Lo cierto es que no sabemos cuándo llegará ese final.

Numerosas personas afrontan la existencia como si fueran a vivir para siempre. Y muchos viven como si sus seres queridos fueran eternos también. La mayoría de la gente, francamente, se limita a no pensar en el hecho de que ellos y sus seres queridos morirán algún día.

Los padres no ven a su hija de cinco años pensando que un día le llegará la muerte. Por lo general, cuando los padres piensan en sus hijos visualizan un gran futuro en el cual los niños alcanzan la adolescencia, van a la universidad, tienen una profesión, se casan, tienen hijos, envejecen, tienen nietos y muchas, muchas décadas más tarde, mueren, incluso este último elemento podría no incluirse siquiera en la visión. Por desgracia, no siempre sucede así, porque uno nunca es demasiado joven para morir. Fallecen bebés constantemente, mueren niños todo el tiempo, así como adolescentes, adultos jóvenes, personas de mediana edad y ancianos. Todos morimos antes o después.

La muerte debería impulsarnos a considerar prioritario el descubrimiento de nuestro propósito vital. Aprendemos a focalizar para poder descubrir nuestro propósito. Este define nuestras prioridades, las cuales a su vez nos señalan en qué debemos concentrarnos. La consecuencia de este proceso es una vida plena. Cuántas personas abandonan la vida en la Tierra sin conocer la plenitud...

Harriet Beecher Stowe, escritora y abolicionista norteamericana del siglo XIX, se refirió con lirismo a las vidas de aquellos que no han conocido la plenitud: «Las lágrimas más amargas que se derraman sobre las tumbas son por palabras no dichas y obras no llevadas a cabo».

¿Cómo nos ayuda la muerte a priorizar en qué focalizamos la vida?

Como en el fondo no entendemos la muerte y el tema no es agradable, y como se trata de una experiencia que no tenemos prisa por experimentar ni se la deseamos a nuestros seres queridos, evitamos hablar de ella. Obviar el tema y ahuyentarlo del pensamiento nos proporciona la falsa sensación de que viviremos para siempre y de que tenemos por delante un tiempo infinito. Ahí empiezan los problemas.

Cuando tenemos la impresión de que tanto nosotros como nuestros seres queridos viviremos para siempre, porque evitamos pensar en la muerte a toda costa, tendemos a colocar a las personas y los asuntos que no nos importan en los primeros puestos de nuestra lista de prioridades, al tiempo que desplazamos a las personas y los asuntos que sí nos importan a los últimos. De inmediato ponemos el foco en los primeros elementos de la lista: en aquello que menos nos importa. Lo hacemos porque el nivel de tolerancia y el punto de no retorno de las personas que amamos, y que nos aman, tienen márgenes muy amplios. Podemos forzar mucho los límites de ese amor antes de que se dejen ver las grietas o se rompa.

Por ejemplo, alguien llega tarde a casa del trabajo y se pierde una cena tras otra, pero hará falta mucho más para que su pareja lo abandone. Algunos padres maltratan físicamente a sus hijos y, pese a todo, una semana más tarde esos mismos niños les están diciendo a sus padres: «¡Te quiero, papá!».

Como el punto de no retorno de tus seres queridos tiene un margen tan amplio, tu motivación para prestarles atención es menor, pues sabes que van a tolerar no ser tu prioridad ni estar en tu foco. Al fin y al cabo, en tu mente van a estar ahí para siempre, así que, ¿por qué concentrarse en ellos? Ya les harás caso más adelante: cuando pase la carga de trabajo, cuando tengas más tiempo, después del partido de futbol...

En cambio, personas como tus clientes, tus colegas del trabajo u otras personas a las que no te unen lazos tan fuertes no van a seguir ahí si les haces caso omiso. Si dejas de devolverles las llamadas a tus clientes, se buscarán a otro. Si le dices demasiadas noches a tu jefe que tienes que salir temprano, tal vez no consigas el ascenso que esperabas. La tolerancia de esas personas a tu falta de atención es mucho menor, su punto de no retorno está mucho más cerca y, de forzar demasiado los límites, abandonarán tu vida en un dos por tres. A causa de eso, a menudo los colocas en los primeros puestos en tu lista de prioridades.

Sin embargo, una vez que cobras conciencia de que la vida es finita, tus prioridades cambian. A menudo en mis talleres presenciales planteo una situación hipotética diciendo: «Si alguien entrara en esta sala y dijera a todos los presentes que les quedan tres horas de vida, ¿cuántos de ustedes se quedarían hasta el final del taller?». Por triste que sea, nadie, en los numerosos talleres que he impartido por todo el mundo, ha dicho nunca: «Yo». La respuesta siempre es la misma: «Me iría ahora mismo a casa para estar con mi pareja y mis hijos».

A continuación les pregunto: «Si su tienda favorita estuviera celebrando las mejores rebajas del año, ¿pasarían de camino a casa para comprar algo?». La respuesta siempre es «no». Prosigo con las preguntas diciendo: «Si alguien que no les cae bien les llamara por teléfono, ¿responderían?». De nuevo responden que no. Continúo: «¿Pararían en una cafetería y harían fila durante veinte minutos para tomar un último café con leche?». De nuevo una rotunda negativa.

Cuando el tiempo se contrae, la claridad del foco se incrementa.

Ninguno de los participantes había dedicado tiempo a pensar qué harían si les quedaran tres horas de vida. Al instante sabían dónde deseaban focalizar su atención. Cuando el tiempo que crees tener por delante se reduce, la claridad del foco se incrementa y te permite saber qué personas y qué cosas son importantes para ti, así como el lugar que ocupan en tu orden de prioridades. De súbito, sabes con exactitud dónde debes poner el foco.

Cuando les preguntaba a los asistentes: «Si les quedaran cincuenta años de vida, ¿quién abandonaría el taller?», nadie levantaba la mano.

Seguía preguntando: «Si les quedaran veinte años de vida, ¿quién abandonaría el taller?». Un par de manos se alzaban. Yo continuaba, reduciendo aún más el marco temporal: «Si les quedaran cinco años de vida, ¿abandonarían este taller?». Más personas respondían afirmativamente. Y por fin, preguntaba: «Si solamente tuvieran tres horas de vida, ¿quién se iría?». Todos los presentes levantaban la mano.

A medida que el tiempo se contraía, discernían cada vez con más claridad qué era importante para ellos. El sencillo experimento mental de encoger el tiempo empujaba a la superficie de su mente a las personas y los temas más significativos de sus vidas. Sus prioridades vitales se volvían obvias al instante. Hay que exprimir la naranja para extraer el jugo. La muerte nos hace cobrar conciencia de nuestras prioridades existenciales. Las prioridades nos focalizan.

Una vez que comprendes que la vida es finita y disciernes con claridad quién y qué tiene importancia en tu vida, sabes con exactitud en qué debes focalizarte. Este saber modifica tu perspectiva y te induce a vivir de otra manera; enfocado en tus auténticas prioridades, algo que termina en una vida plena y feliz. La muerte puede aportar una tremenda claridad a la vida y es, en última instancia, el incentivo definitivo para una vida con foco.

La muerte pone las cosas en su lugar. La familia, los amigos, el trabajo, la vida misma, todo regresa a su orden natural de prioridades cuando la muerte asoma la cabeza. Tu conciencia y, por ende, tu energía se focalizan como nunca. Ni un instante se desperdicia. Se vive al máximo.

Alguien me preguntó en una ocasión:

—Dandapani, ¿con qué frecuencia piensas en la muerte?

Le respondí:

—Siendo sincero, casi nunca pienso en la muerte. Pero pienso casi cada día que mi tiempo en la Tierra es finito y, a causa de esta finitud, me recuerdo que debo concentrarme en mis prioridades vitales.

Una vida extraordinaria

Otro efecto de la muerte es que te empuja a pensar cómo quieres que sea tu vida. Cuando tu existencia esté llegando a su fin, ¿qué pensarás al volver la vista atrás? ¿Con qué palabras la resumirás? Las personas a menudo se concentran en lo que dirán los demás, pero lo cierto es que no importa lo que pueda pensar el otro. Siempre habrá gente que te alabe y gente que te critique. Lo que de verdad importa es lo que tú opines sobre tu vida.

¿Serás capaz de ver atrás y decir que tuviste una vida extraordinaria? ¿O una vida gratificante o plena? Yo quiero que mi vida sea extraordinaria. Y esta vida extraordinaria que deseo no es para exhibirla ante los demás ni para que me admiren. La deseo por mí. Me motiva saber que tengo una vida y que es el regalo más precioso que se me ha concedido.

Sea cual sea la filosofía, religión o creencia que profeses, debes comprender que solo tienes una vida siendo quien eres. Yo creo en la reencarnación y, a pesar de eso, sé que mi vida como Dandapani es única y quiero que sea extraordinaria. Saber que mi vida terminará me proporciona un gran motivo para vivir con atención. Como a menudo repetía Gurudeva: «La vida es para vivirla con alegría». Tú, la persona que eres ahora mismo, solo vas a vivir una vez. Haz que tu existencia sea relevante. Vívela de tal manera que, cuando estés en el lecho de muerte, puedas ver atrás y exclamar: «¡Qué vida tan extraordinaria!».

La ley de la práctica

Las herramientas que voy a compartir en este libro poseen la increíble capacidad de generar cambios en la vida de cualquier persona. Son recursos de eficacia comprobada que los monjes hindúes del linaje al que pertenecía mi maestro han puesto en práctica durante milenios. De aplicarlas correctamente, funcionan y te transforman. Pero todo depende de ti y de la constancia con que las apliques a tu vida. Yo te prometo que, cuanto más constante seas en la aplicación de estas herramientas en tu día a día, mayor será el cambio que experimentes. Estos recursos no te fallarán siempre y cuando no te falles a ti mismo olvidándote de practicarlos.

Mi maestro siempre me decía que uno puede colgar estas herramientas en la pared para usarlas de adorno. Mirarlas y hablar de ellas es una delicia, sobre todo si tiendes a ser del tipo intelectual. Podrás sentarte a charlar sobre ellas con los amigos durante la cena y te van a considerar muy sabio y culto. Tal vez impresiones a los demás con lo que has leído y las citas de sabiduría que has memorizado. Hay mucha gente en el mundo que colecciona recursos. Leen un libro de autoayuda tras otro y tienen la sensación de que, cuanto más conocimiento acumulen, más crecerán y mejorarán como personas. Se convierten en bibliotecas andantes de recursos de autoayuda.

Todas las herramientas de autodesarrollo del mundo no te van a servir para nada a menos que las apliques, y que las apliques de manera correcta y constante en tu vida cotidiana. Lo mismo sucede con las herramientas que voy a compartir contigo. Los recursos de este libro no te van a resultar útiles a menos que los pongas en práctica del modo que te indicaré, y que seas constante.

LA LEY DE LA PRÁCTICA

Como te comentaba en la lección anterior, la mente intelectual no posee la capacidad de discriminar entre lo que nos conviene y lo que no, a menos que le enseñemos a hacerlo. Esto se aplica a todo lo que hacemos en la vida cotidiana, consciente o inconscientemente.

Prueba de ello es que muchos de nosotros tenemos hábitos o costumbres que nos perjudican. A menudo nos pasan desapercibidos a menos que alguien nos los señale o asomen a nuestra conciencia por medio de la autorreflexión. Entretanto, la mente se encuentra sumida en un estado de ignorancia autodestructiva en relación con esos hábitos. De ser la mente más sabia, no los pasaría por alto. La mente supraconsciente, en su omnisciencia, sabe lo que nos conviene y lo que no. Sin embargo, si no somos capaces de conectar con ese estado mental, no podremos beneficiarnos de su sabiduría.

Si tienes malas costumbres, que no redundan en tu crecimiento, acabas por convertirte en un experto en hacer cosas que te perjudican. Si tienes buenas costumbres, que promueven tu crecimiento, acabas por convertirte en un experto en hacer cosas que te benefician.

Lo que yo llamo «la ley de la práctica» afirma que uno acaba siendo un experto en aquello que repite una y otra vez.

En una ocasión me invitaron a una cena privada en Nueva York a la que asistían también unas cuantas personas muy conocidas. Después de cenar, un famoso escritor se me acercó y dijo:

—Hola, soy...

A lo que yo respondí:

—Yo soy Dandapani.

Al instante observó:

—Vaya, no me voy a acordar. Me cuesta mucho recordar los nombres.

Y yo reflexioné para mis adentros: «De seguro sí, porque debe ser eso lo que te dices constantemente». Si tienes por costumbre decirte una y otra vez que no recuerdas los nombres, se te dará de maravilla olvidarlos. Nos convertimos en expertos de aquello que cultivamos, aunque no sea lo que más nos conviene.

Antes de empezar a ejercitar una destreza se deben tener en cuenta dos condiciones esenciales: hacerlo del modo correcto y ser constante. Cuanto más practicas, mejor lo haces. Si ejercitas una destreza empleando un método incorrecto, acabarás por dominar la técnica equivocada. Mi maestro me relató una historia que ilustra la importancia de practicar correctamente. En la adolescencia, Gurudeva era el primer bailarín del Ballet de San Francisco, y me contó que no le permitían ensayar a solas por si practicaba algún movimiento que no contribuyera a perfeccionar su técnica.

Una vez que aprendes a ejercitar una destreza de la manera correcta, la clave será la constancia. De haberme propuesto ser un pianista medio bueno, podría sentarme a tocar una o dos veces por semana durante unos minutos en cada ocasión para practicar una canción. Pero si quisiera ser uno de los mejores pianistas del mundo, supongo que tendría que ensayar de cinco a ocho horas al día, a diario, todos los meses del año. Pasados seis meses, habría mejorado mi técnica. Al cabo de un año, tal vez tocara más o menos bien. Después de dos o tres años, seguramente sería un buen pianista. Practicar el piano constantemente y de la manera correcta me ayudaría a conseguir los resultados deseados.

Lo mismo se puede decir de las herramientas que presento en este libro. Ambas condiciones —practicar bien y ser constante— son importantísimas. Un cliente me dijo en una ocasión que una herramienta que le había enseñado no le funcionaba. Le pregunté si estaba siendo constante en sus prácticas. Me respondió afirmativamente. Entonces quise saber:

—¿Está aplicando las tres partes de la herramienta en sus prácticas?

Me respondió:

—No, solo empleo una de las tres partes que me enseñó.

Bueno, no esperes preparar un buen pastel si no usas todos los ingredientes. Es ahí donde entra en juego la obediencia. Si te han enseñado a usar una herramienta y no sigues las instrucciones al pie de la letra, ¿cómo esperas obtener los resultados que deseas? Para que tu vida interna te obedezca, tendrás que ser obediente en tu vida externa.

En ocasiones, cuando estaba en el monasterio, los desafíos internos que me tocaba afrontar me paralizaban. Abrumado por la situación, buscaba a mi maestro y le confesaba mis congojas. Él siempre me escuchaba con paciencia y compasión, otorgándome toda su atención. Cuando yo terminaba de desahogarme, con frecuencia me preguntaba: «¿Estás aplicando las herramientas que te enseñé?». Mi respuesta a menudo era: «No». Tras eso, me levantaba y me iba. No había nada más que hablar. Él me había recetado la medicina para mi enfermedad y me había indicado la manera de administrarla, pero yo no había seguido las instrucciones. La decisión estaba en mis manos y la responsabilidad recaía únicamente en mí. Si rechazaba aceptar esa responsabilidad, debía cargar con las consecuencias, por dolorosas que fueran.

Si eres constante en la aplicación de las herramientas, te convertirás en un experto, porque te habrás ejercitado. De no hacerlo así, no las dominarás y no disfrutarás de los beneficios que brinda la práctica.

A la gente le emociona aprender nuevas herramientas y técnicas, pero, una vez que la emoción inicial se disipa, les parece más fácil probar la siguiente que ser constantes en la aplicación de la herramienta que ya aprendieron. Como sociedad, estamos educados para pasar a otra cosa. Queremos probar el último iPhone, una tele con pantalla 8 K, la última tendencia en moda, el coche último modelo y así hasta el infinito. A la sociedad le encanta el brillo de las cosas nuevas, pero tan pronto como este se apaga, no pierde ni un momento en ponerse a buscar la siguiente.

Para progresar en el uso de las herramientas de este libro, o avanzar en cualquier cosa que pretendas aprender o cambiar, debes adoptar la misma actitud que tendrías si te hubieras propuesto dominar una disciplina artística, como pasaba en el ejemplo del piano. No creerías que la ibas a dominar en unas pocas semanas o meses. El foco también es un arte. En primer lugar, requiere que entiendas bien los mecanismos de la mente y luego exige aprender y ejercitar la concentración. Como en cualquier disciplina artística, el primer paso es el aprendizaje, y el segundo, la práctica.

No esperes leer el libro, llegar al final y descubrir que ya dominas los conceptos. El trabajo te va a requerir tiempo y es posible que tengas que revisar capítulos, lecciones e ideas una y otra vez. Piensa en ello como la obra de tu vida y sé amable, cariñoso y paciente contigo según vas cambiando y creciendo. Si aplicas con regularidad las herramientas de este libro, descubrirás que los cambios empiezan a producirse en las siguientes semanas o meses. Como siempre me recordaba mi maestro con cariño: «Las recompensas superan con creces el esfuerzo invertido».

Nunca te arrepentirás de aceptar el desafío de crecer. Merece que le dediques tiempo. Este trabajo es el mayor regalo que te puedes hacer en el viaje que implica convertirte en una versión mejor de ti, más centrada y realizada.

No soy aficionado a las citas de películas, pero hay un diálogo que vale la pena citar. En la serie *Marco Polo*, de Netflix, el personaje de Cien Ojos, un monje ciego, le pregunta a Marco Polo qué les dirá a los hombres, si algún día tiene que regresar a Occidente, sobre «esta extraña palabra, kung fu». El propio Cien Ojos responde la pregunta a continuación: «Kung fu significa la habilidad suprema que se obtiene del esfuerzo. Un gran poeta alcanzó el kung fu. El pintor, el calígrafo; de ellos se puede decir que poseen kung fu. Incluso el cocinero, quien barre los escalones o un empleado diestro pueden tener kung fu. Práctica. Preparación. Repetición sin fin. Hasta que notas la mente agotada y los huesos adoloridos. Hasta que estás demasiado cansado para sudar. Demasiado exhausto para respirar. Es la manera, la única manera de adquirir kung fu».

Las palabras parecen sacadas directamente de Hollywood y así es. Pero sirven para ilustrar que la focalización es una destreza. Cualquiera que esté dispuesto a invertir en la preparación, el esfuerzo, la práctica y la repetición sin fin puede dominar el foco. Y en este libro aprenderás a ejercitar la concentración en cualquier actividad que lleves a cabo, desde pintar hasta cocinar o barrer los escalones.

La gente tiende a tropezar en la repetición sin fin. Otra pregunta que me formulan a menudo es: «¿Y ahora qué?». Yo llevo casi tres décadas ejercitándome en el uso de una herramienta que me enseñó el gurú, siempre la misma.

No necesito aprender muchas herramientas. El secreto radica en aprender unas cuantas y dominarlas. Ahonda en lugar de dispersarte. Cuanto más trabajes una herramienta, más facetas te revelará. En un mundo donde la mayoría pregunta: «¿Y ahora qué?», sé la persona que se concentra en dominar la herramienta que escogió.

Este libro es para personas que desean sacar partido del poder de la concentración absoluta para vivir una vida verdaderamente gratificante.

Aprender mediante la repetición

Mi maestro pensaba que las personas aprendemos a través de la repetición y así me lo enseñó en el monasterio. La repetición es una técnica que emplearé con frecuencia en este libro y en las lecciones que contiene. Leerás numerosos conceptos una y otra vez, porque reiterar es una manera muy efectiva de programar el subconsciente. Así me entrenó mi maestro y la sigo considerando una herramienta excelente para grabar conceptos en la mente.

Deja que te cuente una historia que lo demuestra.

Cierto día en el monasterio, iba de mi despacho al comedor cuando mi maestro me salió al paso, me dijo algo y, al instante, dio media vuelta y se fue. Yo pensé: «Me dijo lo mismo ayer, anteayer y la semana pasada. ¿Olvidó que ya me lo dijo?».

Como era un novicio en aquella época, la situación me desconcertó, así que acudí a uno de los monjes más veteranos para contarle mi experiencia. Le pregunté:

—¿Es posible que Gurudeva esté envejeciendo y no recuerde que me ha repetido lo mismo unas cuantas veces?

El monje se rio con ganas antes de responder:

—Sabes tan bien como yo que no es así. Tiene una memoria excelente. Repite lo mismo una y otra vez porque sabe lo mucho que cuesta grabar algo en el subconsciente. A través de la repetición constante, imprime un patrón duradero en la mente.

Voy a adoptar el mismo enfoque contigo. Voy a grabar en tu subconsciente los conceptos básicos que hacen falta para entender la mente y aprender a focalizar la atención, de modo que, cuando los repita, te ruego que no pienses: «¡Otra vez lo mismo no, por favor! ¡Ya me lo dijiste!». Tan pronto como lo pienses, recuerda que en realidad aún no has asimilado el concepto. Cuanto más insistía mi maestro en lo mismo, más aprendía yo. Sabía que se estaba repitiendo porque yo todavía no había asimilado plenamente la idea. Con cada reiteración, yo escuchaba con más atención. Entonces la idea entraba más profundamente en mi subconsciente y me aportaba un conocimiento más hondo de lo que estaba diciendo. Aun en la actualidad, después de varias décadas de estudio de sus enseñanzas, nunca me digo: «Esto ya lo sé». Cada vez que oigo el mismo mensaje, otra capa de conocimiento se me desvela.

Según vayas avanzando, lee las lecciones con curiosidad y sin prejuicios. Reflexiona sobre los conceptos fundamentales en profundidad y, en su momento, los comprenderás de forma más penetrante y descubrirás hasta qué punto son trascendentes. Si abordas este libro con la actitud adecuada, experimentarás que cada idea que se repite te permite captar algo que antes habías pasado por alto o no habías entendido bien. Las ideas pueden parecer sencillas en un comienzo, pero, igual que sucede con cualquier verdad trascendente, se requieren años para comprenderlas en profundidad y, a la postre, experimentarlas y asimilarlas. Cuanto más las utilices y las medites, mejor las entenderás y más te ayudarán.

Intención y obediencia

Es importante establecer algunas pautas y parámetros para evitar el fracaso y asegurarnos de que lleves tu deseo a buen puerto.

La primera pregunta que debes formularte antes de seguir leyendo el resto del libro es: «¿Por qué lo compré?». Escribe tu respuesta con la máxima brevedad y claridad. Es fundamental que definas cuál era tu intención al adquirir esta obra. Lo que escribas se convertirá en tu propósito durante la lectura y eso determinará los resultados que obtengas. Será el único factor que defina los beneficios que te aporte. Hay unos cuantos libros que me cambiaron la vida. Los he leído y releído incontables veces: he subrayado frases, he incluido anotaciones, he marcado las páginas. Se convirtieron en un faro en mi camino porque tenía claro lo que esperaba de ellos.

Aprendí muy pronto en la vida a identificar a las personas que han sacrificado mucho por perseguir su propósito. Cuando tenía la suerte de coincidir con uno de esos individuos, me tomaba como una responsabilidad personal averiguar el núcleo de lo que habían aprendido. Los abordaba con humildad y con una presencia plena, que extraía de mi capacidad de permanecer concentrado. Durante la conversación con esas personas, ellas percibían también mi presencia total, mi atención plena, mi sinceridad y el humilde deseo de aprender. Como me acercaba a ellos tras una preparación previa y con una intención clara, era capaz de desplazar su conciencia a una región mental que promovía el flujo de su intuición. Yo me convertía entonces en el afortunado receptor de la sabiduría que brotaba.

Esto no sucederá si abordas este libro mientras estás haciendo otra cosa. O si le echas un vistazo por encima como harías con cualquier otra obra para poder decir que lo leíste y que contenía ideas interesantes. En caso de que escuches la versión en audio, haz solamente eso. Atiende sin llevar a cabo ninguna otra actividad. Renuncia a la multitarea. Abstente de argumentar que podrías hacer otra cosa y leer este libro al mismo tiempo. Siéntate, escucha y préstame tu atención plena. Yo me comprometí a hacer este viaje contigo y espero que tú hagas lo mismo. La transformación se producirá cuando nos encontremos a mitad de camino, pero necesito que te reúnas allí conmigo.

He invertido buena parte de mi vida en las ideas que contiene esta obra y en compartir las enseñanzas de mi maestro, a las que he dedicado más de tres décadas de estudio, contemplación y práctica sin fin. Para que puedas beneficiarte del contenido del libro, es fundamental que lo abordes desde la mentalidad adecuada.

El saber que albergan las páginas ha cambiado mi vida y todavía lo hace. Si tuve la suerte de adquirir este saber, fue porque me acerqué a mi maestro de la manera adecuada. Necesito que lo entiendas, pues, en caso contrario, la lectura de esta obra te resultará inútil. No aprenderás a focalizar la mente y no podrás recabar los maravillosos beneficios que te ofrece.

Obediencia

Para entrar en el monasterio, uno de los votos que tuve que pronunciar fue el de la obediencia. No obstante, la obediencia supone un problema para muchas personas, que protestan: «¡No quiero que me digan lo que debo hacer!». La obediencia no implica someterse a ciegas a otra persona. El gurú de mi monasterio distinguía dos formas de obediencia: la obediencia ciega y la sabia. La obediencia ciega involucra someterse a una persona o precepto sin cuestionarlo, someterlo al propio juicio o pedir aclaraciones de sus motivos. Obedecer con sabiduría a alguien de tu confianza implica rendirse a la sabiduría que esa persona ha adquirido después de años de experimentación y aprendizaje acerca del tema con el que está comprometida. La obediencia potencia en todo momento que pidas aclaraciones si las necesitas. Esa actitud era la que Gurudeva procuraba fomentar en los monjes de su orden.

El enfermo que aguarda con paciencia un trasplante de corazón confía en el cirujano y en su equipo. Obediencia sabia. Millones de viajeros cada día confían en que el piloto guiará un tubo de metal alado de cuatrocientas toneladas al otro lado del océano y lo posará en tierra sin incidentes. Obediencia sabia.

Napoleon Hill escribió su libro *Piense y hágase rico* después de dedicar más de veinte años a estudiar a las personas con más éxito financiero de su época. Cuando una persona lleva a cabo un trabajo tan minucioso y resume algunas de las grandes enseñanzas recogidas en todo el mundo sobre el poder de la mente, hay que escuchar su mensaje.

Cuando vivía con mi maestro, vi a mucha gente acudir a él para pedirle consejo. Algunos lo hacían empujados por la curiosidad de saber cuál sería su respuesta. La mayoría ya habían decidido lo que harían antes de reunirse con él. Uno nunca debería abordar a una figura tan importante y desatender su consejo.

Durante décadas me he dedicado a buscar profesionales de gran éxito o que fueran los mejores en su campo. De pedirles consejo alguna vez, cosa que hago a menudo, aplicaría sin pestañear las ideas que me brindaran.

Hace muchos años, en Toronto, después de presentar una ponencia en un evento, coincidí entre bastidores con Marc Ecko, que es un diseñador de moda y empresario estadounidense. Él acababa de ofrecer también una presentación y, durante la conversación que mantuvimos, aproveché para pedirle su opinión sobre el espíritu empresarial. En aquella época yo daba mis primeros pasos en ese campo y estaba deseando aprender todo lo que pudiera de los expertos. Le pregunté:

—Si tuviera que darle un solo consejo a un antiguo monje que se dispone a emprender, ¿cuál sería?

Me miró y respondió:

—No se disperse y profundice. —Dejó un silencio y repitió—: No se disperse y profundice. A medida que vaya progresando y su empresa empiece a funcionar, sentirá la tentación de hacer muchas cosas y aprovechar numerosas oportunidades. Así se estrellan muchos emprendedores. No se disperse y profundice.

Su consejo me ha ayudado muchísimo a lo largo de los años. Si bien el foco es el centro de mis enseñanzas y mi modo de vida, resultó que tenía mucha razón. Según pasaron los años, me ofrecieron numerosas oportunidades y en varias ocasiones sentí una tentación irresistible de aprovecharlas. Entonces me recordaba que debía permanecer concentrado en mi propósito y repetía para mis adentros: «No te disperses y profundiza».

Cuando era monje, conocí a una fotógrafa de gran éxito y talento. Por desgracia no recuerdo su nombre, pero mientras conversaba con ella le pregunté:

—Si tuviera que darle un único consejo sobre fotografía a un monje, ¿cuál sería?

Contestó:

—Mire un tema desde muchos ángulos distintos y fotografíelo desde esos ángulos. Se llevará una gran sorpresa.

Seguí su consejo durante dos décadas y mis fotografías han mejorado infinitamente.

Obedecer tan solo significa que te esfuerzas por seguir un consejo al pie de la letra. Si no entiendes una parte de las instrucciones, pides aclaraciones. La obediencia no te garantiza que no vayas a cometer errores o que serás capaz de seguir el consejo a la perfección. Uno puede fracasar muchas veces antes de haber desarrollado la habilidad necesaria para poner en práctica un consejo.

Me hace gracia la costumbre que tienen algunas personas de pedir consejo y luego modificarlo de manera que se adapte a su conveniencia. ¿Por qué pides consejo si no tienes intención de seguirlo? Imagina que una persona quiere aprender *ballet*, se apunta a clases con un bailarín o bailarina de gran reputación, escucha sus instrucciones y luego dice: «Bueno, yo lo haré a mi manera». Este tipo de temperamento rebelde es un claro indicio de que la mente instintiva no se encuentra bien dirigida.

Si confías en mí para que te enseñe a focalizar tu vida, después de haber hecho el esfuerzo de buscar a un experto en concentración, sigue mi consejo.

Cuando contratas a un guía para que te acompañe a dar un paseo en barco por los Everglades de Florida, confías en que esa persona te llevará a explorar la zona y no te arrastrará a un rincón remoto con el fin de usarte como comida para los caimanes. Confías en el guía. Si te embarcas en este viaje y en este libro, necesito que confíes en mí. Aquí no encontrarás caimanes, pero no puedo hacer mi trabajo si tú no te comprometes a seguir mis instrucciones.

De tu intención al leer este libro y de tu obediencia a su contenido dependen los resultados que obtengas.

El poder de los pequeños pasos

El viaje hacia una vida focalizada nos puede parecer un trabajo abrumador en un comienzo. Esta sensación de agobio puede ser asimismo la angustia que surge cuando no puedes visualizar la meta al final del camino. La ausencia de claridad alimenta los sentimientos de agobio y el consiguiente sentimiento de ansiedad, que a la larga nos puede llevar a ceder en el deseo. La ascensión a la cima de una montaña puede resultar abrumadora también, pero tienes un guía que te orienta en cada paso del camino, te infunde confianza y lo vuelve todo más factible.

¿Cómo abordaremos el estudio de la focalización? La respuesta es: con paciencia, metódicamente y en pequeñas porciones.

Devorar una *pizza* de 25 centímetros es una experiencia muy distinta a la de comer un solo bocado y deleitarte en sus sabores. Si te comes la *pizza* entera, comer un mordisco y masticar ya no resulta tan apetecible; es esta una metáfora de la manera que tiene mucha gente de abordar gran parte de la vida. Lo queremos todo y lo queremos ya. Somos impacientes y nos volvemos aún más impacientes conforme pasa el tiempo. Nos impacientamos con el mundo que nos rodea, con nosotros mismos y con nuestra capacidad de plasmar y alcanzar nuestros deseos.

La tecnología se alimenta de nuestra impaciencia. Lo hace colocando lo que queremos al alcance de nuestros dedos en cuestión de segundos o milésimas de segundo. Que algo tarde unos segundos de más en descargarse según se desplaza a través de miles de kilómetros de distancia hasta nuestro teléfono basta para que elevemos los ojos al cielo. La gratificación instantánea que nos ofrece la tecnología nos está entrenando para que traslademos las mismas expectativas a otros aspectos de la vida. A medida que los patrones de expectativas irreales se graban y se refuerzan una y otra vez en nuestra mente, aumentan las experiencias de decepción vital. El desencanto, la frustración y la depresión son algunos de los frutos de una mente que no es capaz de discriminar entre la gratificación instantánea que ofrece la tecnología y el modo pausado que tiene la vida de procurar resultados.

A una persona le hicieron falta treinta y seis años de disciplina, así como un estricto entrenamiento viviendo como monje célibe en un monasterio hindú de clausura para obtener el título de *Acharya*, maestro espiritual. Hoy se forman maestros de yoga en masa después de un programa de entrenamiento de doscientas horas. Y luego tenemos el programa para perder peso en un fin de semana, los cinco trucos para ser millonario, el retiro de silencio de nueve días para el autodescubrimiento, dominar el piano en treinta días, y mucho más para que nos inundemos en un montón de enredos.

La impaciencia es una bestia alimentada a diario por todos aquellos que buscan lucrarse gracias a su impetuosa naturaleza, y el sofoco y la asfixia por obtener una gratificación rápida se manifiestan en una conducta social cada vez más degradada.

Ya no recuerdo la cantidad de veces que me han formulado la pregunta: «¿Cuánto tardaré en aprender a focalizarme?». Mi respuesta a esa duda con frecuencia es: «Mucho, mucho tiempo, si lo planteas de ese modo».

El libro que tienes en las manos es la antítesis de ese planteamiento. No hay trampas, no hay atajos ni trucos, solo un enfoque de eficacia contrastada a lo largo de siglos que se apoya en la constancia y la paciencia como refuerzos para el éxito.

Concédete tiempo según avanzas hacia una vida focalizada. Me encanta una cita de Bill Gates: «Siempre sobrevaloramos el cambio que se producirá en los próximos dos años e infravaloramos el cambio que se producirá en los próximos diez». Ahora bien, no estoy diciendo con eso que vayas a tardar diez años en llevar una vida con foco. Lo que intento argumentar es que deberíamos ser pacientes y destinar tiempo suficiente al esfuerzo de generar cambios sostenibles en la vida; cambios que requieren una reprogramación de la mente, por así decirlo, y una nueva manera de vivir.

Una vez que aceptamos que el viaje a una vida con foco requiere tiempo, debemos interiorizar cómo vamos a abordar el viaje. Este aspecto tiene una importancia crucial. El camino en sí mismo es largo y cuando lo vemos ante nosotros nos puede parecer (y a menudo lo es) abrumador. Empatizo de corazón contigo en este aspecto. Sin embargo, si lo contemplamos como una serie de pequeños pasos, la sensación es muy distinta.

Es importante entender que el viaje a la cima de una vida con foco será largo. E igual que haces cuando te dispones a emprender cualquier viaje importante, debes prepararte mental, emocional y físicamente. No esperes escalar el Everest en un día. Sin embargo, la información fundamental que debes retener en este momento es el punto de vista que vamos a adoptar.

Si me pides que vaya caminando de Nueva York a Los Ángeles, me sentiré intimidado, pero si me pides que dé un solo paso en esa dirección voy a experimentar una seguridad absoluta en mi capacidad de hacerlo. Mi tarea, en el caso de este libro, será definir el objetivo y mostrarte el camino que te llevará hasta allí dividido en pequeños pasos. Tu tarea solo será concentrarte en el paso siguiente.

En el transcurso de la conversación con Joe de Sena a la que me referí anteriormente, quise saber algo más sobre la renuncia.

—¿Qué haces cuando, en mitad de una carrera de resistencia, sientes la tentación de abandonar?

Joe respondió:

—Me concentro en llegar hasta el árbol. Sé que eso puedo hacerlo. Y cuando llego al árbol, me animo a correr hasta la roca. Y así, paso a paso, alcanzo la meta.

Una cita de Gurudeva sintetiza el poder de los pequeños pasos: «Un templo de ladrillos se construye colocando un ladrillo y luego otro». Un ladrillo, después otro, otro más... y muchos años más tarde construyes una gigantesca ciudadela espiritual que permanecerá miles de años. El rey Suryavarman II construyó Angkor Wat a lo largo de un periodo de treinta años y creó el monumento religioso más grande del mundo, que abarca una superficie de 162,6 hectáreas y que sigue en pie novecientos años más tarde.

La naturaleza se toma su tiempo y trabaja asimismo en pequeños pasos. El río Colorado esculpió con suma paciencia el Gran Cañón del Colorado y nos brindó una de las grandes maravillas de la naturaleza. La escultura sigue avanzando a diario, si bien con gestos tan nimios que no nos percatamos. Pero el mérito pertenece a la madre naturaleza por su constancia y dedicación al trabajo.

Demasiadas personas subestiman el poder de los pequeños pasos. Las cosas pequeñas conducen a grandes logros. Los pasos cortos son asequibles. Los gestos mínimos no generan presión; los pequeños objetivos, tampoco. Avanzar paso a paso es una expresión de comprensión, amor y compasión hacia las necesidades de nuestro cuerpo y mente.

Anita Roddick, emprendedora británica, activista por los derechos humanos y defensora del medio ambiente, observó con inteligencia: «Si te sientes demasiado pequeño para provocar cambios, intenta dormir con un mosquito en la habitación». Cuánta razón tiene. Me golpeé la cara en incontables ocasiones pensando que el insolente animalillo empeñado en alimentarse de mi sangre no podía rivalizar con la rapidez de mi mano. Me equivocaba.

Hay que empezar siempre por la imagen completa. ¿Qué quiero? ¿A qué destino me dirijo? Es lo que Hill denomina «La definición del propósito, el conocimiento de lo que uno quiere». Hay que articularlo con claridad: ver al futuro y una imagen detallada del propio objetivo. En el caso de este libro, el objetivo es un foco absoluto.

Una vez que lo tenemos definido, volvemos al presente y empezamos a trazar el camino hacia ese objetivo. Cuando dibujes el camino

EL PODER DE LOS PEQUEÑOS PASOS   71

hacia tu meta, piensa en pequeños pasos. Asequibles. Yo siempre tengo presente la imagen global, pero me concentro en los pasitos que debo avanzar para llegar. Solo tengo que desplazar el pie en la dirección correcta. Y una vez que haya dado el paso, tengo que desplazar el otro. Y así sucesivamente.

Si mi objetivo es caminar de Nueva York a Los Ángeles, tendré que empezar por un paso rumbo al oeste. Desplazo el pie en esa dirección. A continuación desplazo el otro. Tenemos que ser disciplinados y evitar la tentación de acelerar para abreviar el proceso. Muchas personas abruman la mente y el cuerpo con la necesidad constante de acelerar el cambio y acortar el tiempo que los separa de la recompensa. Cuando eres un niño, tu cuerpo se toma su tiempo para crecer hasta hacerse adulto y, de forma parecida, requiere calma para remodelar su naturaleza interna. La mente necesita tiempo para aprender y practicar la focalización, al igual que el sistema nervioso, los músculos y el cuerpo. Los procesos tienen que seguir su curso. Sé amable y paciente contigo.

Cuando coronemos la montaña, disfrutaremos de vistas espectaculares. Pero las vistas hermosas no se limitan a la cumbre. Todo aquel que se aventure al ascenso podrá disfrutar de ellas. Cuando emprendas la búsqueda de una vida con foco, experimentarás sus beneficios desde el principio. A diferencia del ascenso a una montaña, en este caso no hay cumbre que alcanzar, pues siempre puedes perfeccionar tu capacidad de focalizarte. Cuanto más aprendemos a concentrarnos, con más claridad avistamos hasta qué punto podemos mejorar.

Aprender a focalizar en el presente te reportará inconmensurables beneficios en el futuro.

SEGUNDA PARTE

Lo indescriptible de la mente

CAPÍTULO 3

Entender la mente

La herramienta más poderosa del mundo

De todas las cosas que tuve la fortuna de aprender de mi gurú, hay una que considero infinitamente más importante que cualquier otra y que, en mi opinión, debería compartirse con todos los hombres, mujeres y niños del mundo: entender cómo funciona la mente.

Todos tenemos mente y muchos disfrutamos del privilegio de poseer una mente totalmente funcional. Nacimos con ella. Vivimos con ella. No podemos separarla de nuestro yo. Igual que el cuerpo, nos acompaña cada segundo de nuestra expedición por la Tierra. A lo largo de toda la vida funcionamos desde la mente, tanto en la vigilia como en el sueño. Es lo único que permanece con nosotros las veinticuatro horas del día, aunque muchas personas no sean conscientes de ello. No pasamos tanto tiempo con las personas o las cosas que amamos. Y si bien nos brinda una compañía leal a lo largo de la vida, la mente, por desgracia, sigue siendo una extraña para la mayoría; una compañera a la que no se presta atención o a la que se decide no conocer. Igual que un mayordomo fiel que está ahí para servir, pero con el que no se estable relación.

La mente ha materializado el mundo no natural que nos rodea. Ha remodelado, a menudo para peor, buena parte del mundo natural. Creó las computadoras y los teléfonos inteligentes; llevó un todoterreno a Marte y ha enviado transbordadores al espacio; ha descubierto curas para las enfermedades y cómo aprovechar el poder del sol; nos permite viajar a tierras lejanas en cuestión de horas, además de muchos otros inventos igual de sorprendentes. Y apenas empezamos a obtener acceso a sus poderes insondables.

La mente es la herramienta más poderosa del mundo, cuyas funciones escapan a nuestra comprensión. Y es tuya. Te fue entregada sin pedir nada a cambio. Su único inconveniente es que, si no la entiendes y la dominas, podrías sufrir las consecuencias de una mente sin gobierno, algo que podría desembocar, en el peor de los casos, en el fin de tu viaje terrenal.

No obstante, pese a tantas capacidades y funciones, conocidas y desconocidas, la mente viene sin manual de usuario. Ni siquiera trae una «Guía de inicio rápido» como las que incluyen casi todos los dispositivos electrónicos.

Cualquier otra cosa viene con manual de instrucciones. Si compras una batidora, te entregan un manual de usuario de treinta páginas en doce idiomas distintos, impreso en un tamaño de fuente que pondría a prueba la vista de un halcón. ¡Incluso los alimentos traen instrucciones! Un paquete de arroz, por ejemplo, incluye las instrucciones para cocinar el arroz impresas en el envase. Los vasos de café para llevar te advierten de que el contenido está caliente. Los alimentos congelados enumeran instrucciones paso a paso para que puedas devolver a la vida esa comida desvitalizada.

Pero, por desgracia, la mente no incluye un manual de usuario. Para colmo de males, casi nadie recibe formación relativa a la mente. Nadie nos ha enseñado a entenderla, cómo funciona, cómo controlarla y demás. No es de extrañar que tantas personas se lleven mal con su mente y abunden los problemas de salud mental. Nos entregaron la herramienta más poderosa del mundo sin enseñarnos a usarla. Si ya son conocidos todos los problemas y debates que plantea la salud mental en el mundo, ¿cómo es posible que no hayamos concluido, hace ya varias décadas, que educar la mente e informar sobre su funcionamiento debe considerarse una prioridad, cuando no una necesidad, entre los niños en edad escolar? Algún tipo de preparación al respecto sería mejor que nada.

¿Por qué es tan importante comprender la mente humana? Porque estamos hablando de la herramienta que empleamos para diseñar y materializar nuestra realidad conocida cada día de nuestra existencia. El cielo o el infierno que creamos en el mundo interno o externo se originan en la mente. Si logramos entender cómo funciona, podremos dominarla y dirigirla para materializar la vida que deseamos. Para ello, sin embargo, es necesario comprender con qué estamos trabajando, ya que resulta sumamente complicado trabajar con algo que no entiendes. La imposibilidad de tanta gente para crear la vida deseada no se debe a que carezcan de las capacidades necesarias, sino a que no entienden la herramienta con la que están trabajando, que es la mente.

Un amigo me envió en una ocasión la foto que había tomado de un Mini Cooper estacionado junto a la banqueta. En el *e-mail* escribió: «Oye, saqué esta foto de un Mini y la retoqué con Photoshop. ¿Qué te parece?». La fotografía no estaba mal, pero tampoco me pareció nada del otro mundo. Le respondí diciendo: «Está bien, pero no veo nada especial. ¿Se me escapa algo?». Era un buen fotógrafo y la imagen no estaba a la altura de su talento. Un día más tarde recibí su respuesta por *e-mail*. «¡No fabrican Minis de cuatro puertas!» (no los fabricaban en aquel entonces). Había fotografiado un Mini Cooper de dos puertas, lo había alargado con Photoshop para añadirle dos puertas más y lo había retocado con tanta habilidad que parecía real.

El sentido de esta anécdota es transmitir la idea de que, entendiendo cómo funciona la mente, podemos aprovechar ese conocimiento para modelar nuestras vidas a medida de nuestros deseos. Como sabemos muy poco de los mecanismos internos de la mente, carecemos de habilidades para hacer gran cosa con ella. Si bien llevo muchos años usando Photoshop, todavía me definiría como un principiante; no conozco todas las características del programa ni poseo las habilidades para emplearlas como hizo mi amigo. Los años que había dedicado a su aprendizaje le dieron un excelente dominio de la herramienta, así que puede crear lo que se le pase por la cabeza. De manera parecida, cuanto mejor entendemos la mente, más capaces somos de aprovechar su poder de crear la vida que deseamos.

Cuando entré en el monasterio del gurú, una de las primeras preguntas que me formuló fue:

—¿Sabes cómo funciona la mente?

Le respondí:

—No, no lo sé. Nadie me ha enseñado nada al respecto.

—En ese caso empezaremos por ahí —me dijo—. Estudiaremos los mecanismos de la mente desde un punto de vista intelectual.

Mi maestro tenía un don, fruto de un profundo conocimiento del universo mental, para simplificar sus explicaciones de tal manera que sus alumnos pudieran asimilar conocimientos básicos en muy poco tiempo. Yo le hacía preguntas constantemente con el fin de tener las ideas más claras y poder extraer una serie de axiomas fundamentales en los que poder centrarme para experimentar.

Una vez que entendí, hasta cierto punto, en qué consiste la mente en el plano intelectual, me marqué el objetivo de empezar a llevar a la práctica lo que había aprendido. Uno puede leer cuanto quiera sobre lo que se siente en la cumbre del Himalaya, pero, a menos que lo viva en carne propia, jamás conocerá la sensación.

Muchos fracasan en este paso. Recuerdo a una persona diciéndome con emoción, tras finalizar un curso de una semana de duración, que estaba deseando compartir con otras personas en sus propios talleres lo que acababa de aprender. Esta manera de aprender y enseñar se está convirtiendo en una tendencia generalizada. De hecho, yo evitaría incluso emplear la palabra «aprendizaje». Sería más apropiado llamarlo «recolección de información».

Hay personas que únicamente persiguen un aprendizaje intelectual; rastrean libros y pantallas en busca de conocimientos que acumular y luego mezclan la información hasta lograr lo que solo puede describirse como una ensalada de ideas. Suficiente para impresionar al pobre pasajero que se siente a su lado en un avión, pero no para generar un verdadero cambio vital. La mera adquisición de conocimiento no se traduce en aprendizaje. Eso debe quedar claro. No te engañes pensando que cuanta más información adquieras, más vas a crecer como persona. Desaconsejo encarecidamente un trabajo que implique limitarse a recabar información.

El estudio intelectual será el punto de partida, pero hay que acompañarlo y consolidarlo mediante un aprendizaje experiencial. Y a menudo serán necesarias experiencias repetidas para lograr comprensión y aprendizaje experienciales más profundos.

En los siguientes capítulos y lecciones te voy a ofrecer una explicación intelectual de los distintos temas que voy a presentar. A continuación compartiré un marco en el que experimentar lo que has comprendido desde el intelecto. Tu capacidad para poner en práctica lo que has aprendido en el plano intelectual te permitirá saber hasta qué punto has asimilado el contenido del libro. Un cambio importante y sostenido en el tiempo será la prueba de que interiorizaste las ideas de estas páginas. Y yo te ayudaré a lograrlo.

El gran secreto de la mente

Unos cuantos conocimientos básicos sobre el funcionamiento de la mente serán más que suficientes para generar enormes cambios en tu vida y proporcionarte la capacidad de entender, dominar y focalizar la herramienta más poderosa del mundo, que te permitirá tomar las riendas de tu vida.

Ante todo, quiero que te tranquilices y tengas la seguridad de que posees las capacidades necesarias para entender a la perfección lo que te voy a explicar en esta lección. No hace falta un título universitario ni un intelecto extremadamente desarrollado para ello. Entender la mente no es complicado, aunque haya quien lo complica. No hace ninguna falta.

La capacidad de mi maestro para describir los mecanismos internos de la mente con palabras tan claras y sencillas que cualquiera pudiera comprenderlas me permitió observar el alcance de su conocimiento y lo mucho que había experimentado con su mente. Su espíritu didáctico también revelaba su intención subyacente, que era la ayuda al prójimo. De esta intención nacía su deseo por animar a las personas a comprender en profundidad sus enseñanzas, sabiendo que provocarían cambios positivos en sus vidas.

Lo que estoy compartiendo contigo en este libro es mi experiencia personal en el terreno de la mente. Mi saber no procede de haber leído cientos de libros y resumido su contenido ni de investigaciones y pruebas en laboratorios, análisis de resultados, búsqueda de correlaciones y elaboración de gráficos. En absoluto. Comenzó como un trabajo intelectual, cuando el gurú me explicó los mecanismos internos de la mente. Las incontables conversaciones que mantuve con él con posterioridad me permitieron ahondar en el conocimiento del tema. Según iba entendiendo mejor los mecanismos mentales, mi maestro me acompañó en la experimentación simultánea de lo que estaba aprendiendo, un trabajo en el que llevo profundizando más de dos décadas y media. Las conclusiones sobre los mecanismos internos de la mente que comparto contigo en este libro nacen de las experiencias que yo he vivido repetidamente.

Me gustaría citar una frase de mi querido amigo y mentor Michael Lützenkirchen: «Aunque tú me veas como un maestro, yo sigo siendo un aprendiz en la materia. Y espero que siempre sea así».

Esta afirmación describe mi posición en el viaje de descubrir la mente. Sigo aprendiendo. No soy un maestro. Ni un experto. Pues cuanto más experimento y aprendo sobre la mente, más consciente soy de lo mucho que me queda por saber. Lo que vas a encontrar en este libro es el fruto de mis aprendizajes experienciales sobre la mente en el momento de la publicación (o más bien en el momento en que mi editor me dijo que no podía seguir corrigiendo el libro).

Te animo a adoptar siempre la misma actitud que un viajero a punto de emprender el camino: emocionado, ilusionado, abierto a aprender y libre de ideas preconcebidas.

Lo que me dispongo a explicarte constituye la base, las enseñanzas fundamentales, de todo lo que encontrarás en esta obra. Es la idea que debes retener por encima de cualquier otra. Por favor, haz el esfuerzo de comprender el apartado a fondo, con el fin de asimilar el conocimiento. Recomiendo encarecidamente leer la siguiente sección varias veces. Tu capacidad de captar desde el intelecto lo que estoy a punto de compartir y luego experimentarlo en la práctica cambiará tu vida hasta extremos que ahora mismo no alcanzas a imaginar. Mi vida nunca volvió a ser la misma desde que asimilé esta lección.

CONCIENCIA Y MENTE

La herramienta más poderosa del mundo, con todas sus aparentes complejidades y poderes inconmensurables, se puede dividir en dos componentes: la conciencia y la mente.

Por supuesto, ya oíste estas dos palabras anteriormente, «conciencia» y «mente», y con toda seguridad las has empleado en numerosas conversaciones. Como significan cosas distintas para cada persona, me gustaría empezar por definirlas. Hacerlo nos permite crear un vocabulario compartido, así como un saber común acerca del significado de los términos y también una idea clara de cómo se deberían aplicar estas palabras en el contexto de los estudios que estamos llevando a cabo. Reajustar el sentido que das a estos vocablos y cómo los usas te permitirá entender mejor lo que voy a explicar. Es posible que otras personas empleen las palabras de manera distinta, pero insisto en la importancia de que definamos nuestro vocabulario para poder trabajar juntos.

Empecemos por definir la mente. *Yo entiendo la mente como un espacio vasto que alberga numerosas regiones distintas.*

Por ejemplo, una región de la mente es la felicidad, otra región son los celos y otra, la ira. Una región de la mente es el depósito de los recuerdos, otra es la fuente de la intuición y la creatividad y otra alberga la esencia de todo lo que necesitas saber sobre alimentación. Hay regiones de la mente que te permiten aprender a bailar, a fotografiar, a programar una computadora, jardinería y más. La mente es un espacio vasto que alberga numerosas regiones distintas. Así me gustaría que te imaginaras la mente.

Ahora toca definir la conciencia. *Yo entiendo la conciencia como una bola de luz resplandeciente. Una esfera brillante capaz de flotar en libertad.*

Es posible que tengas otras ideas para definir estas palabras, pero, como ya comenté, las vamos a definir así con el propósito de crear un vocabulario común. Por favor, abstente de volverlas más complejas ramificando desde el intelecto las definiciones que acabas de leer. En aras del aprendizaje, vamos a simplificarlas al máximo. Confía en el proceso. Es importante que te atengas a estas definiciones según avanzas en los estudios. No sería mala idea que escribieras las dos definiciones en un papel y las dejaras a la vista para poder verlas a diario. Retenlas en tu memoria. No soy capaz de expresar la importancia de que las entiendas a partir de mi definición para que puedas captar la esencia de los mecanismos internos de la mente.

Una vez definidos los conceptos de conciencia y mente, vamos a explorar sus características y cómo se complementan.

La conciencia y la mente son dos elementos distintos entre sí. La conciencia se desplaza; la mente no.

Tu conciencia, que carece de ataduras, puede desplazarse a cualquier región de la mente. Si la conciencia, la resplandeciente bola de luz, se desplaza a una zona de la mente en particular, ilumina esa región. Hablamos de una esfera de luz, a fin de cuentas, y allá donde va, esa zona mental se ilumina.

Cuando arroja luz sobre una zona concreta de la mente, tomas conciencia de esa región mental. Mientras la conciencia permanezca en esa zona, seguirá iluminada y tú serás consciente de su existencia.

Por poner un ejemplo, supongamos que la conciencia se desplaza al área de la mente que llamamos felicidad. Cuando la resplandeciente bola de luz llega a la zona mental de la felicidad, ilumina esa región mental. Y cuando ilumina esa zona, cobras conciencia de ser feliz. Experimentas felicidad. Estás en la región de la mente destinada a la felicidad.

Llegados a este punto debemos hacer un inciso importante. ¿Significa eso que eres feliz? ¡No! Sencillamente estás en una región de la mente denominada felicidad. Como tu conciencia se ubica en ese momento en la zona mental de la felicidad, cobras conciencia de ser feliz.

Eres conciencia pura operando en una región de la mente llamada «felicidad».

Si la conciencia se aleja de la zona mental denominada felicidad para desplazarse a una zona mental llamada tristeza, iluminará esa región de la mente. Ahora cobras conciencia de estar triste.

¿Eres infeliz? ¡No! Eres pura conciencia que reside temporalmente en la zona de tu mente llamada tristeza y vives la experiencia de estar triste. Mientras tu conciencia permanezca en esta región mental, experimentarás tristeza. Por fortuna, puedes desplazar la conciencia de la zona de la mente que conocemos como tristeza a cualquier otra región, a tu antojo.

Y puedes hacerlo empleando la fuerza de voluntad y el poder de concentración. Aprenderás a hacerlo en los próximos capítulos.

La conclusión es que tú no eres tu mente. Más bien eres pura conciencia que viaja por distintas regiones de la mente. La conciencia se desplaza, la mente no. Allá donde vayas, allá donde se desplace la conciencia, la región de la mente implicada se iluminará. Cuando esa zona en particular se ilumina, cobras conciencia de la región mental y vives la experiencia correspondiente a la zona de la mente involucrada.

Dedica un momento a asimilar este concepto, pues constituye la base de todo lo que vamos a estudiar juntos. De momento estoy compartiendo contigo el funcionamiento de la conciencia y la mente desde la teoría. En las lecciones siguientes te voy a ofrecer ejemplos de cómo operan la conciencia y la mente en la vida cotidiana.

Otra conclusión que podemos inferir de lo que acabamos de explicar es que, cuando te encuentras en la región mental de la ira, dejas de ser consciente de la zona denominada tristeza, de la que conocemos como miedo o de cualquier otra región mental. Solo serás consciente de estar en el área de la ira, hasta que la conciencia se aleje de esa zona y se desplace a otra, momento en el cual serás consciente de la nueva región.

Imagina que estuvieras explorando una cueva grande y oscura con una linterna en la mano. La cueva es la mente y la linterna equivale a tu conciencia, la resplandeciente bola de luz. Cuando te diriges a un rincón de la caverna, la linterna ilumina ese rincón y tú puedes ver todo lo que hay allí y experimentar ese rincón de la cueva. Si te alejaras de ese rincón para encaminarte al otro lado de la caverna oscura, el lugar en el que te encontrabas un momento atrás ya no estaría iluminado y no verías ni experimentarías nada de esa zona. Según te vayas desplazando con tu linterna por el interior de la cueva, verás y experimentarás una cosa u otra. La conciencia y la mente funcionan exactamente así, salvo que tú eres la linterna, Pequeño saltamontes.

La región de la mente en la que se posa la conciencia define la experiencia que vives en ese instante.

Vamos a resumir esta lección en una serie de puntos para que te quede clara como el agua.

1. El primer paso para entender la mente es comprender que la conciencia y la mente son dos conceptos totalmente distintos.
2. Tú no eres tu mente. Eres pura conciencia que viaja por distintas regiones de la mente.
3. La conciencia se desplaza, la mente no.
4. Allá donde vaya la conciencia en el interior de la mente, será la zona de la que tú serás consciente.
5. Empleando la fuerza de voluntad y el poder de concentración, puedes desplazar la conciencia, la resplandeciente bola de luz, a cualquier zona mental que desees.

Esta forma de mirar los mecanismos internos de la mente, sencilla, profunda y eterna, me la brindó el gurú de mi orden. Constituye el núcleo de las enseñanzas de su linaje desde hace más de dos milenios y es uno de los pilares centrales de la metafísica hindú. Esta única idea cambió mi vida por completo. Saber que soy pura conciencia que viaja por distintas regiones de la mente me permitió darme cuenta de que tengo la capacidad de escoger, en cualquier momento, en qué zona de la mente deseo estar. Y como puedo escoger en qué zona de mi mente quiero estar, también elijo cuál es mi experiencia.

La revelación, articulada de un modo tan claro y simple, me permitió comprender que mi experiencia vital depende de mí por entero. Saberlo fue liberador. Ser consciente de este conocimiento desplegaba infinitas posibilidades y empleos posibles del mismo ante mí.

Espero que vayas entendiendo por qué insistí tanto en que esta lección es muy importante. El primer paso consiste en comprender desde el intelecto cómo funcionan la mente y la conciencia, tal como expliqué. El paso siguiente será experimentarlo en el interior de tu propia mente. Asimilarás este saber tan profundo después de haber comprobado en la práctica, repetidas veces, tu capacidad para controlar el rumbo de tu conciencia por el interior de la mente.

INCLINAR LA BALANZA DE LAS EXPERIENCIAS

Una única experiencia no siempre basta para generar un cambio profundo en una persona. Por lo general, necesitamos varias experiencias parecidas para alcanzar la transformación que buscamos.

Imagina una balanza inclinada hacia un lado. El platillo de la derecha alberga la suma de las experiencias que has vivido y que conforman tus ideas actuales sobre la mente. A medida que vas acumulando nuevas experiencias sobre el tema (gracias al saber que has adquirido sobre la conciencia y la mente), vas añadiendo peso al platillo de la izquierda. Cuantas más experiencias corroboren tu nuevo saber (la idea de que puedes controlar a qué zona de tu mente se desplaza la conciencia) más peso añades al platillo. En algún momento habrás acumulado suficientes experiencias como para inclinar la balanza hacia la izquierda. En ese instante se produce el cambio y tus ideas sobre la mente se transforman por completo. Interiorizaste tu capacidad para controlar a qué región de la mente desplazas la conciencia. Como decía mi maestro: «Una vez que comprendes algo, ya no puedes ignorarlo».

A partir de ese momento, el saber que adquiriste tras experimentar repetidamente que puedes desplazar la conciencia de un lado a otro por el interior de la mente empezará a marcar tu manera de usar tu propia mente en la vida cotidiana.

En las dos lecciones siguientes te ofreceré varias analogías con las que describir la conciencia y la mente para que entiendas mejor las ideas que acabo de exponer. Asimilar este concepto es tan importante que merece cierto tiempo y atención.

La mente vista como una mansión

Para entender mejor cómo funcionan la conciencia y la mente, vamos a imaginar la mente como si fuera una mansión.

Imagina una elegante y gran casa ubicada en una finca al final de un camino asfaltado, largo y sinuoso, rodeado de extensos jardines. Las grandes puertas dobles de la mansión dan a un recibidor con suelos de mármol que cuenta con una amplia escalinata al fondo, una lámpara de araña en lo alto y altas paredes revestidas de madera a los lados, de las que parten varios pasillos. Estás a punto de explorar este laberinto de corredores, escaleras, suelos y habitaciones.

Esta mansión es tu mente. Ahora imagina que la conciencia eres tú.

Como vives en esta casa, puedes desplazarte por ella a tu antojo. Cada sala de la mansión representa una región distinta de la mente. Una sala es la alegría, otra es la felicidad, otra representa la ira, los celos y demás. Visualízate a ti misma, pura conciencia, recorriendo la mansión.

Subes la escalinata, llegas al amplio descanso y tomas el pasillo de la izquierda. Abres la primera puerta que ves, entras en la estancia y cierras la puerta a tu espalda.

La sala a la que acabas de acceder representa una zona de la mente llamada felicidad. Caes en la cuenta de que eres feliz. No eres consciente de lo que hay en la sala siguiente ni al otro lado del pasillo ni arriba ni abajo. Tú, la conciencia, estás absorta en la experiencia de ser feliz en esa sala llamada felicidad. ¿Tú eres tu felicidad? No, no lo eres. Eres pura conciencia que habita temporalmente la zona «feliz» de la mente.

Sales de la habitación, cierras la puerta y te encaminas al final del pasillo. Decides abrir otra puerta, entras en la habitación y cierras a tu espalda. Descubres que estás en la sala de la ira —una zona de la mente llamada «enojo»— y, en consecuencia, experimentas rabia. ¿Estás enojada? No, no lo estás. Estás en una zona de la mente llamada ira, pero tú no eres tu enojo. Eres pura conciencia que habita temporalmente en la zona mental del enojo.

Mientras estás en la región mental de la ira (la habitación del enojo en el caso de la mansión) no experimentas felicidad. No sientes lo que había en la sala anterior. ¿Por qué? Porque ya no te encuentras en esa estancia. Estás en una habitación distinta ahora mismo y, como es natural, vives la experiencia que te ofrece la sala, en este caso la ira. Mientras estás allí, comprendes asimismo que acabas de experimentar felicidad y que te desplazaste conscientemente a la ira.

Dejas la habitación del enojo y sigues explorando la mansión. Cada sala te ofrece experiencias distintas y, mientras te encuentras en una habitación concreta, no vives las experiencias que te ofrecían las salas anteriores.

La conciencia y la mente funcionan exactamente así. Cuando contemplas la mente como una mansión con muchas estancias, en la que cada sala es una región distinta de la mente, comprendes tu capacidad de escoger qué habitación visitas o incluso en cuál quieres vivir. Tú eliges. Cuanto más rato te quedes en una zona de la mente, más cómoda te sentirás en ella. No hay nada malo en escoger una región de la mente, o una sala en particular, siempre y cuando esa zona te enriquezca y beneficie.

¿Alguna vez has conocido a alguien que, después de mucho tiempo viviendo en la misma casa, ha desarrollado un fuerte apego hacia ella? Es posible que resida en una vivienda de dos dormitorios con seis niños, pero le tiene tanto cariño que no se quiere mudar, aun teniendo dinero para una casa más grande y aunque salta a la vista que ese espacio no cubre sus necesidades. Con este ejemplo solo pretendo mostrar que las personas pueden desarrollar un gran apego a distintas «casas» o regiones de la mente. Conozco a personas tan apegadas a la zona del miedo que viven allí todo el tiempo. Se mudaron a esa sala, tiraron el pasaporte porque no tienen intención de irse, pidieron la residencia y obtuvieron el permiso permanente en el país del miedo. En consecuencia, viven en un estado de temor constante.

¿Cómo consiguió un hombre como Nelson Mandela, que estuvo preso veintisiete años, mantener alto el estado de ánimo? ¿Tal vez porque fue capaz de anclar su conciencia, con toda su fuerza de voluntad y poder de concentración, en la zona de su mente que albergaba la fuente de sus aspiraciones de libertad para su pueblo? Es posible, porque de no haber sido capaz de controlar su conciencia, las terribles circunstancias la habrían arrastrado a zonas muy oscuras de su mente y la visión que lo inspiraba de poner fin al *apartheid* no se habría materializado.

No negaba su entorno físico. Sin embargo, era plenamente consciente de que, si bien no podía controlar su morada material, sí podía escoger dónde quería residir mentalmente. La celda podía encerrar su cuerpo, pero no su conciencia. Su bola de luz resplandeciente tenía la potestad de habitar la región de la libertad en su mente, desarrollarse y planificar la liberación de millones de personas.

Cuando alguien dice: «Mi mente no para de divagar», se trata de una afirmación incorrecta. Es incorrecta porque la mente no divaga. ¿Qué divaga? ¡La conciencia! La conciencia se desplaza de una región mental a otra. En el caso de la analogía anterior, la mansión no se mueve. La mansión se alza firme sobre sus cimientos. Eres tú, pura conciencia, la que se desplaza de una sala a otra de la mansión y vive una experiencia distinta en cada una de las salas.

Es probable que no vivas en una mansión, pero muchos de ustedes habrán experimentado lo mismo en su casa. Supongamos que tu casa consta de una cocina, un baño, varios dormitorios quizá y una sala. Cada estancia está diseñada para un propósito y experiencia distintos. Si te diriges a la cocina, tal vez sea con la intención de preparar la comida, beber algo o abrir el refrigerador por enésima vez ese día para comprobar si el contenido cambió por arte de magia. La cocina representa la región mental destinada a la comida. No vas a la cocina para echar una siesta o para darte un baño. Hay otras salas destinadas a esas necesidades. Cada estancia de tu casa tiene una función y te ofrece una experiencia distinta. La mente funciona igual.

La analogía de la mente como mansión es otro modo de transmitir la idea de que hay una clara diferencia entre conciencia y mente. Tú no eres tu mente; eres pura conciencia que se desplaza por distintas regiones de la mente y, más importante, puedes escoger en qué zonas mentales (salas de la mansión) deseas pasar el rato.

Cuando explico esto, la gente se lamenta: «Vaya, pero eso es muy difícil». Todo es difícil si no has aprendido a hacerlo y no lo has puesto en práctica repetidamente. Preparar una *pizza* desde cero es complicado cuando no sabes cómo se hace, no te han enseñado, nunca lo has hecho y no has preparado *pizza* varias veces. ¿Por qué aprender a controlar los movimientos de la conciencia en el interior de la mente iba a ser distinto?

Las recompensas de aprender a controlar la conciencia en el interior de la mente superan con creces el esfuerzo que exige.

LECCIÓN
3.4

La conciencia vista como un viajero

En esta lección, para ayudarte a profundizar y consolidar los conceptos de conciencia y mente, contemplaremos la conciencia como un viajero y la mente como el mundo. Se trata de una analogía que mi maestro empleaba a menudo para aportar claridad a este tema.

Imagínate a ti mismo, pura conciencia, embarcando en un avión en el aeropuerto John F. Kennedy de Nueva York, volando sobre Estados Unidos y aterrizando en San Francisco. Una hora después estás en el centro de San Francisco, disfrutando de la ciudad y de las experiencias que ofrece. Si bien estás en una urbe llamada San Francisco, experimentando la vida de San Francisco, tú no *eres* San Francisco. Tú eres pura conciencia viviendo experiencias en San Francisco. Y, como es evidente, ya no estás en Nueva York.

Pasados unos días, te vas de San Francisco y te subes a un avión con destino a Nueva Delhi. Horas más tarde, con un terrible desfase horario, sales del aeropuerto tropezando y súbitamente te rodea una muchedumbre. Las vistas, los sonidos y los olores invaden tus sentidos, lo que te hace ser muy consciente de que ya no estás en San Francisco.

Ahora estás en Nueva Delhi, viviendo experiencias de Nueva Delhi. ¿Acaso *eres* Nueva Delhi? No, estás en una ciudad con ese nombre, pero tú no eres Nueva Delhi. Tú eres pura conciencia. Tus vivencias en esta ciudad difieren muchísimo de las que tuviste en San

Francisco. Cuando estás en Nueva Delhi, ya no experimentas San Francisco porque no estás allí. En Nueva Delhi vives las experiencias que esa ciudad te ofrece.

De este ejemplo podemos extraer algunas conclusiones:

1. Igual que un viajero puede visitar distintas ciudades del mundo y vivir experiencias diversas, tu conciencia es capaz de viajar por el interior de la mente y tener distintos tipos de vivencia.
2. Del mismo modo que un viajero solo puede visitar una ciudad en un momento dado, tú únicamente puedes experimentar una ciudad en cada ocasión. Lo mismo puede decirse de la conciencia en relación con la mente. Solo puedes experimentar una región mental en un momento dado.
3. Sea cual sea la región que visita, la conciencia no es esa zona, igual que tú no eres la ciudad a la que viajas. Sencillamente estás experimentando la región a la que te desplazaste. Siempre eres pura conciencia.

Experimentas en todo momento una u otra región mental, pero no pienses ni por un momento que esa zona de tu mente eres tú. *Tú eres pura conciencia* que tiene vivencias en la zona mental a la que te desplazaste.

Cuando sientas ira, no vuelvas a pensar ni a decir: «Estoy enojado o enojada». La frase correcta sería: «Estoy en la zona mental del enojo y vivo la experiencia de estar enojada o enojado. Yo no soy mi ira, soy pura conciencia viviendo una experiencia de ira».

De manera parecida, cuando te sientas feliz puedes decir: «Me desplacé a la región feliz de la mente y estoy experimentando felicidad. No soy mi felicidad, soy pura conciencia viviendo una experiencia feliz».

Si lo haces así, comprenderás que tú no eres tu mente, sino pura conciencia que viaja por el interior de la mente. Eres un ciudadano libre en el país de la mente y puedes viajar a cualquier zona que desees visitar. Estás en tu derecho. Reclámalo. Emplea esa libertad con sabi-

duría, teniendo presente que tus viajes por el interior de la mente aca-
rrean consecuencias.

EL VIAJERO PREVISOR

Esta analogía contiene un detalle que debes tener en cuenta. Cuando
viajas puedes escoger a qué ciudad te quieres desplazar. Eliges el destino y a continuación viajas al lugar escogido. La capacidad para decidir
conscientemente tu destino también está al alcance de tu conciencia.
Puedes decidir qué zona de la mente quieres visitar. Por lo general,
la gente cede la decisión a su entorno. Y *defino entorno en este caso
como las personas y las cosas que te rodean.* Permiten que su entorno
les dicte adónde se desplaza su mente y, por ende, el tipo de experiencias que van a vivir.

Cuando decides qué ciudad vas a visitar, te preparas para el viaje.
Si decido explorar Anchorage, en Alaska, será inteligente por mi parte incluir ropa abrigadora en la maleta. En cambio, no necesitaré
prendas cálidas si me dirijo a Madurai, en la India, en el mes de abril
durante el caluroso verano.

Si voy a hablar con mi hija de un tema que la perturba emocionalmente, quizá debería desplazar mi conciencia a la región mental de la
empatía. Cuando mi conciencia está allí, me identifico mejor con los
sentimientos de la otra persona. Hacerlo me permite prepararme para
la conversación. Ahora estoy equipado para expresar las emociones
que le van a resultar más útiles en este momento. De no poseer suficiente control sobre mi conciencia, esta se podría desplazar a la zona de
resolución de problemas y en lugar de expresarle empatía podría dedicarme a ofrecer soluciones, algo que quizá no fuera lo más útil y oportuno en ese momento.

Aprender a controlar adónde diriges la conciencia en el interior de
la mente te permite proyectar la experiencia igual que un viajero co-
nocedor de su destino puede prepararse en consonancia.

CAPÍTULO 4

La energía fluye en la dirección que toma la conciencia

LECCIÓN
4.1

La importancia de la terminología

Antes de seguir avanzando en nuestros estudios, deseo recalcar una vez más la importancia de usar la terminología correcta. Me gustaría que emplearas las palabras «conciencia» y «mente» tal como las defino en este libro.

Es fundamental, porque deseamos entrenar al subconsciente para que entienda el significado específico de estos términos. La palabra se puede definir como «la unidad mínima del discurso o la escritura dotada de significado propio». A partir de esta definición y en aras de la claridad, es muy importante asignar un solo significado a una palabra y no múltiples sentidos. Cuando contamos con distintas definiciones de un mismo vocablo, la mente subconsciente se confunde.

He aquí un ejemplo que ilustra lo que pretendo explicar. Si le damos a un perro la orden «siéntate», entiende, gracias al entrenamiento al que lo hemos sometido, que tiene que doblar las patas traseras y básicamente sentarse. Ahora bien, si empezamos a usar la palabra «siéntate» para indicarle que corra, el perro se aturdirá. Cuando oiga «siéntate» no sabrá si tiene que sentarse o correr. En cambio, de asignar una única palabra a una acción, sabrá perfectamente lo que esperamos de él.

Nuestra mente no es distinta. Mucha gente hace afirmaciones del estilo: «Pasear al perro cada noche es mi meditación». He oído a otras personas decir: «Cocinar es mi meditación». Y también hay individuos que se sientan con las piernas cruzadas, los ojos cerrados y la columna recta mientras regulan la respiración conscientemente y llaman a eso «meditar». ¿Cuál de todas esas acciones es meditar? ¿Cómo es posible que llamemos «meditar» a actos tan distintos, que abarcan desde recoger la caca del perro hasta preparar una comida o respirar conscientemente?

Cuando asignamos definiciones tan diversas a una misma palabra, el significado se desgasta y confunde a nuestra mente subconsciente. Si entra en estado de confusión, el subconsciente ya no puede ayudarnos de manera eficaz.

En cambio, si el subconsciente entiende el significado de una palabra y lo que representa, puede sacar partido de este conocimiento para guiarnos.

Con la finalidad de que podamos trabajar juntos, es importante que reajustes tu subconsciente a la definición de conciencia y mente que yo estoy empleando. Eso eliminará cualquier confusión de tu mente subconsciente respecto al significado de las palabras y cómo emplearlas de manera adecuada. El subconsciente se construye a partir de la información que recibe. Esta puede proceder de la lectura, las experiencias, la vista, las acciones que se repiten y demás. Para no confundir o sobrecargar al subconsciente, la información adquirida debe llegar bien definida y organizada. Hacerlo así le otorga la capacidad de usar esa información en nuestro beneficio.

Para entrenar al subconsciente hay que ofrecerle definiciones y conceptos diáfanos, con la finalidad de que entienda con claridad, en el plano intelectual, cómo vamos a proceder. Una vez que lo amaestramos, puede a su vez contribuir a proporcionarnos una comprensión mejor de conceptos como conciencia y mente.

Haré un pequeño inciso para aquellos que deseen tener una visión más profunda de este aspecto. Cuando hemos entrenado al subconsciente de la manera adecuada, a la mente supraconsciente le resulta más fácil trabajar a través de este, porque la mente supraconsciente siempre opera mejor con un nivel inferior organizado, estructurado, disciplinado y despejado. Buena parte del aprendizaje al que me sometió mi maestro fue reprogramar mi mente subconsciente para que yo tuviera un acceso más directo a mi mente supraconsciente. Así pues, las rutinas y los rituales constituían una parte muy importante de la formación monástica, en parte para estructurar el subconsciente.

Regresemos ahora al uso correcto de la terminología. A medida que empleas los términos adecuados del modo que te expliqué, consolidas lo que has aprendido y enseñas a tu subconsciente a comprender con claridad los nuevos conceptos. Se forman patrones inéditos en tu mente subconsciente, que a su vez contribuirán a guiarte.

He aquí un ejemplo. En lugar de decir «mi mente divaga constantemente», la afirmación correcta sería «mi conciencia divaga constantemente».

Lo sabemos porque la mente no divaga. Es la conciencia la que se desplaza por el interior de la mente. Usando la terminología apropiada, entrenamos al subconsciente para que sepa cómo funcionan la conciencia y la mente. Al hacerlo, también enseñamos al subconsciente a distinguir entre una y la otra, las leyes que las gobiernan y otros aspectos.

Si no somos disciplinados en el uso de la terminología correcta, sino que usamos las palabras indistintamente, diciendo en unas ocasiones: «Tenía la mente en otra parte», y en otras: «Perdona, ¿podrías repetirlo? Tenía la conciencia en otra parte», confundimos a la mente subconsciente. Estaríamos provocándole el mismo efecto que al perro del ejemplo anterior, cuando usábamos la palabra «siéntate» para ordenarle que se siente y que corra.

Es de suma importancia para nuestro aprendizaje compartido que te acostumbres a emplear la terminología correcta. A medida que avancemos, procura ser muy consciente del uso de estas palabras en tu habla cotidiana.

Conciencia en la vida cotidiana

Ahora que te ofrecí una visión teórica de cómo funcionan la conciencia y la mente, te presentaré unos cuantos escenarios de la vida real que describen su funcionamiento en un entorno cotidiano.

Tomemos como ejemplo una noche en el cine. Es sábado por la tarde y estás tranquilamente en casa sin hacer nada en particular cuando una amiga te llama y te dice: «Oye, vamos a ver la última película de James Bond. A ver qué se les ocurrió esta vez».

Tú respondes ilusionado: «¡Buena idea!».

Al cabo de una hora estás sentado junto a tu amiga, charlando durante los anuncios que preceden a la película. Llegaron temprano para tener un buen asiento, se aseguraron de comprar suficientes palomitas para alimentar a toda una aldea y bebidas tan enormes que te dan ganas de ir al baño solo de verlas.

Tu amiga y tú están comentando el debate político de la noche anterior. La conciencia se encuentra anclada en esa región de la mente. A mitad de la conversación las luces se atenúan y se hace el silencio entre la concurrencia. Das por terminada la conversación y diriges la atención a la pantalla.

Si la película que te dispones a ver está dirigida por un cineasta avezado, la historia desplazará tu conciencia de una zona de la mente a otra.

La primera escena de una película de James Bond siempre capta la atención; directamente extraída de las más locas fantasías del director, tiene la capacidad de arrancar tu conciencia de la región mental en la que sea que se encuentre y anclarla a las zonas de la emoción. Bond protagoniza un escape milagroso mientras tú contienes el aliento, pendiente de la pantalla.

La escena concluye y empiezan los créditos iniciales. Una música seductora acompaña la secuencia de títulos, diseñada con suma habilidad. Las siluetas de mujeres bailando poseen la capacidad de arrastrar la conciencia de cualquier chico que haya soñado alguna vez con ser un espía a la zona sensual de su mente. A partir de ahí la conciencia podría desplazarse a la región de la tecnología, según Bond evalúa la última colección de innovaciones que le ofrece Q. Luego, cuando M le transmite a Bond información secreta sobre los malvados planes del villano para dominar el mundo, tu conciencia viaja a la zona del miedo.

Y la historia continúa. La conciencia es catapultada de una zona de la mente a otra, impulsada por escenas diseñadas con ingenio para provocar emociones intensas, hasta llegar al final. El poder de la emoción posee una fuerza magnética capaz de atrapar tu conciencia y desplazarla a zonas de la mente asociadas con dicha emoción. Cuando las luces de la sala se encienden y tus emociones empiezan a aplacarse, te vuelves hacia tu amiga y exclamas: «¡Fue alucinante! ¡Me encanta James Bond!».

Cuanto mejor sea la película, menos consciente serás de estar mirándola. En una película cautivadora, tu conciencia estaría tan absorta en lo que está viendo que podrías olvidarte del paso del tiempo y del mundo alrededor. Mientras tu subconsciente dirige tu mano mecánicamente del bote de palomitas a tu boca, tu conciencia se encuentra embarcada en un viaje por la mente que fue diseñado detalladamente por el director de la película para hacerte experimentar una región mental tras otra. Y cada vez que visitas una zona, experimentas las emociones asociadas a ella.

Bueno, para eso pagaste la entrada, es evidente. Buscabas que te ofrecieran entretenimiento; que te llevaran de paseo por distintas zonas de la mente para experimentarlas. Les concediste al director y a la historia permiso para llevarse a tu conciencia de viaje por la mente con el fin de vivir todas esas experiencias distintas.

Lo que debes comprender es que esa misma situación exacta es la que viven a diario la mayoría de las personas. Sin ser conscientes de ello, otorgan al entorno, a la gente y a las cosas de su alrededor permiso para trasladar su conciencia de una región mental a otra, todo el día, a diario.

Por lo general, las personas y las circunstancias de su vida se convierten en los cineastas de sus experiencias diarias. El entorno dicta el rumbo que toma su conciencia, de tal modo que las vivencias se multiplican a lo largo del día. Esas vivencias no siempre han sido aprobadas por el sujeto que las experimenta. Algunas son enriquecedoras, otras no. Algunas los perturban en el plano emocional y otras son alegres. El resultado es tan impredecible como el lugar en el que aterrizará una hoja al llegar al suelo.

A diferencia de una película, en la cual eres muy consciente del tipo de emociones que estás a punto de vivir, en la vida no hay reseñas que puedas consultar y aprobar previamente, de modo que las emociones generadas por el entorno pueden ocasionar grandes trastornos en el estado de ánimo y desembocar en un día impredecible.

Cuando permitimos que el ambiente decida dónde se ubica nuestra conciencia, nos convertimos básicamente en esclavos de las personas y las circunstancias que nos rodean. Nuestra conciencia se convierte en el actor de un espectáculo sin guion. La imposibilidad de predecir ese guion inexistente deja a nuestra mente y al sistema nervioso sometidos al entorno; las cosas podrían ir bien o ser un desastre.

Te pondré un ejemplo. Priya es una emprendedora casada y con dos hijos. Cuando se levanta por la mañana su conciencia se encuentra absorta en su familia, a la que ama con toda su alma. Si bien sus mañanas son un tanto caóticas según trata de cumplir los antojos de sus hijos antes de que estén listos para ir a la escuela y crucen la puerta principal, su conciencia suele ubicarse en la zona feliz de la mente. Después de dejar a sus hijos en la escuela, se dirige a la oficina.

Mientras circula por la carretera, un coche cambia de carril bruscamente y ella lo esquiva de milagro. Priya es muy consciente de que estuvo a punto de sufrir un accidente y eso la perturba. Cuando el coche le cortó el paso, su conciencia saltó un instante a la zona mental del miedo antes de rebotar a la región de la ira. El área feliz en la que se encontraba hace un rato pasó a la historia. Echando chispas, maldice mentalmente al conductor mientras continúa su viaje al trabajo.

Se estaciona delante de su oficina, todavía presa de la agitación emocional por el incidente de la autopista. Comprende que esa no es forma de empezar el día y se esfuerza al máximo por desplazar su conciencia a una zona más estimulante de su mente, sabiendo que un estado de ánimo negativo tendría un efecto nefasto en su equipo de trabajo. Recorre la bonita oficina de diseño y saluda a unos cuantos trabajadores cuando llega a su despacho del segundo piso.

Tan pronto como se sienta en su mesa, entra uno de sus empleados con expresión avergonzada y le confiesa.

—Priya, lo siento mucho. Olvidé pedir la pieza que necesitábamos para el proyecto. No llegará hasta mañana y no podremos tenerlo listo hoy como tenías previsto. Pensé que tenía que informarte cuanto antes.

Al oír eso, Priya reacciona y su conciencia se desplaza a la zona mental de la frustración. Entierra la cabeza en las manos. Casi de inmediato levanta la vista y pregunta desesperada:

—¿Cómo es posible que hayas olvidado pedirla? Lo hablamos la semana pasada y te dije que la necesitaba para hoy.

Tras una breve conversación durante la cual intentan buscar solución al problema, su empleado abandona el despacho y Priya se recuesta contra el respaldo de la silla, suspirando despacio. Su día acaba de empezar. Pasado un minuto suena el teléfono y responde. Es un posible cliente al que llevan siete meses tratando de vender un proyecto. La voz del otro lado de la línea dice:

—Nos encanta la propuesta que nos presentaron. Todo nos parece bien y tenemos intención de aprobarla. Queremos contratar a su empresa para el trabajo.

Priya está satisfecha. Han dedicado enormes esfuerzos a captar a ese cliente y el trabajo ha dado fruto. Al conocer la noticia, su conciencia se desplaza a la región mental del entusiasmo. Después de colgar el teléfono abre la computadora y decide revisar el correo electrónico. Tiene cincuenta y tres mensajes en la bandeja de entrada, incluidos los recordatorios de cuatro reuniones a las que debe acudir antes de comer. Su conciencia inicia un lento pero inevitable descenso hacia la región del agobio. El entusiasmo del momento anterior comienza a disiparse. La conciencia de Priya apenas permaneció un instante en la zona mental de la euforia antes de precipitarse a la siguiente ubicación.

Hablamos únicamente de las primeras dos horas de su día. La conciencia de Priya rebota por su mente como una bola de *pinball*. El resto de la jornada no será distinto.

Como Priya permite que las personas y las circunstancias de su entorno dicten el rumbo de su conciencia durante buena parte de las horas, experimenta una sobrecarga de emociones cambiantes. La situación no solo es mental y emocionalmente agotadora, sino que también supone una enorme presión para su sistema nervioso, sometido a una gran variedad de estados de ánimo distintos en un breve lapso.

En consecuencia, Priya es esclava de las personas y las circunstancias que la rodean. Su entorno dicta buena parte de sus experiencias conscientes durante el día. Sin saberlo, concedió al mundo exterior permiso para arrastrar su conciencia de una zona de la mente a otra y, como resultado, se anima o se desanima en función de las áreas mentales que visita.

Por desgracia, así es como la mayor parte de la gente vive y afronta su vida cotidiana. Ceden el control de su conciencia al resto del mundo. Lo que experimentan a lo largo de la jornada depende de lo que su entorno decida que vivencien. Un video de gatitos en una red social podría arrancarles una enorme sonrisa. Un mensaje de texto podría envolverlos en una delirante discusión mental durante tres horas. Ver las noticias los sume en una profunda depresión que los lleva a cuestionarse el rumbo que está tomando el mundo. Y así discurre su jornada; su conciencia no es sino una marioneta que baila al antojo de aquello que les sale al paso.

La incapacidad de ejercer un mínimo control sobre los viajes de la conciencia por el interior de la mente nos convierte en esclavos del entorno.

Pero no tenemos por qué vivir así. En vez de eso, podemos liberarnos de un estado mental tan tumultuoso comprendiendo que es posible tomar las riendas de la conciencia y escoger exactamente adónde queremos llevarla en cada momento. Cuando tomamos la decisión de hacerlo, ganamos libertad, porque al dirigir la conciencia a la zona mental de nuestra elección estamos escogiendo el tipo de experiencias que vamos a vivir. Una vez que somos dueños de nuestra conciencia, nadie puede decidir cómo nos sentimos a menos que le demos permiso para hacerlo.

Un perro llamado «conciencia»

Podríamos comparar esa conciencia arrastrada de un lado a otro por el entorno con un perro que sale de paseo. La conciencia sería el perro y podríamos imaginar tres situaciones distintas: el animal está amaestrado, el animal no lo está, pero va atado, y el perro no está entrenado y va suelto.

Seguramente todos hemos presenciado lo que hace un perro no amaestrado cuando va suelto. Corre a su antojo por el parque y provoca cierto temor a su paso, cuando se precipita hacia alguien con una expresión alocada en sus ojos opacos y la lengua fuera. Su energía desatada dicta el curso errático de sus carreras. Cualquier estímulo basta para captar la atención del perro y atraerlo hacia allí: el olor de un gato, otro perro o una paloma aterrada. Es difícil o imposible controlar a ese animal. No responde a las llamadas de su dueño. Atraparlo es una tarea prácticamente imposible hasta que se cansa o tiene hambre.

Hay personas cuya conciencia no se diferencia demasiado de este perro no amaestrado y sin correa. Su resplandeciente bola de luz, privada del control que ejerce la voluntad, se sumerge indiscriminadamente en todo lo que hay alrededor. Cualquier estímulo podría atraparlos y precipitar su conciencia a alguna zona de la mente, desencadenando así un estallido de las emociones asociadas a esa región. Y cuando el mundo exterior no está presente para reclamarla, la conciencia no entrenada rebota por la mente como un perro no entrenado sin correa. No deja de desplazarse de una zona mental a otra, algo que la persona vivirá en forma de pensamientos incesantes, conversaciones y discusiones mentales, indecisión y demás. La fatiga aparecerá, como es inevitable; el cuerpo se dormirá, pero la conciencia seguirá rebotando por la mente, lo que causará sueño inquieto, ensoñaciones extrañas y una sensación de fatiga cuando ese individuo se levante horas más tarde sin haber descansado. El perro infatigable afronta entonces otra jornada inestable.

Ahora veamos qué hace el perro no amaestrado cuando va atado. Este animal pasea atado con una correa, aunque sus patrones de conducta son los mismos que los del perro anterior. Quiere correr de un lado para otro, pero la correa lo obliga a quedarse cerca de su propietario.

Como he vivido en Nueva York durante más de una década, he visto a muchos perros llevar a sus dueños de paseo. Esos animales siempre caminan delante y arrastran a sus amos de acá para allá según los olores de la ciudad les inundan las fosas nasales y les provocan una sensación de aventura, como si fueran exploradores callejeros. Esos perros y sus amos viven en un vaivén constante.

La situación se parece a las personas que poseen cierto control sobre su conciencia. Tal vez no siempre sepan dónde anda esta en un momento dado, pero, cuando lo saben, a menudo poseen la suficiente fuerza de voluntad para refrenarla. Algo parecido sucede cuando reparas en que tu perro está metiéndose en algo que no le conviene y tiras de la correa. Puede que tengas que limpiarle el hocico, pero evitaste el desastre con una reacción a tiempo. De manera parecida, esas personas sorprenden a su conciencia atrapada en situaciones problemáticas, pero poseen suficiente control para retirarla antes de que el problema empeore.

Por último, tenemos al perro entrenado. Y para referirme a él te contaré la experiencia que viví en cierta ocasión en las Islas Vírgenes. Estando allí de vacaciones conocí a una persona que trabajaba en la unidad canina del FBI. Le habían asignado un pastor alemán y me contó que el perro permanecía a su lado allá donde iba. Aunque lo dejara suelto, el animal amaestrado sabía incluso a qué distancia exacta debía estar de su dueño.

El hombre me demostró el grado de autocontrol de su perro. Colocó un gran plato de comida delante del perro y le ordenó que se sentara y esperara durante lo que al animal sin duda le debieron parecer horas, a juzgar por la saliva que caía en cascada de su boca. En todo ese tiempo el perro no hizo el menor intento de tocar la comida, aunque lanzó unas cuantas miradas suplicantes a su dueño. Casi un minuto más tarde este le dio permiso para comer, momento en el cual se abalanzó sobre el plato y devoró su contenido.

Algunas personas entrenan su conciencia para que sea como el perro amaestrado. Obediente. Atenta a las instrucciones de su dueño, porque renunciaron a la necesidad de involucrarse indiscriminadamente con el entorno. La fuerza de voluntad es su rienda, y la sabiduría, su guía. Paz y libertad son el resultado de esa capacidad para escoger en qué situaciones se involucran y en qué momento. Para estos escasos individuos, la mente, el epicentro desde el que controlan las experiencias de su vida, es un santuario que debe salvaguardarse. Estas almas saben que una conciencia desatada conduce de manera inevitable a un estado de ánimo problemático.

Ahora bien, sé que mis palabras podrían sugerir que nuestra conciencia es un ente separado de nosotros. Lo hago con la intención de aportar claridad a los conceptos. Pero debes tener en cuenta que tú eres pura conciencia. Cuando la conciencia es consciente de sí misma, algo en lo que vamos a profundizar también, puede autogobernarse.

Permitir que la conciencia se comporte como un perro no amaestrado no solo es una manera de vivir agotadora, sino que te lleva a desperdiciar gran parte de tu valiosísimo tiempo, que es finito, y energía en este planeta. En última instancia, queremos entrenar a la conciencia para que sea como el perro de la unidad canina: obediente, pendiente de tus instrucciones antes de involucrarse con otra persona o circunstancia.

La ventaja de controlar la conciencia es que aumenta el dominio de la propia vida, de las interactuaciones con el entorno, de las reacciones y respuestas a las experiencias, de la toma de decisiones y demás, todo lo cual conduce a mayores logros vitales.

La historia de la energía

En la primera mitad del siglo XX, mi maestro acuñó la frase: «La energía fluye en la dirección que toma la conciencia». La idea nació del profundo conocimiento que había desarrollado acerca de los mecanismos internos de la mente; un saber que le permitió conocerse a sí mismo y transformar incontables vidas durante largas décadas. La frase sintetiza a la perfección la relación entre conciencia y energía.

Desde entonces, por desgracia, muchos han formulado la frase con otras palabras y se la han atribuido. El plagio no habla a favor de nadie. Cuando estás seguro de tus intuiciones, el gesto natural es reconocer las ideas ajenas y hacerlo de manera honorable.

Por más que me haya centrado en la conciencia hasta el momento, la energía no merece menos atención. Al fin y al cabo, todo es energía. Uno de los aspectos más importantes en el estudio de la mente es entender el papel de la energía.

Sigamos con la tradición y empecemos nuestra incursión en la energía por su definición. La palabra forma parte del lenguaje habitual, pero yo me pregunto cuántas personas son capaces de definirla con exactitud. Los científicos definen la energía como la habilidad o la capacidad de realizar un trabajo. Los diccionarios añaden entradas adicionales, una de las cuales es «la fuerza física o mental que nos permite obrar».

La ciencia profundiza en su explicación de la energía atribuyéndole las siguientes propiedades:

- La energía no se crea ni se destruye.
- La energía puede transferirse de unos cuerpos a otros.
- La energía se manifiesta de muchas formas distintas y puede transformarse.

Yo contemplo la energía, en esencia, como la inteligencia pura que permea toda existencia. Está en ti, en mí, en los árboles que se agitan al viento, en el agua que fluye y se evapora, en las nubes que hacen sombra, en las estrellas que brillan en el firmamento nocturno y en todo lo que se ve y no se ve. Aunque se transforma, es la única constante de la vida. Es la fuente de toda existencia. Es nuestra misma esencia.

El físico estadounidense de origen serbio Nikola Tesla añadió una magnífica idea a la definición de energía. Dijo: «Si quieres descubrir los secretos del universo, piensa en términos de energía, frecuencia y vibración». La afirmación capta con precisión los principios fundamentales de la filosofía hindú que yo profeso.

Desarrollaré la cita de Tesla solo un poquito diciendo que todo está hecho de energía y que esa energía vibra en cierta frecuencia. Algunos notamos la energía y, dependiendo de la frecuencia en la que esté vibrando, advertimos si está en sintonía con nosotros o no. En esas situaciones, es posible que hagamos comentarios como: «Esto desprende buena energía» o «Hay energías muy malas por aquí».

En el fondo no hay energía buena ni mala. Solo hay energías que vibran en frecuencias que se encuentran o no en sintonía con nosotros. La música *heavy metal* vibra en cierta frecuencia que resulta vivificante para unos y pesada para otros.

En una lección anterior sugerí que una manera de visualizar la energía sería imaginarla como agua. Si regamos el jardín, aquello que reciba agua crecerá, ya sean semillas o flores. La energía funciona igual; allá donde invirtamos la energía, ya sea positivo o negativo, dará fruto y se plasmará en la vida. Es importante recordar y fijarse en que la energía no discrimina entre positivo y negativo. Nuestra vida es la manifestación de aquello en lo que invertimos la energía.

Si recordamos eso, así como la cita de Gurudeva —«La energía fluye en la dirección que toma la conciencia»—, podemos concluir que la energía sigue siempre los pasos de la conciencia; lo que se manifieste en la vida, los patrones que se creen y se consoliden en la mente y demás dependerán del rumbo que tome nuestra conciencia.

La energía fluye en la dirección que toma la conciencia. Mantén la frase en la memoria.

Ahora veamos cómo se articulan la mente, la conciencia y la energía.

Si la conciencia, la resplandeciente bola de luz, viaja a una zona de la mente en particular, hacia allí está fluyendo la energía, porque, como dice Gurudeva: «La energía fluye en la dirección que toma la conciencia». Si la conciencia se dirige a la región mental de la felicidad, la energía circulará hacia esa zona, y cuando eso sucede, la fortalece.

Cuanto más frecuentemente envíe mi resplandeciente esfera de luz a la región mental de la felicidad, más energía fluirá, y más energía estaré depositando en esa zona.

LA MENTE COMO JARDÍN

Imagina la mente como un huerto amplio y hermoso dividido en bloques. Viejos maderos reciclados los enmarcan y en todos ellos hay tierra negra y rica. Imagina que crecen jitomates en uno de los bloques, kales en el siguiente, ejotes en el de más allá, y así sucesivamente. Hay un mínimo de cuarenta bloques en este inmenso huerto y en cada uno de ellos crece una hortaliza o una hierba aromática distinta. Todos ocupan el mismo espacio y están separados por una distancia idéntica mediante caminos de grava.

Imagina que a lo largo de un mes regaras únicamente el bloque de los jitomates, a diario. Los jitomates crecerían altos y hermosos, pero las otras plantas —los ejotes, los kales y las calabazas— empezarían a entristecerse y a morir. Solo el bloque que riegas a diario prosperaría.

Ahora imagina un enorme jardín con un gran despliegue de bloques, salvo que en esta nueva visualización cada uno representa una zona distinta de la mente. Un bloque sería la compasión; otro, la felicidad; el de más allá, los celos; el siguiente, la ira (los celos y la ira siempre andan muy cerca, como ya sabes); otro sería la alegría, y así sucesivamente.

Cuando tu conciencia se desplaza al bloque de la rabia, tu energía fluye hacia allí. Eso significa que estás regando ese bloque y sus plantas empiezan a crecer. Como la energía alimenta el bloque de la ira, esa zona de la mente se va reforzando. Cuanta más energía deposites en esa región mental, más vigorosa será.

Si la conciencia se desplaza al bloque de la felicidad, la zona feliz de la mente, la energía fluye en esa dirección. Ese hueco o zona mental empieza a prosperar y a fortalecerse, pues recibe más energía que el resto.

En caso de que tu conciencia se dirija constantemente a un bloque o región mental en particular, tu energía se concentrará en esa zona y, por tanto, esa será la región mental que «regarás» con frecuencia, por así decirlo. Cuanto más riegues dicha zona mental con tu energía, más robusta se volverá. El hecho de fortalecer un área concreta de la mente tiene consecuencias, como veremos muy pronto.

Así pues, ¿cómo controlar en qué dirección fluye la energía y, por tanto, qué zona de la mente potenciamos? La respuesta debería ser evidente a estas alturas del libro.

Controla dónde pones tu conciencia y gobernarás el flujo de energía. Gobierna el flujo de energía y podrás decidir qué región mental potencias y, básicamente, qué experiencias se materializan en tu vida.

Debes hacer un esfuerzo por interiorizar cómo se articulan mutuamente la mente, la conciencia y la energía, ya que es un principio fundamental. Primero debes comprenderlo en el plano intelectual; luego tratar de experimentarlo.

Es probable que ya hayas identificado regiones mentales, bloques del jardín, que llevas regando largos años. Algunos de estos bloques son zonas de la mente que expresan lo mejor de ti y otras tal vez sean esas malas hierbas, nudosas y espinosas, que tanto cuesta gestionar y erradicar.

LECCIÓN
4.5

El magnetismo de las emociones

En la lección anterior veíamos que, si la conciencia acude repetidamente a una región concreta de la mente, la energía tenderá a fluir hacia esa zona, que se irá reforzando. ¿Qué implica que cierta región mental se refuerce? Para responder a esta pregunta tenemos que entender la relación entre energía, emoción y conciencia.

Las zonas robustas de la mente se crean mediante una inversión constante de energía. Ahora bien, que una zona sea robusta no implica necesariamente que sea positiva. Sucede a menudo que las personas desplazan su conciencia (y por tanto su energía) a zonas negativas de la mente, que de ese modo cobran potencia.

Ya mencionamos algunas de las leyes fundamentales de la energía y ahora me gustaría introducir otra característica importante: la energía es magnética. A medida que la energía se acumula en una zona mental, esa zona adquiere fuerza y magnetismo. Cuanto más magnética sea, más crecerá su poder para atraer la conciencia.

Cuando la energía fluye a un área mental en particular, adquiere las características de esa zona. Por ejemplo, de dirigirse la energía a la zona mental de la ira, esa energía se transformará en rabia y enojo. De manera parecida, si la energía fluye a la región de la felicidad, se convertirá en emociones alegres y dichosas.

El glaseado del pastel

Yo defino la emoción como energía que se expresa. Hay energía dentro de ti y, cuando esa energía sale al exterior, puede hacerlo en forma de emoción, como felicidad, ira, tristeza, alegría y demás. Solo para aclararlo, la emoción no es el único modo en que se expresa la energía que surge de tu interior.

Cuando tu conciencia se desplaza a la zona mental de la felicidad, la energía fluye hacia esa zona. Según la energía circula por la región de la felicidad, sus vibraciones se adaptan a la frecuencia asociada con la emoción. La energía, que ahora vibra en la frecuencia de la felicidad, sale y se expresa como emociones de dicha y alegría.

¿Alguna vez has cubierto un pastel con glaseado? Preparas tu glaseado favorito y lo introduces en la manga. Giras la boquilla que hayas escogido y procedes a ponerlo. El glaseado, al salir de la manga, adoptará la forma de la boquilla elegida.

En esta analogía, la mente es la manga. El glaseado del interior es la energía. Las boquillas con distintas formas serían las diversas zonas de la mente.

El glaseado solo es eso: glaseado. Son las formas de las boquillas las que le dan una forma u otra al salir. De manera parecida, la energía siempre es energía. Cuando fluye a una zona de la mente y emerge por el otro lado, por así decirlo, adquiere la vibración de la región mental que acaba de traspasar.

La energía que fluya a través de la boquilla (o región mental) en forma de felicidad se expresará como emociones felices. La energía que fluya a través de la boquilla (o región mental) en forma de ira se expresará como emociones de furia.

En esencia no es nada más que energía vibrando en una u otra frecuencia. Por eso me gusta tanto la cita de Tesla, ya que sintetiza de manera concisa y hermosa la esencia de la energía: hay que pensar en términos de energía, frecuencia y vibración. En combinación con las nociones de conciencia y mente, la idea es infinitamente poderosa.

La emoción es energía y la energía es magnética. Cuanta más emoción, más energía y más potente será su poder magnético sobre la conciencia.

Algunas personas llevan décadas depositando su energía en la misma región mental. Esas zonas están tan cargadas de energía que su conciencia apenas si puede escapar a su campo gravitacional (magnético). Viven en esas áreas de la mente casi de manera permanente. Las zonas podrían ser positivas o negativas y es probable que conozcas a alguien que siempre está sumido en un estado de ánimo destructivo, triste o depresivo. Las personas así, con el paso de los años, han invertido tanta energía en esas zonas mentales que su magnetismo es capaz de retener la conciencia en sus inmediaciones durante todo el día. Cuando conoces a uno de esos individuos, es posible que pienses o le comentes a otra persona: «¡Dios mío, qué tipo tan amargado!». Como sus conciencias residen todo el tiempo en una zona negativa de su mente, sus reacciones siempre tenderán a la negatividad.

Esas zonas de la mente, rebosantes de energía, se convierten en los hogares permanentes de su conciencia. Sin embargo, no son las únicas que ejercen atracción sobre esta.

Muchas personas albergan experiencias emocionales no resueltas en la mente subconsciente, experiencias que acontecieron en algún momento de su vida y nunca fueron elaboradas. Dichas experiencias están empapadas de emoción y actúan como fuertes imanes que atraen a la conciencia hacia ellas repetidamente, lo que lleva a esos individuos a revivir el pasado una y otra vez. Cuanto más fuertes o intensas sean las emociones que se encuentran vinculadas a la experiencia, mayor será su fuerza magnética. Se trata de otro tipo de acumulación de energía en la mente que influye en el rumbo de la conciencia. Las experiencias emocionales no resueltas en la mente subconsciente constituyen leviatanes paralizantes de increíbles proporciones para la mente.

Por ejemplo, mantuviste una discusión acalorada con una persona importante para ti y decides dejarla sin resolver. Habrás creado una experiencia que irá a parar a tu mente subconsciente y que estará empapada de emoción. Como la discusión acalorada generó abundantes emociones, la fuerza magnética de la experiencia depositada en tu subconsciente será muy fuerte. A lo largo del día, es posible que tu conciencia se sienta atraída por ella. Cada vez que acude a la experiencia emocional no resuelta, tú revives el asunto y mantienes una discusión mental al respecto.

En tanto que la emoción unida a la vivencia no sea transferida a otro lugar, seguirá teniendo el poder magnético de atraer la conciencia hacia ella. Sin embargo, una vez que separamos la emoción de la experiencia, la vivencia que está en la mente subconsciente perderá su poder magnético para atraer la conciencia. En ese momento, esa experiencia dejará de ejercer influencia emocional sobre ti.

Si pudieras observar tu mente, verías que las experiencias presentes en tu subconsciente que poseen mayor carga emocional, sea constructiva o destructiva, tienen más capacidad de atraer tu conciencia.

Vamos a centrarnos, por ejemplo, en las experiencias negativas. Algunas de estas vivencias podrían haberse producido en años recientes y otras hace décadas, pero, por más que sean experiencias antiguas, todavía contienen emociones, precisamente porque no se resolvieron en su momento y, como cabe suponer, aún conservan poder sobre tu conciencia. Solucionar una experiencia emocional no resuelta significa colocar ese problema bajo la luz de la razón, donde las emociones ya no nos afectan, lo que nos permite observar la vivencia objetivamente y aprender de ella. Eso se puede conseguir mediante distintas formas de terapia y prácticas espirituales. Resulta muy complicado aprender de una experiencia cuando todavía nos provoca una reacción emocional.

LA VERDAD OCULTA

La energía fluye en la dirección que toma la conciencia. ¿Qué expresa esta frase? Que allá donde vaya tu conciencia irá también tu energía. Es evidente, ¿no? Sin embargo, contiene un mensaje más profundo. ¿Eres capaz de intuirlo?

Si la energía fluye en la dirección que toma la conciencia, ¿no podríamos concluir que conciencia y energía son lo mismo? Así es.

La conciencia es energía concentrada. Cuando focalizas tu conciencia, focalizas tu energía. Si la energía se dispersa, también lo hace la conciencia.

Por eso, cuando regulas la respiración y recoges la energía, te sientes más centrado. Al recoger la energía, recoges la conciencia. Cuando centras la energía, centras la conciencia.

EL PODER DE MANIFESTAR

Si deseas materializar algo en tu vida, dedica a ello tu energía. Recuerda, tu vida es la manifestación de aquello en lo que inviertes la energía. Las personas de tu entorno, las cosas que te rodean, las oportunidades que florecen; todo son manifestaciones de la zona mental en la que pones tu energía y la prueba material de las regiones mentales que ha visitado tu conciencia. Aquello en lo que inviertas tu energía empezará a plasmarse en tu vida.

Controlando el rumbo de tu conciencia, controlarás dónde pones la energía y, por ende, podrás elegir lo que se manifiesta en tu vida. De ahí mi deseo en que comprendas los mecanismos de la conciencia y la mente, así como en remarcar la importancia de controlar adónde desplazas tu conciencia en el interior de la mente.

La incapacidad de manifestar se debe principalmente a las dificultades para controlar y enfocar la conciencia o, lo que es lo mismo, la incapacidad de controlar y enfocar la energía. Si no consigues invertir suficiente energía en algo, no puedes esperar que dé fruto. Cabe mencionar que hacen falta otros elementos también en el proceso de materializar lo que deseas en la vida, pero la capacidad de dominar y concentrar la conciencia y la energía es el ingrediente principal.

Muchas personas viven sin preocuparse de lo que hace su conciencia a lo largo del día. Cada minuto de la jornada nos brinda la oportunidad de llevar la conciencia a una zona nociva de la mente, depositar allí la energía y dejar que sea eso lo que se manifieste en la vida. De igual modo, cada instante nos ofrece la oportunidad de optar, con atención y sabiduría, por enviar la conciencia a una región mental constructiva y colocar allí nuestra energía.

Tú puedes elegir a qué parte de la mente desplazas la conciencia. Nadie te puede arrebatar esa libertad. Eres el único administrador de tu conciencia.

El dominio de la conciencia por el interior de la mente es esencial, porque todo se manifiesta mentalmente antes de hacerlo en el plano físico. Y todo depende de la región mental que más frecuenta la conciencia.

De igual modo, si quieres eliminar algo de tu vida, retírale la energía y empezará a desvanecerse. ¿Cómo se retira la energía? Despegando la conciencia. Sucede así porque, una vez que apartas la conciencia de algo, la energía ya no fluye hacia esa zona y no sigue creciendo. Así funcionan la conciencia y la energía.

Por favor, lee unas cuantas veces lo que te acabo de explicar sobre la conciencia y la energía, medítalo y haz lo posible por interiorizarlo.

El micelio de la mente

A los que tenemos espíritu viajero nos encanta explorar el mundo; visitar nuevos territorios, experimentar nuevas culturas y tradiciones, comidas diferentes, arte, música y cosas por el estilo. A pesar de nuestro amor por la aventura, hay unos cuantos lugares a los que nos gusta retornar. Cada vez que regresamos, tenemos la sensación de haber vuelto a casa. La sensación de familiaridad que nos inspiran esos sitios —saber en qué locales preparan nuestro plato o café favorito, pasear por calles conocidas, saludar a esas caras que hemos llegado a conocer con el paso del tiempo— nos reanima.

La mente ofrece una experiencia parecida. A algunos nos encanta explorarla y eso se refleja en forma de curiosidad, interés por aprender y fascinación por las novedades, por ejemplo. Esos son algunos de los motivos que inducen a la conciencia a explorar diversas áreas mentales.

También hay regiones de la mente que visitamos con regularidad. Son las zonas con las que estamos familiarizados. Algunas nos inspiran y otras no. Se convirtieron en nuestros sitios mentales favoritos porque los hemos frecuentado a menudo durante un largo periodo de tiempo. Conocemos bien esas zonas. Sabemos qué podemos esperar de ellas. La familiaridad genera seguridad; nos sentimos seguros con aquello que conocemos, aunque sepamos que tal vez no sea lo que más nos conviene.

Visitamos algunas de estas regiones por voluntad propia y somos muy conscientes de que estamos allí. Otras, en cambio, las visitamos inadvertidamente. Acudimos allí arrastrados por viejos hábitos que están muy arraigados en nuestra mente subconsciente o por influencia de las personas y cosas que tenemos alrededor. Por ejemplo, es posible que alguien tenga un padre o una madre que siempre le baje la moral, año tras año, y que esa erosión recurrente a su autoestima lo empuje con frecuencia a una zona depresiva de la mente.

Esas regiones mentales en las que nos sentimos como en casa cuentan siempre con uno o varios caminos que desembocan en ellas, sendas deterioradas por los viajes de la conciencia, que lleva años transitándolas.

Imagina a un explorador en la selva de Costa Rica. Después de unos días abriéndose paso por el denso bosque tropical, llega a una imponente cascada de diez metros de altura. Está ansioso por compartir su descubrimiento. Sabe que para llevar allí a otras personas tiene que crear una vía hasta la cascada. Rastrea el camino de vuelta hasta el punto de partida dejando señales indicativas a su paso para marcar la ruta que conduce a su descubrimiento. Un mes más tarde regresa con un grupo de gente. La selva, voraz, volvió a crecer y sus señales son ahora menos visibles, de modo que retiran parte de la maleza de camino a la cascada para que la vía sea más transitable y visible.

Cinco años más tarde, miles de personas han visitado la cascada. ¿Qué aspecto tendrá ahora el camino? ¿Será exactamente igual al que vio el grupo cuando el explorador les mostró el salto de agua? Es evidente que no. Ahora el camino es una pista de un metro y medio de ancho. El paseo a la cascada no plantea dificultad; ofrece un acceso rápido y sencillo a cualquiera que desee contemplar el salto de agua.

La conciencia y la mente funcionan del mismo modo. Puedes contemplar la conciencia como el explorador y la mente como la selva. A medida que tu conciencia viene y va por una zona de la mente en particular, el camino se va despejando igual que se creó la pista a la cascada. Cuanto más transite la conciencia esa ruta, más se definirá el reco-

EL MICELIO DE LA MENTE   129

rrido. Al final empieza a crearse un surco. La frecuencia y la regularidad con que la conciencia recorra el sendero lo irán modelando. Y a medida que el surco —la ruta mental— vaya siendo más profundo, más fácil le resultará a la conciencia seguirlo para llegar a la zona de la mente que frecuenta. No hace falta crear una nueva pista en cada ocasión y lo único que tiene que hacer la conciencia es recorrer un surco bien definido para llegar a su destino.

¿Alguna vez has conocido a una persona que se enoja con demasiada facilidad? A la primera salta y reacciona con ira. Podría decirse que creó un surco, una ruta mental muy honda, hacia la zona mental de la ira. Su conciencia se desplaza de dondequiera que esté a la región de la furia en un instante, porque existe un camino bien definido y sin obstáculos.

La conciencia accede a esa zona con suma facilidad y sin la menor resistencia. Cuando llega a la zona mental de la ira, también lo hace la energía. Y allí la energía empieza a vibrar en una frecuencia de rabia, que se expresa como enojo. Una persona que se enoja con tanta facilidad es alguien que labra un camino a la zona mental de la ira.

Y luego están aquellos que han labrado un surco profundo a las regiones constructivas de la mente. El caballero de Mauricio del que hablaba al principio del libro, cuya conciencia estaba siempre lista a viajar a la zona mental de la felicidad, sin duda había pavimentado el camino que conduce a esa región. La sola visión de una cara conocida bastaba para precipitar su conciencia al área dichosa de la mente. De inmediato su energía vibraba en la frecuencia de la felicidad, que se expresaba en forma de emociones felices y una sonrisa contagiosa.

La mente está repleta de senderos, caminos que creamos consciente o inconscientemente. De forma parecida al micelio, los filamentos ramificados de hongos que unen el bosque por el subsuelo, hay una red interminable de rutas en la mente que creamos en esta vida e incluso en vidas pasadas. Si pudieras mirarla, verías surcos grabados en la mente que no proceden de esta vida. Una observación a fondo revelaría que no has tenido suficientes experiencias en este ciclo vital para generar tantas rutas en la mente. Te lo explico para ayudarte a entender que no todas las rutas que existen en la mente proceden de esta vida.

Así pues, buena parte de los caminos que toma la conciencia a diario vienen dictados por las rutas ya existentes en la mente. La ausencia de dominio consciente del rumbo que toma la conciencia en el interior de la mente entrega el rumbo de esta, su destino y su experiencia a esos surcos predeterminados.

Ahora vinculemos este aprendizaje a las dos lecciones anteriores relativas a energía y emoción. Podemos deducir de lo aprendido que, como la conciencia viaja repetidamente a una misma región de la mente, unas cuantas cosas suceden con seguridad:

1. La energía se acumula en el lugar al que acude la conciencia.
2. Esa zona, reforzada por la acumulación de energía, posee un gran magnetismo.
3. Se crea una ruta bien definida a esa región.

Para la conciencia resulta fácil sucumbir a la combinación de una ruta bien definida y una zona de la mente dotada de una carga magnética tan poderosa. Esas son las áreas mentales por las que tu conciencia resbala con facilidad. La fuerza magnética de esa zona ejerce una constante atracción sobre la conciencia y, si la atención se relaja, la conciencia transitará el deteriorado camino a la zona que ejerce la atracción.

Una persona que se levanta por la mañana y decide empezar el día con una hora de una meditación tradicional, de eficacia contrastada, sin duda está preparando el terreno para estados de conciencia elevados. Puede guiar su conciencia con facilidad de la mente consciente al subconsciente y de ahí al supraconsciente. La constancia con la que lleve a cabo esta práctica y la fidelidad a unos rituales definidos con claridad facilitará que se consolide la ruta mental y que la energía se deposite en su destino final. No mucho tiempo más tarde se habrán creado un surco profundo y una región de la mente magnetizada.

El área mental dotada de un fuerte magnetismo y un camino bien definido es accesible para la conciencia en todo momento. Su fuerza de atracción es constante. De sufrir esa persona una experiencia difícil durante el día, a su conciencia le resultaría sencillo transitar el camino a la zona de la mente inspiradora. La consecuencia sería una capacidad especial de observar la experiencia desde un estado de conciencia más elevado, lo que le permitiría tomar decisiones más sabias a la hora de responder a la situación complicada.

Conozco a unos cuantos empresarios que han cultivado la ruta a un estado superior de conciencia. Eso les permite aportar intuiciones más sabias a los desafíos que afrontan sus empresas. Cuando se enfrentan a un problema, sus conciencias viajan con facilidad por un camino deteriorado, creado a lo largo de años, hacia un estado de conciencia elevado. Al llegar a su destino, poseen una perspectiva más amplia del problema y eso les permite atisbar soluciones que los demás no ven. La zona altamente magnetizada se convierte en la región mental a la que acuden por defecto. Una persona puede tener distintas áreas semejantes en la mente.

Por otro lado, algunos individuos disfrutan desplazando su conciencia a la zona del miedo y ven películas de terror cada fin de semana. A medida que el proceso se repite, van labrando un surco mental hacia esa zona, que acumula una gran cantidad de energía y acaba altamente magnetizada. Su perspectiva por defecto y sus reacciones durante el día tenderán al miedo, porque esa será la ruta de menor resistencia en su mente. La conciencia transitará ese camino por defecto, a menos que posean suficiente dominio consciente sobre ella.

Fue mi maestro quien me inició en la noción de los surcos mentales. Él había trazado rutas a diversas áreas de la mente, en particular al estado supraconsciente, que ayudaban a sus monjes a experimentar zonas mentales muy concretas. Cuanto más viajábamos a esos destinos delimitados con claridad, más se definían los caminos que conducían a ellos, circunstancia que nos permitía alcanzarlos con mayor facilidad.

Los seres humanos hemos ido labrando infinidad de caminos en la Tierra. Cada una de esas rutas estaba definida por un destino específico. Ningún gobierno invertiría tiempo, energía y millones de dólares en construir una carretera a ninguna parte. Hay una ruta a la cima del Everest, autopistas que van de Nueva York a Los Ángeles, caminos de montaña que atraviesan los parques nacionales y conducen a cataratas con vistas impresionantes e incluso un camino iluminado en el cine mientras se proyecta la película.

Podemos crear y sembrar nuevas rutas en el interior de la mente. *El camino es trascendente, pero el destino lo es aún más si cabe, porque este define la ruta.* De modo que empieza por definir el destino y luego construye el camino que te va a llevar allí. Una vez que conocemos el destino, es necesario el dominio lúcido de la conciencia; solo entonces podemos dar comienzo al proceso de crear las rutas. No obstante, es muy importante que sepas que cualquier acto que repitas, consciente o inconscientemente, estará grabando un surco en tu mente.

Resumiendo, una zona muy magnetizada de la mente y un camino marcado hacia ella, sembrado a partir de las frecuentes visitas de la conciencia, será el destino favorito de esta. He aquí otra razón por la cual debemos aspirar a entender cómo funcionan la mente y la conciencia, y luego hacer lo posible por dominar la conciencia por el interior de la mente.

CAPÍTULO 5

El dominio de la conciencia

LECCIÓN
5.1

Definir el propósito y el objetivo

¿Cuáles son el propósito y el objetivo de aprender cómo funcionan la mente y la conciencia? El objetivo es obtener un dominio lúcido de la conciencia por el interior de la mente: escoger deliberadamente adónde quieres dirigirla en un momento dado. El propósito es múltiple: mejorar la capacidad de concentración, vencer el miedo y la preocupación, eliminar la ansiedad y el estrés, estar más atento, experimentar estados superiores de conciencia y otros beneficios.

Es importante entender lo que significa el dominio lúcido de la conciencia. Implica la capacidad de escoger, en un momento dado, dónde reside la conciencia en el interior de la mente. Requiere también ser capaz de vencer cualquier fuerza interna o externa que pudiera atraer la conciencia a una zona mental que no sea la elegida.

Veamos un ejemplo de la vida real. La anécdota que estoy a punto de narrar es algo que presencié a menudo en Nueva York. Cuando vivía allí, con frecuencia me desplazaba en metro por la ciudad. En uno de esos viajes, estaba sentado, leyendo un artículo en el teléfono, cuando una pareja que estaba cerca, de pie, se envolvió en una discusión.

El vagón del metro no estaba demasiado lleno. En Nueva York, eso significa que todos los asientos estaban ocupados y había unas cuantas personas de pie. La pareja empezó a intercambiar palabras vehementes mientras seguían aferrados a la barra de metal —una auténtica placa de Petri en la que se mezclaban infinidad de bacterias llegadas del mundo entero— que parecía ser lo único sólido de su relación.

Conforme el tren avanzaba hacia la siguiente parada, alzaron tanto las voces que todos los presentes podíamos oír lo que estaban diciendo.

—No puedo creer lo que hiciste. Estuvo totalmente fuera de lugar —exclamó ella.

—Hago lo que me da la gana. ¡No necesito tu maldito consentimiento! —replicó él.

La respuesta del hombre fue gasolina para las emociones ya exacerbadas de ella. La conciencia de ambos estaba totalmente absorta en la discusión y no se daban cuenta de que el vagón entero oía ahora sus voces elevadas. Conforme la discusión aumentaba de intensidad, empecé a observar las reacciones que poco a poco iban mostrando los otros pasajeros.

«Qué gran oportunidad para estudiar la conciencia y la mente», pensé mientras guardaba el teléfono para poder observar aquel episodio de «La vida en el metro». Aquello prometía ser más ilustrativo que el artículo que estaba leyendo.

Las voces estaban captando la atención de la gente. Los que estaban más cerca de la pareja fueron los primeros en reaccionar, conforme su conciencia se iba sintiendo atraída por la discusión. Era posible distinguir, a partir de la conducta de cada persona ante la situación, el grado de control que poseían sobre sus conciencias. Sus reacciones permitían advertir también qué rumbo tomaban estas en el interior de sus mentes.

Una señora sentada junto a la pareja suspiró y puso los ojos en blanco antes de agacharse para recoger su bolsa para compras y alejarse resoplando al otro extremo del vagón. Su conciencia se había dirigido a la región mental de la frustración.

Un joven esbozó una sonrisa sin dejar de agitar la cabeza al ritmo de la música ensordecedora que salía de sus auriculares. Su conciencia se había desplazado a la zona del humor. Necesitaba saber cómo acababa la historia. No tenía la menor intención de alejarse. La cosa avanzaba.

Un hombre sentado enfrente exclamó en voz alta:

—¡Por el amor de Dios, ya basta!

Se puso en pie de un salto, examinó el vagón con la vista y se dirigió hacia la puerta que unía aquel vagón con el siguiente. Estaba harto de escucharlos. La discusión de la pareja lo había perturbado tanto que experimentó una reacción física y sintió la necesidad de alejarse.

Una anciana sentada a mi lado se volvió a verme con una expresión de infinita decepción al mismo tiempo que decía:

—No hay nada que justifique que le hables a nadie en ese tono, en especial a tu pareja. Ese hombre no siente ningún respeto por ella. Qué persona tan horrible.

Había dejado que su conciencia abandonara lo que estaba haciendo para dejarse absorber por la experiencia que estaba presenciando y, en consecuencia, operaba en ese momento en la misma zona mental que ellos. Se encontraba emocionalmente perturbada y disgustada por esa situación que había cautivado su conciencia.

No pasó mucho tiempo antes de que la mayor parte de los pasajeros reaccionara a la discusión de la pareja. Algunos murmuraban para sí, expresando su opinión respecto a una disputa en la que habían acabado por involucrarse. Casi todos parecían inquietos de un modo u otro por la trifulca. Igual que la anciana, habían permitido que su conciencia se desplazara a la zona mental en la que se encontraba la pareja —las inmediaciones de la rabia y el enojo—, así que estaban disgustados.

Se trata de un modo de vivir agotador. Cuando tienes poco control sobre tu conciencia, tu estado de ánimo está a merced de las personas y las circunstancias que te rodean. Puedes pasar de la felicidad al enojo en cuestión de segundos.

Tal vez hubiera una persona más sabia en el vagón, un alma más madura que poseyera mayor control sobre su conciencia; tanto como para limitarse a observar a la pareja discutiendo a unos pasos de distancia, pero sin permitir que su conciencia se enredara emocionalmente en la zona mental en la que estaba la pareja. Esa persona quizá mantuviera su conciencia en la misma zona mental en la que se encontraba antes del altercado y desde allí observaba discutir a la pareja. A eso lo llamamos observación y lo estudiaremos más adelante.

¿Quién iba a pensar que el metro ofreciera un aula tan fantástica para el estudio de la mente?

Cuando permitimos que la conciencia se involucre en experiencias ajenas, nos damos permiso para disfrutar o sufrir sus repercusiones emocionales. Por eso, estar en posesión de un dominio lúcido de la conciencia es tan importante: te proporciona la libertad y el poder de decidir si te quieres involucrar en algo o no. Al tener elección, estás escogiendo también cómo vas a reaccionar.

Si ocurre algo divertido, puedo permitir que mi conciencia se implique en ello y reaccionar con alegría. En caso de que suceda algo desagradable, tal vez prefiera no dejar que mi conciencia se involucre y así no experimentar una reacción emocionalmente perturbadora. No obstante, solo empiezas a lograrlo cuando adquieres el dominio necesario de los viajes de la conciencia por el interior de la mente.

El mundo es un parque de diversiones para la conciencia, aunque no todas las atracciones resultan divertidas. A aquellos que poseen poco control sobre la conciencia por el interior de la mente, el parque de diversiones les ofrece una montaña rusa repleta de subidas y bajadas. La polaridad extrema de las emociones que uno puede recorrer a diario a consecuencia de no gestionar la conciencia es agotadora y debilitante para el sistema nervioso, además de que supone un gran desgaste energético.

El control y el enfoque de la conciencia en el interior de la mente son de suma importancia para permanecer sintonizado con el propósito vital.

5.2

Desplazar la conciencia por el interior de la mente

Ahora que nos hemos extendido sobre la teoría de la conciencia y la mente y que exploramos ejemplos de su funcionamiento en la vida real, vamos a experimentar cómo se aplica en la práctica esta teoría. Considero de suma importancia probar las teorías y ensayarlas para comprobar personalmente si funcionan.

Para llevar a cabo este ejercicio, necesito que te sientes en una silla o en el suelo. Si decides sentarte en una silla, escoge una que tenga la base firme; de preferir el suelo, puedes sentarte directamente en el piso o colocar un cojín que no sea demasiado blando como asiento. Asegúrate de estar cómoda o cómodo para evitar molestias que puedan distraer tu atención del ejercicio que estamos a punto de comenzar.

Ahora que ya te acomodaste, te voy a pedir que te concentres en la postura. Por favor, siéntate con la columna recta y la cabeza bien equilibrada sobre el cuello. Asegúrate de no torcerla hacia los lados, hacia delante o hacia atrás. Relaja la boca dejando la mandíbula suelta, con los dientes inferiores separados de los superiores. Los labios unidos, los dientes separados.

Inhala despacio. Y exhala con lentitud. Hazlo a tu propio ritmo.

Una vez que hayas expulsado todo el aire, quiero que vuelvas a inhalar lenta y profundamente antes de exhalar de nuevo, despacio. Hazlo tres veces más; cinco respiraciones completas en total. Por lo general te pediría que cerraras los ojos mientras te voy dando indicaciones, pero, como tienes que leer el texto, lo haremos de otra manera.

Por favor, lee el párrafo siguiente y luego cierra los ojos para practicar lo que te propongo durante un par de minutos.

Cierra los ojos. Cobra conciencia de la habitación en la que estás sentada o sentado. Hazlo mediante el cuerpo físico en primer lugar. Nota la silla o el suelo debajo de tu cuerpo. Siente los pies o las piernas en contacto con el suelo. Sé consciente de tu piel. ¿Sientes frío o calor? ¿Quizá es agradable la temperatura de la habitación? Ahora expande la conciencia más allá del cuerpo. ¿Se oye algún ruido en la habitación? ¿Hay algún otro sonido procedente del exterior? ¿Percibes algún olor?

Dedica un minuto o dos a ser consciente de todo lo que hay en la estancia, con los ojos cerrados. Una vez que lo hayas hecho, abre los ojos despacio y sigue las instrucciones siguientes.

Por favor, lee los dos párrafos que encontrarás a continuación. Luego cierra los ojos y practica lo que te sugiero durante tres minutos.

Quiero que recuerdes la boda más reciente a la que hayas asistido y que intentes hacerlo con todo el detalle que puedas. He aquí algunas preguntas que te ayudarán. ¿Quiénes eran los novios? ¿Fuiste sola o solo? ¿Acudiste con tu pareja o con toda tu familia? ¿Recuerdas las prendas de ropa que llevabas? ¿Te hacía ilusión que la pareja se casara? ¿Recuerdas el vestido de la novia? ¿Te pareció adecuado?

¿Qué tal estuvo el banquete? ¿Sirvieron alcohol y, si fue así, bebiste mucho? ¿Hubo una fiesta después con buena música y baile? ¿Bailaste? ¿La pasaste bien en la boda? Intenta evocar la celebración con el máximo detalle. Las preguntas que te formulo solo son orientativas. Cierra los ojos y dedícate a recordar durante tres minutos. Si acaso en algún momento, mientras llevas a cabo el ejercicio, tu conciencia se desvía, arrástrala con suma dulzura y amor de vuelta a los recuerdos del casamiento.

Ahora que terminaste de recordar la boda, por favor, lee los dos párrafos siguientes. Luego cierra los ojos y practica lo que te propongo durante tres minutos.

Quiero que recuerdes tus últimas vacaciones. Si viajaste al extranjero, escoge para este ejercicio unas vacaciones en las que no salieras de tu país. ¿Qué tipo de vacaciones fueron? ¿Un retiro de yoga? ¿Un viaje para hacer surf? ¿Para esquiar? ¿Fuiste de campamento? ¿Hiciste una ruta en coche? ¿Adónde fuiste? ¿Qué clima había? ¿Calor? ¿Frío? ¿Humedad? ¿Llovió o brillaba el sol?

¿Cómo era la comida? ¿Sabrosa? ¿Insípida? ¿Te hizo mal en algún momento? Si te alojaste en distintos sitios, ¿hubo alguno que te gustara más que el resto? ¿Fuiste de compras? De todo lo que compraste, ¿qué fue lo que más te gustó? ¿Hiciste muchas actividades? Intenta recordar todos los detalles que puedas acerca de tus vacaciones. Ahora cierra los ojos y dedica los próximos tres minutos al ejercicio. De notar en algún momento que tu conciencia se desvía, llévala con mucha dulzura y amor de vuelta a los recuerdos de las vacaciones.

Una vez que hayas terminado de recordar las vacaciones, pondremos en práctica el último paso del ejercicio. Por favor, lee el párrafo siguiente. Acto seguido cierra los ojos y practica lo que te sugiero durante un par de minutos.

Cobra conciencia de tu postura. ¿Todavía tienes la espalda recta? ¿La cabeza bien equilibrada sobre el cuello? ¿Aún te sientes cómodo o cómoda físicamente? Presta atención a la temperatura de la habitación. ¿Hace calor, frío o hay una temperatura agradable? Expande tu conciencia más allá del cuerpo físico y sé consciente del entorno. ¿Oyes algún ruido procedente de la habitación o del exterior? Ahora cierra los ojos y mantén la conciencia en la habitación, prestando tanta atención como sea posible al entorno durante un par de minutos.

Cuando vuelvas a abrir los ojos y devuelvas la atención a este libro, concédete unos instantes para acostumbrarte de nuevo al ambiente.

Vamos a revisar el ejercicio que acabas de hacer centrándonos en la conciencia y la mente. Empezaste el ejercicio siendo consciente de la habitación en la que estabas sentado o sentada. Al hacerlo, has adquirido una aguda conciencia de tu entorno. En esta fase del ejercicio, tu conciencia se encontraba en la mente consciente; involucrada con el exterior.

A partir de ahí tu conciencia se embarcó en un viaje de tu mente consciente a tu subconsciente, donde reside el recuerdo de la boda. Cuando tu conciencia llegó a su destino, el recuerdo de la boda, esa experiencia ocupó un primer plano. Cuanto más hábil hayas sido para mantener la conciencia en esa zona de la mente, más detalles habrás recordado del día del casamiento. Las experiencias, empapadas de emoción, han comenzado a materializarse. Algunas te habrán hecho sonreír, quizá reír y tal vez incluso te hayan arrancado de nuevo una lágrima de felicidad. Mientras tu conciencia permanecía allí reviviste la experiencia de la boda.

Antes de que te pidiera que acudieras a ese recuerdo específico de tu subconsciente, es probable que ni siquiera estuvieras pensando en la boda. Y mientras tu conciencia estaba inmersa en la experiencia del casamiento, ya no tenías presente la habitación. No eras consciente de la temperatura, de tu postura ni del resto de cosas. No eras consciente de nada de eso porque tu conciencia no se encontraba en la habitación.

La zona en la que se ubica tu conciencia en el interior de la mente define aquello de lo que eres consciente.

A continuación, tu conciencia viaja de la zona del subconsciente que alberga el recuerdo de la boda a la región que guarda el recuerdo de las vacaciones. Cuando tu conciencia llega a la nueva ubicación, aquellas vacaciones pasaron a un primer plano.

Abundantes detalles de aquel respiro de tu vida cotidiana han asomado a tu percepción mientras mantenías la conciencia en el núcleo del recuerdo. Como resultado de ello, una mezcla de emociones emergió a la superficie según la conciencia rebotaba de un recuerdo específico a otro por el interior de esa burbuja que conoces como tus vacaciones. Las reviviste.

Mientras la conciencia sigue anclada con firmeza en esa zona, ya no eres consciente de la habitación ni de la boda. La dulce reminiscencia de las vacaciones concluye. Abres los párpados y devuelves la mirada al libro pensando: «¿Y ahora qué?». Entonces te pido que desplaces la conciencia de nuevo a la habitación y, al hacerlo, empiezas a tener presentes todas las circunstancias asociadas con esta.

De súbito tienes presente que tu columna vertebral ya no está recta y que giraste la cabeza a un lado. De inmediato corriges la postura y empiezas a ser consciente de todo lo demás que te sugerí. Mientras tu conciencia se adapta a esa zona de la mente, ya no tienes presentes la boda ni las vacaciones. Ningún recuerdo de esos dos acontecimientos asoma en tu mente mientras tu conciencia se encuentra anclada con firmeza en lo que te tiene absorto o absorta ahora, que es percibir el entorno.

Por fin abres los ojos y te adaptas al ambiente que te rodea.

Siguiendo las instrucciones, desplazaste la conciencia de la habitación a la zona mental de la boda, luego a la zona de las vacaciones y de nuevo a la habitación. Empleaste la voluntad para mover la conciencia y después usaste tu poder de concentración para mantener la conciencia en cada una de esas zonas durante cierto periodo de tiempo.

Podemos extraer unas cuantas conclusiones de lo antes dicho. Quería que llevaras a cabo el ejercicio para que experimentaras unos cuantos principios fundamentales de la conciencia y la mente que hemos aprendido en los capítulos anteriores. Los enumeraré en aras de la claridad.

1. *La conciencia se desplaza, la mente no.* El hecho de que puedas desplazar la conciencia a regiones distintas de la mente demuestra que esta se mueve por el interior de la mente mientras que la propia mente no lo hace.
2. *La conciencia y la mente son cosas distintas.* La capacidad de mover la conciencia por el interior de la mente demuestra que mente y conciencia no son lo mismo. No se desplazan juntas. Una viaja por el interior de la otra; por tanto, hay una clara separación entre conciencia y mente.
3. *Tú no eres tu mente.* Tú no eres tu mente. Eres pura conciencia que se mueve por distintas zonas de la mente. Y en función de la zona de la mente a la que te desplaces, esa será tu experiencia. Únicamente tendrás presente la región mental en la que se encuentre tu conciencia, sea cual sea.

LECCIÓN
5.3

Alertar a la conciencia

Ahora que entendiste que conciencia y mente son cosas distintas y que tú eres pura conciencia que se desplaza por diferentes áreas de la mente, hay que aprender a controlar el rumbo que toma la conciencia en el interior de la mente.

El primer paso para controlar adónde se desplaza la conciencia es alertarla.

Los diccionarios definen atención como el acto de aplicar la mente para que escuche, vea o entienda; atender. Podemos aplicar esa misma definición a la conciencia. Alertar a la conciencia sería el acto de hacer que la conciencia se atienda a sí misma o, como decía el gurú de mi orden: «La conciencia siendo consciente de sí».

Te pondré un ejemplo para que quede más claro. Imagina que tu pareja está sentada en el sillón viendo una película. Se acurrucó en una esquina y tapada con una cobijita salpicada con migajas de galleta, su conciencia se encuentra totalmente absorta en la película, ajena a cuanto sucede a su alrededor.

Para llamar su atención, tienes que alertar a su conciencia. Así pues, deberás despegarla de su objeto de concentración, en este caso la película, y desplazarla hacia tu persona.

Hay muchas maneras de lograrlo. Podrías apagar la televisión, aventarle una almohada a la cabeza o decir su nombre en voz alta. Si decides decir su nombre y gritas: «¡Amira!», su conciencia se despega de la película y ella se vuelve a verte. Alertaste a su conciencia. Lograste que su conciencia te atienda.

Una vez que su conciencia está atenta, tal vez quieras desplazarla al lugar de tu elección (si ella está de acuerdo). Siguiendo con el ejemplo, ahora que te presta atención podrías dirigir su conciencia a su copa de vino diciendo: «Tu copa está vacía. ¿Quieres más vino?». Amira vuelve la vista a su copa, te ve y dice: «Sí, me encantaría». Entonces devuelve la conciencia a la película con la plena confianza de que tú le rellenarás la copa.

Para que Amira fuera consciente de tu presencia, antes tuviste que alertar a su conciencia. Una vez conseguido, puedes redirigirla al lugar de tu elección. Si acaso eres padre o madre, seguramente experimentas a diario una situación parecida con tus hijos. Ahora cuentas con el vocabulario para describir el proceso. ¿Recuerdas la lección titulada «La importancia de la terminología»? Cuando te toque alertar la conciencia de tu hija por enésima vez un mismo día, describe mentalmente lo que estás haciendo usando los términos correctos. Este proceso de nombrar con propiedad los actos que llevas a cabo entrena a tu subconsciente en la comprensión de cómo funcionan la conciencia y la mente.

A mi hija de tres años le encanta pararse a un metro de la televisión. Para conseguir que se aparte, empiezo por despegar su conciencia de lo que está mirando. Por lo general basta con decir su nombre. Su conciencia se aparta de la pantalla de golpe y ella vuelve la cabeza para verme. El siguiente paso es redirigir su conciencia adonde quiero que vaya.

—¿Puedes, por favor, volver al sillón? —le suplico con desesperación, mientras en algún recoveco de mi mente me estoy planteando si será posible construir un foso alrededor de la televisión.

Al oír mi petición, su mirada se desplaza al sillón y casi al instante se va corriendo. Salta al sillón y la pantalla absorbe de nuevo su conciencia con una fuerza de gravedad capaz de atrapar cualquier planeta.

Los ejemplos que acabo de ofrecer son sobre alertar a la conciencia. También se puede hacer con uno mismo. Puedes alertar a tu propia conciencia.

Cuando la conciencia empiece a desviarse de aquello en lo que está enfocada, alértala. Una vez que lo hayas hecho, podrás usar la voluntad para devolverla al foco de atención elegido. Aprenderemos a desarrollar la fuerza de voluntad en capítulos posteriores.

Así pues, ¿cómo alertas a tu propia conciencia? Para hacerlo, la conciencia debe ser consciente de sí. Y de eso trata la lección siguiente.

Despegar la conciencia

El acto de alertar a la conciencia requiere, para empezar, despegarla de su foco de atención. Vamos a examinar este proceso a fondo, pues se trata de un aspecto fundamental del proceso en el que aún no hemos profundizado.

En una lección anterior usé el ejemplo de la película y cómo se las ingenia el director para desplazar nuestra conciencia de una zona de la mente a otra. ¿Te has fijado alguna vez en que, cuando la película es muy buena, estás tan absorto en la historia que ya no eres consciente de nada de lo que te rodea? Te encuentras en tal estado de introspección que reaccionas a las escenas de la película tal como el director lo planeó.

En ese momento la conciencia está totalmente absorta en aquello de lo que es consciente. *La conciencia y su objeto de concentración son uno y lo mismo.*

Lo importante del tema que nos ocupa es que la conciencia puede hallarse en dos estados. El primer caso sería cuando la conciencia es consciente de su objeto de atención. El segundo sería cuando la conciencia se funde con su objeto de atención.

Recurramos al ejemplo del viaje en el metro de Nueva York para describir el primer estado. Una pareja discutía en un vagón del metro y la pelea alertó a mi conciencia. En ese momento yo podía elegir entre ser un mero observador de la discusión o permitir que mi conciencia se dejara absorber por la pelea. Yo escogí mantener mi conciencia conmigo en lugar de permitir que la pareja la atrapara y se involucrara emocionalmente en su pelea.

En este caso, la conciencia era consciente de su objeto de atención. Se trata del escenario ideal: la conciencia tiene presente qué es lo que contempla y puede escoger entre dejarse absorber por ello o no.

Recurriremos a otro ejemplo del libro para examinar el segundo estado. En el caso de la película de cine, la conciencia puede observar que se está proyectando en la pantalla y decidir si se deja absorber por él o no. En este caso tendría sentido que decidiera adentrarse en la película, pues para eso pagamos: para disfrutar cierto tipo de experiencia basada en el tema de la película. En este caso, la conciencia se deja absorber por el objeto de concentración.

Podemos concluir que la conciencia puede ser consciente de lo que contempla o puede dejarse absorber por lo que contempla. La prerrogativa de escoger siempre está a tu alcance y es tuya y de nadie más, pero la elección no siempre será fácil. La idea es muy importante, así que me gustaría dedicar un momento a desarrollarla.

Volvamos al segundo estado, en que la conciencia se sumerge en su objeto de concentración. El proceso de alertar a la conciencia implica despegarla de aquello de lo que es consciente o en lo que está absorta. Ese gesto de separación sería uno de los primeros pasos para aprender a focalizar.

En el ejemplo de la película, el proceso requiere despegar a la conciencia de ella que la tiene absorta de modo que la conciencia y la película dejen de ser una misma entidad. Para lograrlo necesitas: 1) alertar a la conciencia, y 2) separar la conciencia de la película con el fin de recuperarla.

He aquí un ejercicio que puedes hacer la próxima vez que vayas al cine. Cuando estés viendo la película, mírate los pies.

Mueve los dedos de los pies y obsérvate durante unos segundos. Al hacerlo, desplazarás la conciencia a los dedos de los pies. Este gesto servirá para que tu conciencia se despegue de la película. Ahora desplaza la conciencia de los dedos de los pies a la pantalla de nuevo, pero en esta ocasión no dejes que la película la absorba. Limítate a observar la película desde tu asiento sin ver nada más que luz sobre una pantalla. Un modo de lograrlo es ver atrás, ver la luz que sale del proyector y seguir el haz hasta la superficie blanca. Mientras tanto, repite para tus adentros que solo estás viendo luz sobre una pantalla.

Si lo consigues, habrás separado la conciencia de aquello de lo que es consciente. Habrás aprendido el arte de la observación, que implica mantener la conciencia contigo sin dejar que se enfrasque en su objeto de concentración.

Tan pronto como dejes que la conciencia regrese a la pantalla, la película volverá a absorberla y empezarás a reaccionar a lo que sea que esté pasando en ella. Cuando eso sucede, tú y lo que estás mirando son uno mismo. Si hay una escena divertida en la película, tal vez te rías y en una escena triste podrías llorar. La conciencia vuelve a subirse al tren de la película y salta de una zona de la mente a otra siguiendo los antojos del director.

Si vuelves a alertar a la conciencia y la desvías de aquello que es su objeto de concentración (despegas la conciencia de la película), te conviertes en contemplador. Ahora la conciencia contempla lo que aparece en la pantalla en lugar de dejarse absorber por la historia.

Qué juego tan maravilloso. Dejar que la película absorba la conciencia, experimentar las emociones de la escena y luego retirar la conciencia para distanciarse emocionalmente desde una actitud contemplativa.

Cuanto más lo practiques, más presente tendrás que puedes controlar dónde se posa la conciencia y que puedes retirarla de cualquier experiencia que la absorba. Usé la analogía del cine, pero lo mismo se aplica en la vida real. Si estás hablando con alguien y descubres que su conciencia se está desplazando a una zona muy negativa de la mente (y arrastrando la tuya consigo) puedes alertar a tu conciencia, separarte de la suya y desplazarla a otra zona mental. En caso contrario tu conciencia seguirá a la suya a una zona negativa de la mente y experimentarás esa negatividad. En cambio, si sabes separar la conciencia de su objeto de concentración y alertarla, adquieres la capacidad de elegir.

Imagina que estás de nuevo en el cine. Ve alrededor y descubrirás que todas las conciencias de las personas que están sentadas a tu alrededor están fundidas con la película. Se encuentran tan absortas en la historia que no reparan en nada más. Reaccionan a cada escena que aparece en la pantalla porque permiten que su conciencia y la película se unan al mismo tiempo en la mente. Cuando sucede, el director posee el control de sus conciencias; se los lleva de viaje y los hace experimentar todo lo que ofrece la película, que es para lo que compraron la entrada, evidentemente.

En el ejemplo del viaje en el metro de Nueva York, podemos concluir que los pasajeros que reaccionaron emocionalmente a la discusión de la pareja eran personas que no poseían suficiente control sobre su conciencia. Las voces elevadas arrancaron sus conciencias de dondequiera que estuvieran y las alertaron. En ese momento eran conscientes de la pareja que discutía y podían elegir entre devolver sus conciencias adondequiera que estuvieran anteriormente o dejarse arrastrar a la discusión a voces. La mayoría no poseía suficiente control de su conciencia en el interior de la mente y se dejaban llevar a la misma zona mental en la que estaba la pareja.

El caso ideal sería que, cuando las voces de la pareja arrancaran a tu conciencia de su objeto de concentración, tuvieras la presencia suficiente para decidir si quieres adentrarte mentalmente en la discusión o no.

Consideramos dos ejemplos. En uno, una fuerza externa provocaba que la conciencia se despegase de aquello de lo que era consciente. En el otro, era el propio individuo, a través de la presencia, el que despegaba la conciencia de su objeto de concentración.

Aprender a separar la conciencia de aquello de lo que es consciente es un arte y deberías aspirar a dominarlo.

La práctica de separar la conciencia

Prueba a hacer en casa el ejercicio del cine. Este fin de semana, pon una película que te encante. Mientras ves la película, quiero que pruebes a separar la conciencia de aquello de lo que es consciente. Puedes hacerlo del siguiente modo. Durante la película, desplaza la conciencia de su argumento a tus pies. Mueve los dedos de los pies y observa cómo lo haces. Ese gesto despegará tu conciencia de la película para arrastrarla a tu cuerpo. Mueve los dedos de los pies durante unos siete segundos.

A continuación desplaza la conciencia de los dedos de los pies a la pantalla de la televisión, pero esta vez no permitas que se deje absorber por la película. Sencillamente ve la película desde tu sitio en el sillón como si no fuera nada más que luz en una pantalla.

Luego mueve la conciencia de nuevo a los dedos de los pies y agítalos unos segundos. La conciencia regresa a tu cuerpo. Devuelve la conciencia a la película y esta vez deja que te absorba. Entrega tu conciencia para poder disfrutarla durante los próximos minutos.

Ahora, alerta a tu conciencia. Esto significa separarla de aquello de lo que es consciente: la película. Despega la conciencia de la película y recupérala.

Repite el proceso. Cuanto más lo practiques, mejor te saldrá. Juega de este modo con tu conciencia y experimentarás con rapidez el arte de separar la conciencia de su objeto de concentración. Si consigues aislar la conciencia separándola de aquello que la absorbe, puedes retirarte y contemplar de qué estás siendo consciente. No se puede contemplar algo cuando tu conciencia está absorta en ello.

La observación es la conciencia siendo consciente de su objeto de concentración. Si alguna vez te has preguntado cómo practicar la observación o qué es la presencia, ahora ya lo sabes. La observación es la capacidad de separar la conciencia de aquello de lo que es consciente y ser consciente de una experiencia sin dejarte absorber por ella. No puedes aprender sobre la observación sin haber aprendido antes sobre la conciencia y la mente.

La conciencia reparando en sí misma

Para que la conciencia se separe de aquello de lo que es consciente, primero tiene que ser consciente de sí misma.

La habilidad de hacerlo procede de la capacidad de practicar la observación. Esta es el resultado de los estados de concentración prolongados. Profundizaremos en la observación y la concentración en los capítulos siguientes. Solo cuando la conciencia ha desarrollado capacidad de observación puede ser consciente de sí misma. Una vez que es consciente de sí, es capaz de colocarse en un primer plano o, dicho de otro modo, fijarse en sí misma. Y una vez que ha reparado en sí misma, puede redirigirse allá donde quiera ir.

Cuanto más aprendes a concentrarte, mayor es tu capacidad de observación. Cuanta más capacidad de observación adquieras, más fácil le resultará a tu conciencia ser consciente de su propio foco. Según vayas avanzando, tendrás más facilidad para separar la conciencia de aquello de lo que es consciente o de su objeto de concentración.

Una persona que no sabe concentrarse bien carece de una capacidad de observación bien desarrollada. Si su conciencia tiende a desviarse de aquello en lo que se enfoca, tardará más en ser consciente de sí (desarrollar autoconciencia) y darse cuenta de que está distraída. Por ejemplo, imaginemos a una persona trabajando con la computadora en su oficina. De repente recuerda que su equipo favorito jugó ese día y sale de la hoja de cálculo para entrar en el buscador de internet y ver el resultado. Descubre que su equipo ganó por varios puntos y ahora está ansioso por echar un vistazo a los mejores momentos. Los busca en YouTube y, cuando termina de verlos, da clic en uno de los videos sugeridos y lo mira. Treinta minutos más tarde cae en la cuenta de que ha estado mirando un video detrás de otro. Cuando su conciencia se fija en sí misma (o, dicho de otro modo, cuando se da cuenta de lo que está haciendo) despega su conciencia de YouTube y la devuelve a la hoja de cálculo.

Su falta de capacidad para concentrarse le impide mantener una actitud contemplativa, por lo que su conciencia tardará mucho más en ser consciente de sí. Hasta que eso suceda, perderá gran cantidad de tiempo y energía. La productividad se desploma y los ingresos por publicidad aumentan para los *youtubers*. Hay muchas personas que se aprovechan de la incapacidad de los demás para concentrarse.

Según aprendas a enfocar la atención y aumente tu capacidad de hacerlo, a tu conciencia le resultará más fácil ser consciente de sí.

El administrador de la conciencia

A lo largo de las últimas lecciones exploramos dos escenarios que demuestran cómo la conciencia se desplaza por el interior de la mente.

El primer escenario describe la situación que se produce cuando algo o alguien desplaza tu conciencia de una zona de la mente a la otra. Para describirlo utilicé los ejemplos de la película, de la emprendedora Priya y el de la pareja que discutía en el metro. En cada uno de esos escenarios diversas fuerzas externas dictaban el viaje de la conciencia por la mente.

El segundo escenario es aquel en el que tú mismo escoges desplazar la conciencia de una zona mental a otra. Lo experimentamos mediante el ejercicio en el que trasladabas la conciencia de la habitación a la boda, luego a las vacaciones y de vuelta a la habitación. Aunque yo te marqué el camino que debías seguir, tú desplazaste deliberadamente la conciencia de una zona de la mente a otra.

Podríamos simplificar diciendo que dos fuerzas controlan tu conciencia: tú y el entorno. Recuerda que defino el entorno como las personas y las circunstancias que se encuentran alrededor. En cualquier momento dado, una de esas dos fuerzas dicta el rumbo que toma tu conciencia dentro de la mente. La situación ideal es que seas tú el que decide adónde se dirige.

Cuando eres tú quien dispone a qué zona de la mente acude la conciencia, posees un dominio lúcido de la conciencia.

Las personas, por lo general, permiten que sea el entorno el que arrastre su conciencia de un lado a otro por la mente. Las personas y las circunstancias que tienen en su entorno podrían desplazar su conciencia a zonas constructivas de la mente o a zonas destructivas. Cuando cedes el control de tu conciencia al entorno, entregas tu experiencia y, por tanto, tu estado anímico a este.

Y eso no es lo único que le cedes. También estás dejando que el entorno decida dónde inviertes la energía. Como las personas y las circunstancias que te rodean dictan el destino de tu conciencia, están gobernando asimismo el flujo de la energía y, por ende, lo que se manifiesta en tu vida.

Numerosos individuos son incapaces de crear lo que desean en la vida porque poseen poco control sobre los lugares que visita su conciencia a diario. En consecuencia, su energía fluye a las zonas que dicta el entorno y lo que se manifiesta en su vida no es lo que a ellos les gustaría. Su conciencia se mueve de un lado a otro durante todo el día, atraída por los algoritmos de las redes sociales y la tecnología. Su energía, que es finita, se dispersa por vastas áreas en lugar de permanecer enfocada en temas específicos y no consiguen hacer realidad ninguno de sus objetivos. La frustración se va acumulando y acaba por convertirse en desánimo. Un desánimo persistente enfría la voluntad a la larga y conduce a la pérdida de esperanza.

El dominio lúcido de la conciencia en el interior de la mente es un aprendizaje y una habilidad a la que todo individuo debería tener acceso. Es la pieza fundamental para obtener un buen autodominio, que permite crear una vida verdaderamente gratificante. Si tuvieras que ofrecerles a tus hijos una única enseñanza sobre la mente, debería ser esta. Comprender los mecanismos de la conciencia y la mente es más importante que aprender a meditar. Porque, a menos que entiendan los fundamentos internos de la mente, ¿cómo vas a enseñarles a meditar?

Ahora que sabes esto, pregúntate, ¿quién o qué controla el rumbo de tu conciencia? ¿Tú o las personas y las circunstancias que te rodean? ¿Cuántas horas al día dirías que algo externo controla los desplazamientos de tu conciencia por el interior de la mente en lugar de hacerlo tú?

Debes tomar una decisión. La elección es tuya y de nadie más. En caso de que decidas que quieres estar a cargo de tu conciencia, debes adoptar la firme resolución ahora mismo de que lo vas a hacer: ser dueño de tu conciencia y de sus desplazamientos por el interior de la mente. Decide hoy mismo que vas a trabajar incansablemente por someter tu conciencia al dominio de tu voluntad, aunque el trabajo requiera años.

Si es tu deseo, puedes hacerlo. Solo tienes que decidir que de hoy en adelante emplearás toda tu fuerza de voluntad y poder de concentración para dirigir tu conciencia por el interior de la mente. Algunos días te resultará difícil conseguirlo y otros ni siquiera lo lograrás. Todo forma parte del viaje. El verdadero fracaso es no haberlo intentado. No te rindas y no pierdas la esperanza.

He aquí una maravillosa cita de Gurudeva: «Aquellos de ustedes que se encuentren en lucha con su mente tratando de concentrarse, de meditar, de tranquilizarse y de relajarse, sigan intentándolo. Ningún esfuerzo constructivo que hagan por lograrlo será en vano».

Cada mañana al despertarte y cada noche antes de irte a dormir, pronuncia la siguiente afirmación: «Soy el administrador de mi conciencia».

TERCERA PARTE

Las alas de la mente

CAPÍTULO 6

La concentración absoluta

LECCIÓN
6.1

No me mediquen, por favor

Espero haber sido capaz de convencerte de que entender cómo funcionan la mente y la conciencia es de suma importancia en la vida. La
comprensión de los mecanismos internos de la mente prepara el terreno para el siguiente paso fundamental, que es aprender a controlar y
dirigir la conciencia.

La concentración y la fuerza de voluntad son las alas que emplea la
conciencia para tomar el vuelo en su viaje por la mente. Y no habrá
espacio mental al que no pueda acceder la conciencia de aquellos que
desplieguen y dominen esas alas.

Empezaremos por aprender a concentrarnos. Se trata de una de
las destrezas más importantes que se pueden desarrollar en esta vida,
una que te ayudará a dominar los desplazamientos de la conciencia
por tu mente. Algunas personas nacen con la capacidad de concentrarse de maravilla, a otras les resulta complicado y en medio hay toda
una gama de niveles de concentración diversos. Seguramente siempre
ha sido así.

Por desgracia, la concentración no es una habilidad que se suela
enseñar en la infancia. No obstante, a la mayoría nos han pedido que
nos concentráramos en un momento u otro de nuestra vida.

Con el paso de los años, en mis viajes por todo el mundo ofrecien-
do charlas en torno al foco y la atención, he llevado a cabo una investigación sencilla, no sistemática ni documentada, sobre la educación

que recibe la gente en relación con el tema de la concentración. Formulaba dos preguntas a los asistentes.

1. ¿Alguna vez les han enseñado a concentrarse?
2. Cuando iban a la escuela, ¿tenían sesiones formales dedicadas a aprender a concentrarse, igual que les daban clases de matemáticas, ciencias, historia y demás?

He formulado esta pregunta a miles de personas y ni una sola ha respondido afirmativamente.

A continuación planteaba otra pregunta: «¿Alguien les ha pedido alguna vez que se concentraran?». La respuesta era un sonoro «sí», a menudo seguido de «¡constantemente!».

UNA ORDEN QUE NADIE TE ENSEÑA A EJECUTAR

Personalmente pienso que hay dos razones principales por las cuales los individuos tienen problemas para concentrarse. La primera, porque nadie les ha enseñado a hacerlo. ¿Cómo te vas a concentrar si nadie te ha explicado cómo se hace? La segunda, porque no practican la concentración. ¿Cómo vas a hacer algo bien sin practicar? Y no puedes practicar la concentración cuando nadie te ha explicado la manera de proceder.

Les pedimos a los demás que se concentren, pero no les enseñamos a hacerlo.

Entre los adultos, la petición se oye constantemente en el lugar de trabajo. Es frecuente oír a los altos directivos o a los empresarios diciendo: «¡A ver, todos, este proyecto tiene que estar listo en diez días, necesito a todo el mundo concentrado!». Los entrenadores deportivos pecan de lo mismo: «Chicos, quedan tres minutos de partido y perdemos por cinco. Los quiero a todos concentrados cuando vuelvan a salir».

Los niños tampoco se libran de que les pidan concentración. Es muy habitual oír a los padres decirles a sus hijos: «¿Podrías concentrarte un segundo?». A lo largo de mi infancia y adolescencia, me pedían que me concentrara de un modo u otro. Con frecuencia tenía que escuchar: «¡Dandapani, concéntrate en tus tareas!». «¡Dandapani, céntrate y come!». Me decían que centrara la atención, pero nadie me enseñaba a hacerlo. Es raro, ¿no? Le ordenas a tu hijo que se concentre y no le explicas cómo se hace.

En la escuela, constantemente nos pedían a mis compañeros de clase y a mí que nos concentráramos. Que prestáramos atención. Que nos centráramos en lo que estábamos haciendo. Nos distraíamos con facilidad y a cambio de nuestros despistes a menudo recibíamos un buen jalón de orejas al estilo de la vieja escuela, un coscorrón o, en casos extremos, unos golpes con la regla graduada. Entiendo que hoy en día esos castigos puedan parecer algo bárbaros, pero yo preferiría unos golpes antes que algunos de los métodos que emplean en la actualidad.

De haber nacido tres décadas más tarde en los Estados Unidos, sin duda me habrían diagnosticado una enfermedad mental, me habrían estampado un acrónimo en la frente y me habrían atiborrado de medicamentos. Hoy el popular dicho de antaño debería transformarse en «la letra con medicamentos entra».

La regla me dejaba una marca temporal en el muslo y los daños físicos no pasaban de ahí. En el aspecto emocional me empujó a adoptar una política de tolerancia cero con la violencia infantil. Sin embargo, los medicamentos que hoy se recetan a los niños en muchas partes del mundo son infinitamente más devastadores, tanto mental como físicamente. Sus efectos se prolongan mucho más en el tiempo y en buena parte son desconocidos.

El TDAH (trastorno por déficit de atención con hiperactividad) está considerado uno de los problemas mentales más habituales entre niños y adultos. Los Centros para el Control y la Prevención de Enfermedades (CDC, por las siglas en inglés) de los Estados Unidos advierten que los medicamentos para el TDAH provocan efectos secundarios como falta de apetito, dolores estomacales, irritabilidad, trastornos del sueño y retraso de crecimiento. El Servicio Nacional de

Salud (NHS, por las siglas en inglés), que es el término con el que se engloban los servicios de salud públicos del Reino Unido, informa en su página web de los efectos secundarios más habituales de las medicaciones para el TDAH aprobadas por las agencias. Entre estos se cuentan un ligero incremento de la presión sanguínea y del ritmo cardíaco, pérdida de apetito, problemas para dormir, dolores de cabeza, cambios de humor, diarreas, náuseas y vómitos, agitación y agresividad, entre otros. Podría continuar, pero la lista se está comiendo el limitado número de palabras de las que consta este libro.

La página web de los CDC afirma que los proveedores de cuidados médicos de los Estados Unidos se basan en los criterios del *Manual Diagnóstico y Estadístico de Trastornos Mentales: DSM-5* (quinta edición), publicado por la Asociación Estadounidense de Psiquiatría, para diagnosticar TDAH. Los criterios diagnósticos del DSM-5 consisten en detectar la presencia de «un patrón persistente de falta de atención o hiperactividad e impulsividad que interfiera en las actividades diarias o desarrollo del sujeto».

Sí, los niños tienden a ser hiperactivos e impulsivos. Poseen una gran cantidad de energía y esa energía tiene que fluir a alguna parte. Carecer de canales estructurados y maneras de liberar esa energía los empuja a la hiperactividad y a la impulsividad. ¿Y si les enseñáramos a entender lo que es la energía, a sentirla, a dominarla y canalizarla hacia las cosas que los apasionan? Eso los ayudaría, ¿no es cierto? El uso consciente de la energía permite que se gestione adecuadamente.

Si les das a los deportistas miles de dólares y ninguna formación financiera, un porcentaje preocupante de ellos acabarán arruinados al final de su carrera. La mala gestión de las finanzas no es distinta a la mala gestión de la energía. Si nunca te han enseñado a administrar ninguna de las dos, ¿qué se puede esperar?

Por otro lado, si los padres no saben concentrarse, no pueden estar presentes y, en ese caso, ¿cómo van a reparar en lo que les apasiona a sus hijos y ayudarlos a canalizar la energía hacia sus objetivos? Ah, y los padres tendrían que recibir formación sobre la energía también, para poder enseñar a sus hijos a controlarla y canalizarla de manera adecuada. Cuando nadie le ha explicado a un niño ni una palabra sobre energía, ¿cómo podemos esperar que no reciba un diagnóstico de impulsividad e hiperactividad? Hay tanto que decir sobre el tema de la energía y los niños que tendremos que desarrollarlo en otra ocasión.

Otro de los criterios diagnósticos principales del TDAH es la falta de atención. Distraerse con facilidad y tener dificultades para enfocarse en las tareas o actividades son dos de los síntomas de la falta de atención que aparecen enumerados en el DSM-5.

Un hombre me confesó en cierta ocasión que estaba muy preocupado porque a su hijo le habían diagnosticado TDAH.

—Lo lamento —le dije—. No soy un experto en medicina ni entiendo bien en qué consiste el TDAH, pero ¿le importaría contarme cuál es el problema principal?

Me respondió, con una expresión de tormento:

—Se distrae con facilidad y le cuesta mucho prestar atención en la escuela y en casa. Básicamente no puede concentrarse. Esa fue la conclusión del médico y la razón de que le diagnosticara TDAH. Ahora está tomando medicación y a mí no me hace ninguna gracia. Solo tiene seis años.

—Es posible que la pregunta esté fuera de lugar, pero ¿alguien se ha tomado alguna vez la molestia de enseñar a su hijo a concentrarse?

—No —respondió con cierta perplejidad.

—Hum. Interesante. ¿Su hijo sabe tocar el piano?

—No, no sabe.

—¿Y si le pidiéramos que tocara el piano y no fuera capaz, y a causa de eso lo lleváramos al médico, el doctor le diagnosticara TITP (trastorno de incapacidad para tocar el piano) y lo medicara? Eso sería una locura, ¿verdad?

—Desde luego que sí. Me parece que ya veo por dónde va.

—No medicamos a nadie por no saber tocar el piano, ¿verdad? No, claro que no. ¿Qué hacemos si no sabe tocar el piano? Le enseñamos. Lo animamos a practicar. Si no enseñamos a nuestros hijos a concentrarse y no los animamos a ejercitar la concentración para que la vayan dominando, ¿cómo esperamos que sepan centrar su atención?

No hay nada malo en diagnosticarle a un niño, por ejemplo, falta de atención. Lo único que significa el diagnóstico es que a esa persona le cuesta mantener la atención en un mismo tema durante un periodo de tiempo determinado. La cuestión es, si decidimos ponerle remedio, ¿cómo lo enfocamos? Los medicamentos son una opción. La otra sería optar por enseñarles a concentrarse en primer lugar y luego ayudarlos a practicar la concentración. Como la falta de atención es la incapacidad de sostener la conciencia en un mismo tema durante un periodo de tiempo determinado, ¿no podemos ejercitarlos para que lo hagan? Si acaso después de unos años de ejercitar la concentración todavía tienen problemas para mantener el foco, entonces quizá estaría justificado marcarlos con una etiqueta y medicarlos.

En cambio, es injusto (y de hecho poco ético) hacerlo sin haberles ofrecido antes la preparación y el entrenamiento que necesitan para concentrarse, así como la preparación y el entrenamiento que necesitan para gestionar, dominar y canalizar la energía.

¡No podemos medicar a alguien por no saber hacer algo que nadie le ha enseñado!

Estoy seguro de que hay personas (tanto adultos como niños) que padecen problemas fisiológicos que les causan problemas de concentración y quizá esos individuos podrían beneficiarse de la medicación. En absoluto pretendo decir que deberían erradicarse los medicamentos para la falta de atención y la hiperactividad. Sin embargo, pienso sinceramente que, en la mayoría de los casos, la gente no se puede concentrar porque nadie le ha enseñado a hacerlo y no ejercita la focalización. Incluso aquellos que se enfrentan a barreras fisiológicas que les impiden concentrarse podrían aprender, con paciencia y perseverancia, a sostener el foco un poco más.

Si quisiera tocar el piano, el primer paso sería aprender. Lo ideal sería buscar un profesor. Podría recibir clases semanales a lo largo de un año y, en principio, eso me bastaría para adquirir unas nociones básicas. Las clases por sí solas no serían suficientes. Tendría que practicar lo que me enseñaran. De ahí se deriva una cuestión obvia: «¿Cuánto debería practicar?». La respuesta a la fuerza es otra pregunta: «¿Hasta dónde quiero llegar?».

Si me hubiera propuesto tocar lo bastante bien para entretener a mi familia y amigos, quizá fuera suficiente una hora a la semana. Sin embargo, si pretendiera ser uno de los mejores pianistas del mundo y tocar en las salas de conciertos más prestigiosas, una hora a la semana no bastaría. Tendría que practicar, supongo, cinco horas diarias o más.

La concentración no es distinta. Para enfocar mi vida, primero tendré que aprender a concentrarme y luego practicar. ¿Con qué frecuencia debo practicar? Bueno, pues, ¿hasta dónde quiero llegar? ¿Recuerdas la ley de la práctica? Haces bien aquello que practicas con más frecuencia. Si deseas desarrollar un gran poder de concentración, tendrás que ejercitarla tanto como ensayarías para convertirte en uno de los mejores pianistas del mundo.

Sin la menor duda, de haber nacido yo en otro país y en otra época, me habrían colocado la etiqueta de TDAH. Cumplía todos los criterios diagnósticos. Ahora enseño a individuos de todo el mundo a concentrarse, niños y adultos por igual, personas que ejercen toda clase de profesiones. Algunos son emprendedores de éxito y atletas que han mejorado considerablemente su rendimiento gracias a una mayor comprensión de la mente y de su capacidad de enfocarse.

Durante los primeros veinticuatro años de mi vida no practiqué la concentración para nada. Solo cuando conocí a mi maestro encontré a alguien dispuesto a invertir su amoroso tiempo y energía a enseñarme el funcionamiento de la mente y el sutil arte de la concentración. Te lo comento tan solo para que entiendas que puedes aprender a concentrarte a cualquier edad. Uno nunca es demasiado mayor para aprender. Espero que saberlo te aporte un rayo de esperanza. Lo único que necesitas es el deseo de enfocar tu vida y el compromiso de hacerlo. Las herramientas y el camino hacia una existencia focalizada están descritos en este libro.

LECCIÓN
6.2

Definamos la concentración

La concentración es el secreto del poder en política, en la guerra, en los negocios y, resumiendo, en toda gestión de asuntos humanos.

RALPH WALDO EMERSON

Siendo fiel a la estructura del libro, empezaré por definir qué es la concentración. Definirla nos ayudará a contar con un vocabulario común a partir del cual entender y emplear la palabra. Y recuerda: las palabras «concentración» y «focalización» o «foco» se emplean como sinónimos en este libro y las uso indistintamente. La definición siguiente se aplica a las dos.

Yo defino la concentración como la capacidad de mantener la conciencia en un asunto hasta que decides voluntariamente desplazarla a otro.

Vamos a analizarla, pues debemos comprender claramente ciertas partes de esta definición, así como despejar algunos conceptos erróneos.

Si puedo mantener mi conciencia, la resplandeciente bola de luz de mi mente, centrada en una cosa o persona, o en una zona mental, durante cierto periodo de tiempo hasta que decido desplazarla al objeto de focalización siguiente, tengo capacidad de concentración. Si permito que mi conciencia, mi resplandeciente bola de luz, se desplace de un asunto a otro de manera incontrolada, no estoy concentrado.

Además de eso, podemos decir que la concentración no solo depende del tiempo que puedas mantener la conciencia en una zona mental determinada, sino también de la capacidad de decidir voluntariamente cuándo desplazas la conciencia a otra zona. Analizaré la idea por partes.

Cuanto más tiempo sea capaz de mantener mi conciencia en un tema sin tener que desplazarla a otro, mayor es mi poder de concentración. Si estoy hablando con Alice durante treinta minutos y, mientras dura la conversación, soy capaz de mantener mi conciencia enfocada en ella únicamente, estoy concentrado. Sabré que mi nivel de concentración es bueno cuando consiga sostener la conciencia en ella durante ese periodo de tiempo.

El segundo aspecto de la concentración es la capacidad para desplazar la conciencia a voluntad. Por ejemplo, si puedo mantener mi conciencia en el objeto A durante un periodo de tiempo, estoy concentrado. Y si desplazo deliberadamente la conciencia al objeto B y la sostengo ahí, todavía estoy concentrado. En caso de que mantenga la conciencia en el objeto B durante cinco segundos antes de desplazarla conscientemente al objeto C y luego la deje ahí durante cierto periodo de tiempo, estaré concentrado también.

Es primordial entender que, si bien es importante la facilidad para mantener la concentración durante un periodo determinado, es aún más trascendente la capacidad para desplazar la conciencia de un asunto a otro a voluntad. Cuando eres capaz de trasladar la conciencia de A a B y luego a C desde tu decisión consciente, estás en estado de concentración. La cantidad de tiempo que sostengas la conciencia en cada asunto solo demuestra cuánto rato eres capaz de permanecer focalizado.

Te contaré una anécdota que te ayudará a entender mejor la idea. Hace algunos años, hablé con un grupo de enfermeras y una me comentó que le resultaba imposible focalizarse en su trabajo a causa de la gran cantidad de tareas que debía llevar a cabo en un breve periodo de tiempo. Me dijo:

—En un margen de cinco minutos, me toca realizar veinte tareas distintas, a veces más. Tengo la sensación de que estoy en todas partes al mismo tiempo y haciendo de todo menos concentrarme.

Le pedí que me describiera el primer minuto de esos cinco.

—Dígame qué suele hacer durante ese primer minuto.

Me vio y respondió:

—Bueno, trabajo en una unidad de cuidados intensivos y me toca llevar a cabo una gran cantidad de labores cruciales. Si tengo que atender a un paciente, le limpio el brazo con una torunda empapada en alcohol antes de ponerle la inyección. Eso requiere unos segundos. A continuación preparo la jeringa con la cantidad precisa de medicamento antes de inyectársela con cuidado. Luego limpio la zona de la inyección y me aseguro de desechar la jeringa siguiendo el protocolo. Tal vez le tome el pulso al paciente y compruebe otros signos vitales para anotarlos.

—Detengámonos aquí un momento —le dije—. Tengo la impresión de que cada una de las tareas que me está describiendo exige concentración absoluta mientras se lleva a cabo. ¿Tengo razón?

—Sí, su sensación es correcta.

—El motivo por el que cree no estar concentrada es porque tiene una idea equivocada de lo que es la concentración. Intuyo que usted piensa que, para estar concentrada, necesita estar pendiente de una misma tarea durante un periodo de tiempo prolongado. Es verdad, pero no es el único criterio que define la concentración.

Proseguí diciendo:

—Usted se concentra plenamente en cada una de las tareas que lleva a cabo. Cuando termina una tarea en particular, desplaza la conciencia a la siguiente y entonces se concentra al máximo en esa nueva labor. El hecho de que sea usted capaz de mover la conciencia de una tarea a la siguiente y mantenerla ahí tanto tiempo como sea necesario me confirma que es usted una persona con gran capacidad de concentración. Que su conciencia únicamente permanezca unos segundos en cada labor no me parece fundamental. Lo más importante es que, cuando lleva a cabo una tarea, lo hace totalmente enfocada en ella y a continuación toma la decisión consciente de pasar a la siguiente.

Ella me vio y respondió:

—Oír eso me quita de encima un peso enorme. Nunca había contemplado la concentración desde esa perspectiva. Siempre he tenido la sensación de que no sabía concentrarme, pero ahora que entiendo lo que es, todo adquiere sentido.

Aunque la enfermera llevaba a cabo múltiples tareas en el transcurso de un minuto, estaba plenamente centrada en cada una de ellas y, tras completar la que tenía entre manos, desplazaba la conciencia a la siguiente. Ambos actos encajan a la perfección con lo que yo entiendo por una buena capacidad de concentración. Muchas personas, igual que ella, pensarían que está haciendo varias cosas a un tiempo, pero no es así. En realidad, se concentra en una tarea detrás de otra.

En alguna otra parte del mundo, una experta en meditación pasa diez minutos sentada en absoluta inmovilidad. Todo el tiempo mantiene la conciencia absorta en la energía de su columna vertebral. Aunque sus actividades parezcan distintas vistas desde fuera, tanto la enfermera como la mujer que medita están concentradas. Ambas mantienen su conciencia anclada a la tarea que están ejecutando durante el periodo de tiempo requerido. Y una vez que terminan, ambas desplazan su conciencia deliberadamente a la siguiente labor.

La concentración es el dominio de la propia conciencia.

Completaremos la definición diciendo que la concentración es el dominio de la propia conciencia, gracias al cual posees la capacidad de sostenerla en un objeto de focalización hasta que decides conscientemente pasar a otra cosa.

Distracción: la plaga mental

En una época en la que tenemos tantos expertos en distracciones, pudiera parecer redundante dedicar una lección o más al tema de las distracciones. Sin embargo, para abordar la distracción tenemos que entenderla bien. Cuando comprendemos algo, somos más capaces de gestionarlo.

La distracción, antítesis de la concentración, es una plaga mental silenciosa que se extiende por el mundo y se filtra inadvertidamente en las vidas de infinidad de personas, jóvenes y adultos por igual. Una vez que se filtró en la mente humana, gracias a su naturaleza creciente, empieza a multiplicarse sin freno. La maliciosa maquinaria de la distracción, como yo la llamo, empieza a funcionar y a desarrollarse alimentándose de sí misma. Antes de que uno se dé cuenta se convirtió en la energía dominante de la mente, la soberana de la propia vida. Su reinado es canceroso en todos los sentidos. De naturaleza destructiva, se alza triunfante en el desmantelamiento del tejido mismo de las relaciones, los objetivos, los anhelos y todo aquello que contribuye a una vida gratificante.

Por desgracia, la mente distraída está tan despistada que no puede centrarse el tiempo suficiente para pararse a comprender que se está distrayendo y tomar medidas.

Los efectos de la distracción para la mente son, cuando menos, devastadores. Entre sus hijos malditos se encuentran el miedo, la preocupación, la ansiedad, la sensación de falta de propósito, la indecisión o el cansancio mental y físico, por nombrar solo unos cuantos. Estos desgraciados hijos hacen infinitos estragos en la mente, al desgastarla y paralizar la voluntad del alma.

Pienso sinceramente que la gente no es consciente de las catastróficas consecuencias de una mente distraída. De conocer a fondo los efectos de la distracción, buscarían remedio por pura supervivencia. El antídoto, la vacuna perfecta para esta destructiva enfermedad, es el poder de concentración.

Empecemos por definir la distracción para entenderla mejor. Para mí, la distracción es el control de la conciencia por parte de fuerzas internas o externas sin el beneplácito consciente del sujeto. Desarrollemos la idea.

El ejemplo del cine que empleé anteriormente no se consideraría una distracción. En ese caso, elegimos desde la lucidez entregar nuestra conciencia al director de la película y le damos permiso para desplazarla de una zona de la mente a otra. Nuestra definición de distracción no incluye este caso.

Para ofrecer un ejemplo que describa a la perfección lo que significa distraerse, usaré el teléfono inteligente como agente de distracción.

Giovanni está enviando un mensaje urgente por el celular a la niñera de sus hijos, preguntándole si se podría quedar un rato porque saldrá tarde de trabajo. Mientras está tecleando, le entra una llamada. Responde y entabla una conversación con una compañera de trabajo, Emilia, que lo llama para hablar del proyecto en el que ambos están colaborando.

Después de comentar con Giovanni el tema laboral, que era el motivo de la llamada, Emilia le sugiere que eche un vistazo a cierto artículo de una página web que ella suele visitar. Giovanni acude a la web tan pronto como da por finalizada la conversación con su colega. El artículo lo inspira tanto como a ella y decide compartirlo en su página de Facebook. Copia el enlace, entra en Facebook y sube una publicación con un enlace al artículo.

Ya que está en Facebook, decide echar un vistazo a su cuenta y empieza a repartir «me gusta», a comentar y a compartir. Mientras desciende por el muro, empiezan a aparecer notificaciones en la parte inferior de la pantalla para hacerle saber que hay actividad. A Giovanni le encanta que le presten atención, así que piensa: «¡Bien, a alguien le gustó mi publicación!». Das clic en las notificaciones para ver quién respondió y descubre que a varias personas les gustó y comentaron el artículo que publicó, así que interactúa con ellos, indica que «le gustan» los comentarios y contesta a algunos. A esas alturas lleva diez minutos en Facebook.

Piensa: «Esta publicación ha tenido muy buena aceptación. Debería tuitearla». Giovanni cambia la aplicación de Facebook por la de Twitter y publica el enlace. Después de hacerlo, echa un vistazo a su muro de favoritos, retuiteando y comentando otros tuits. Al momento empieza a ver círculos azules en la parte inferior de su cuenta de Twitter. Le emociona que la gente responda a su publicación. Da clic en el botón de notificaciones para ver la actividad reciente y luego interactúa con las respuestas que generó su publicación.

Se fija en la hora y comprende que será mejor que salga de las redes sociales y se ponga a trabajar. Sale de Twitter para entrar en la aplicación de su correo electrónico y empieza a responder a los correos. Tras cinco minutos atendiendo correos, Giovanni cae en la cuenta de que la niñera no ha respondido a su mensaje y piensa que tendrá que llamarle la atención sobre su velocidad para responder a los mensajes urgentes. Vuelve a cambiar de aplicación, del correo a la de mensajería, y al hacerlo se da cuenta de que ha dejado el mensaje a medias. Nunca lo envió. Se avergüenza al darse cuenta de que se disgustó sin motivo y acaba de redactar el mensaje a toda prisa, lo envía y regresa a la aplicación del correo electrónico para seguir atendiendo correos. El resto de la tarde transcurre de manera parecida según permite que el entorno dicte en qué se envuelve su conciencia.

Es posible que alguno se haya identificado con Giovanni. ¿Cuál es la situación? Giovanni permitió que su conciencia saltara de una cosa a otra, a la orden de su teléfono inteligente, las aplicaciones y las notificaciones. El hecho de que una fuerza externa gobierne el rumbo que toma su conciencia sin su aprobación consciente nos lleva a concluir que está distraído.

No solo el teléfono ordena el curso de su conciencia, sino que decide simultáneamente adónde fluye su energía. Cuando uno está distraído y la conciencia se dispersa, la energía fluye diseminada también, de tal modo que nada recibe suficiente energía como para empezar a plasmarse.

Expertos en distracción

La distracción, igual que la concentración, requiere práctica. Aquellos que llegaron a dominar el arte de la distracción son incautos incondicionales de esta mentalidad tan popular en nuestros tiempos. ¿Recuerdas la ley de la práctica? Se nos da bien hacer aquello que repetimos una y otra vez, sea lo que sea. Y esta ley se aplica tanto si eres consciente de estar practicando como si no.

Antes recurrí al ejemplo del piano: si quisiera ser un gran pianista debería, supongo, practicar cinco horas o más al día, quizá cinco o seis días a la semana. Después de seis meses tocaría mejor, pero ¿podría ofrecer un recital en el Carnegie Hall? Seguramente no, por más que hubiera practicado largas horas. Pasado un año, sería mucho mejor pianista; no tengo claro que un año de práctica bastara para convertirme en un intérprete de máximo nivel, pero supongo que se me daría bastante bien.

Imagina qué pasaría si dedicara de seis a ocho horas diarias a distraerme, durante cinco o seis días a la semana. Pasados seis meses, ¿sería fácil para mí distraerme? Seguramente mejor que cuando empecé a practicar el arte de la distracción. Un año más tarde, con el mismo grado de compromiso, ¿cuánto habría mejorado? Cabe suponer que habría mejorado muchísimo.

Lo cierto es que la gente no suele dedicar de seis a ocho horas al día a distraerse. El día tiene veinticuatro horas y supongamos que, en promedio, una persona duerme ocho maravillosas horas. Eso le deja dieciséis horas de vigilia y, de ese periodo, ¿cuántas horas dedica a distraerse, siendo realistas? Con toda probabilidad muchas más que seis u ocho diarias; de diez a catorce sería un promedio más realista. Y las probabilidades de que practique de cinco a seis días a la semana tampoco parecen precisas. Puedo asegurar que, si una persona se distrae de lunes a sábado, las posibilidades de que pase el domingo enfocada son muy escasas.

Así pues, suponiendo que pases de diez a catorce horas diarias, siete días a la semana y durante seis meses seguidos, practicando la distracción, puedo concluir sin temor a equivocarme que a estas alturas distraerte se te da de maravilla. Un año o dieciocho meses más tarde habrás dejado atrás el nivel de principiante y estarás entrando en el terreno de los especialistas.

Pocas personas son conscientes de que, si tienen tanta facilidad para distraerse, es porque practican sin cesar. Además de que nadie les ha enseñado a concentrarse, la realidad es que están constantemente ejercitando la distracción a lo largo del día y eso los convierte en auténticos expertos.

El costo de la distracción

Todos disfrutamos de dos de los mayores dones de la vida: tiempo y energía. No todo el mundo, sin embargo, comprende hasta qué punto son valiosos esos dones, salvo aquellos que los tratan con la máxima reverencia. Al llegar a este planeta contamos con una cantidad de tiempo finita, que se reduce sin cesar. Cómo decidamos emplearla depende de nosotros y de nadie más. De manera parecida, poseemos una cantidad limitada de energía cada día. Nosotros elegimos en qué la invertimos.

Las distracciones son los grandes ladrones de tiempo y energía. Nos arrebatan valiosos momentos y vínculos sin que nos demos ni cuenta. Todos desperdiciamos tiempo y energía en forma de distracción, pero no todo el mundo lamenta su pérdida por igual. Las personas que carecen de propósito vital tienen todo el tiempo y la energía del mundo para derrochar. En cambio, el tiempo y la energía de las personas que poseen un propósito existencial son finitos. Estas no se pueden permitir pagar el precio de las distracciones.

Cada minuto de conciencia y, por ende, de energía que no aplico a aquello en lo que debería focalizarme es un minuto perdido para siempre. Mi capacidad de concentración me permite estar presente en cada uno de los momentos que conforman las experiencias compartidas con mi familia y seres queridos. Las distracciones me arrebatarían esos momentos; instantes únicos en el tiempo y en el espacio que en caso contrario nunca recuperaría ni sería capaz de evocar. Momentos que no estoy dispuesto a sacrificar.

Cuando el costo de la distracción es demasiado alto, vale la pena pagar el precio de la concentración.

Perdemos una gran cantidad de valioso tiempo en la vida porque estamos perpetuamente distraídos; incontables momentos preciosos con nuestros seres queridos desperdiciados por culpa de la incapacidad para poner el foco en el momento presente. El impacto de la distracción sin duda es inmenso, aunque dicho impacto podría ser visible únicamente para aquellos que son capaces de concentrarse.

Como las personas no saben focalizar, apenas están presentes en sus experiencias vitales, lo que les provoca una sensación de insatisfacción. Sin embargo, acumulan una gran cantidad de experiencias que habrían sido gratificantes de haber estado presentes en cada una de ellas. Los padres y los hijos se desconectan cada vez más, pues ni unos ni otros parecen capaces de permanecer concentrados el tiempo suficiente como para disfrutar de un intercambio significativo. Los amigos cenan juntos solo para fotografiar la comida e interactuar a través del celular con aquellos que no están presentes. Las conversaciones se vuelven complicadas, con más giros y curvas que una empinada carretera de montaña, y nunca llegan a ninguna parte, ya que sostener un mismo tema hasta su conclusión natural se convierte en una tarea casi imposible. La distracción está tan presente en todas las esferas de nuestra sociedad que su presencia, por desgracia, se ha aceptado como norma.

6.4

Integrar el foco en la vida

Hasta ahora presenté las nociones básicas que necesitas para empezar a aprender a concentrarte. Llegó el momento de entrar a fondo en el estudio del arte de la concentración.

Revisemos brevemente la definición de concentración. Yo la entiendo como la capacidad de sostener la conciencia en un asunto hasta que decides voluntariamente desplazarla a otro.

Para ser capaz de focalizar bien, integro la definición de concentración en mi vida cotidiana. A lo largo del día practico el arte de sostener la conciencia en un solo asunto hasta que decido centrarme en otra cosa.

Vamos a analizar esta idea con detenimiento. Si te fijas, advertirás que empezaba la frase diciendo «a lo largo del día». La expresión es fundamental para llevar una vida con foco.

La gente me pregunta con frecuencia: «Si medito de cinco a diez minutos al día cada mañana, ¿mejorará mi concentración?».

Mi respuesta a menudo es: «En primer lugar, la meditación no te ayuda a concentrarte. Necesitas saber *concentrarte para meditar*, pero ese es otro tema. Respondiendo a la esencia de la pregunta, si practicas la concentración solo cinco minutos al día, vas a tardar mucho tiempo en concentrarte bien».

¿Recuerdas el ejemplo de tocar el piano? Si yo practicara piano de cinco a diez minutos diarios, ¿cuánto tardaría en tocar bien? Seguramente debería practicar mucho tiempo. Lo mismo se aplica a la concentración. Ejercitar la concentración de cinco a diez minutos al día no sería suficiente para hacerlo bien.

Con frecuencia añado una pregunta a mi respuesta: «¿Qué estarías haciendo las otras veintitrés horas y cincuenta minutos del día? Si practicas la distracción de ocho a diez horas al día durante el mismo periodo, concentrarte diez minutos cada mañana no te serviría de mucho, ¿verdad?».

Hay personas que dedican un ratito por las mañanas a realizar algún tipo de ejercicio que les ayuda a sentirse más centradas o enfocadas, pero el resto de su día está repleto de hábitos y prácticas que contrarrestan lo alcanzado a primera hora.

Hay que abordar la vida igual que lo hace un corredor olímpico. Tomemos como ejemplo a Usain Bolt. Reconozco que no sé demasiado acerca de él, pero sí sé que es originario de Jamaica, que acumuló ocho medallas de oro en tres Juegos Olímpicos consecutivos y que ostenta el récord mundial de los 100 metros planos en 9.58 segundos.

Voy a hacer unas cuantas suposiciones sobre él y puedes corregirme si me equivoco. En la cúspide de su carrera profesional, supongo que entrenaba constantemente en la pista y en el gimnasio. Voy a suponer que se alimentaba de manera saludable, llevaba una dieta estricta y bebía agua en abundancia, hacía frecuentes estiramientos, descansaba mucho y dormía lo necesario, entre otras cosas. Es probable que buena parte de su día constara de rutinas y entrenamientos que lo ayudaron a convertirse en el hombre más rápido del planeta.

En otras palabras, podríamos decir que los rituales y las prácticas que seguía tan minuciosamente a lo largo del día le permitieron correr los 100 metros planos en 9.58 segundos. No dedicaba 9.58 segundos al día a convertirse en el hombre más veloz del planeta. De manera parecida, no puedes concentrarte diez minutos al día y esperar que la focalización se te dé de maravilla. Igual que el corredor de las olimpiadas, debes llenar el día de rutinas y prácticas que refuercen tu aspiración de convertirte en una persona focalizada. Entonces y solo entonces dominarás la concentración.

Resumiendo, para que se te dé bien concentrarte tienes que integrar la práctica de la concentración —la práctica de sostener la conciencia en un asunto hasta que decidas desplazarla a otra cosa— en la totalidad de tu día. Y cuando digo «la totalidad de tu día», me refiero a todos los aspectos de las veinticuatro horas del día.

CONVERTIR EL FOCO EN PARTE DEL DÍA

La pregunta que surge a continuación es la siguiente: ¿cómo practicar el arte de la concentración a lo largo de todo día?

Uno de los mejores modos de ejercitar la concentración durante el día es identificar las situaciones recurrentes no negociables de un tiempo promedio e integrar en ellas las prácticas de focalización.

Analicemos por partes el significado de «situaciones recurrentes no negociables de un día promedio» para entender su significado.

Defino «un día promedio» como una jornada en la que, más o menos, nos atenemos a una rutina fija. En mi caso, y en el de la mayoría de las personas que conozco, serán los días laborables. En mis días de trabajo mi rutina la componen actividades repetidas, relacionadas principalmente con la familia, el trabajo o con mis necesidades personales. Los días de fiesta, en cambio, es posible que participe en actividades que se salen de lo habitual.

Cuando digo «situaciones recurrentes no negociables» me refiero a tareas que llevamos a cabo a diario y que consideramos partes del día necesarias e imprescindibles. En mi propia vida eso incluye ir al baño, comer, beber, bañarme, lavarme los dientes y demás. Es cierto que lavarse los dientes o bañarse son negociables estrictamente hablando, pero lo importante en este caso es que para mí no lo son.

Algunas personas me dicen que incluyen salir a correr por las mañanas o meditar como situaciones recurrentes no negociables. Yo no las englobaría en ese grupo, porque puedes pasar varios días sin correr o meditar, pero no puedes pasar una jornada sin hablar con tus hijos, comer y beber o ir al baño. Es mejor limitar los innegociables a aquellas actividades que con seguridad vas a llevar a cabo.

Ahora que definí con claridad a qué me refiero con «situaciones recurrentes no negociables de un día promedio», veamos unos cuantos ejemplos de cómo integrar en ellas la práctica de la concentración.

Al analizar mi día promedio me pregunto: «¿Cuál sería una de mis situaciones recurrentes no negociables de un día normal?». Cada día hablo con mi esposa. Esa es una situación recurrente no negociable. En un día normal suelo hablar con ella un total de dos o tres horas. Supongamos dos horas y media para facilitar el ejemplo. El tiempo que paso hablando con ella está repartido a lo largo del día en actividades diversas. Una parte transcurre por la mañana durante el desayuno; otra, durante el día, mientras trabajamos juntos en nuestro proyecto de Costa Rica; y otra parte, en el transcurso de las comidas y momentos parecidos. Como considero el tiempo que paso hablando con mi mujer una situación recurrente no negociable de mi día promedio, puedo usarlo como la oportunidad perfecta para integrar la práctica de la concentración.

En esta situación ejercito la concentración enfocando la conciencia en ella cada vez que conversamos. Le presto atención plena. Si mi conciencia divaga, la desplazo de nuevo hacia mi esposa con suavidad y amor. La sostengo en ella con mi poder de concentración, que se va desarrollando a medida que lo ejercito. Si mi conciencia se desvía de nuevo, utilizo la voluntad para devolverla a mi esposa. Nunca me salto esta práctica.

Antes o después mi conciencia aprenderá a concentrarse en ella únicamente. Me habré entrenado para permanecer enfocado. Uso esos ratos diarios con mi mujer como una ocasión para practicar la concentración. Y como paso alrededor de dos horas y media diarias charlando con ella un día normal, ejercito la concentración dos horas y media a diario. Pasados seis meses, se me dará mejor concentrarme. De manera parecida, si hubiera practicado el piano dos horas y media diarias, cinco días a la semana durante seis meses, sería mucho mejor pianista.

En el ejemplo anterior, según el cual yo aspiraba a convertirme en un pianista profesional, afirmé que tendría que ensayar cinco horas diarias o más. Supongamos una media de siete horas. Usando esa cantidad de horas como referencia, únicamente con el fin de desarrollar el argumento, eso significaría que tendría que sumar otras cuatro horas y media para alcanzar un nivel profesional de concentración.

En consecuencia, necesito identificar otras situaciones recurrentes no negociables en mi día promedio en las que integrar la práctica de la concentración.

Cada día paso un promedio de noventa minutos respondiendo llamadas y manteniendo reuniones virtuales relativas al trabajo. Estas son situaciones recurrentes no negociables y oportunidades perfectas para ejercitar la concentración. Cuando estoy hablando por teléfono, enfoco la conciencia en mi interlocutor. No miro correos, curioseo las redes sociales ni lavo los platos. La persona con la que hablo tiene mi atención plena.

Hacer eso me permite sumar otros noventa minutos de concentración a mis prácticas. Ahora mi promedio diario es de cuatro horas.

Puedes acumular más tiempo de concentración con las situaciones recurrentes no negociables del día. Cepillarme los dientes me ofrece la oportunidad de concentrarme en mi dentadura. Aunque solo dedique un par de minutos a ello, hacerlo dos veces al día me proporciona cuatro minutos para ejercitar mi concentración. Bañarme es otra gran oportunidad para centrarme en la limpieza. Comer. Todos comemos y cenamos, pero no necesariamente nos concentramos en saborear y masticar los alimentos que estamos consumiendo. Los hombres pueden usar la necesidad repetitiva de orinar como una ocasión para concentrarse. Acertar en la taza y no en el suelo es un objetivo que, por lo visto, algunos no acaban de interiorizar. Los baños públicos masculinos demuestran que muchos varones tienen problemas de concentración... y de puntería.

Identificar las numerosas situaciones recurrentes no negociables que, en un día normal, te pueden ayudar a sumar de seis a ocho horas de práctica no es complicado. A ese ritmo, pasados seis meses, estarás plenamente dirigido hacia una vida con foco.

Fue Gurudeva quien me dio la poderosa idea de que aprovechara mis experiencias diarias para cumplir mis objetivos. Me enseñó a no considerar unas actividades más importantes que otras, sino a contemplar cada vivencia como algo que yo escogí como parte de mi vida. Mi manera de comportarme y de reaccionar a cada una de esas experiencias determina en gran medida cómo se moldea mi mente y cómo se desarrolla mi existencia. Me enseñó que todas se prestan apoyo mutuo. Llevar a cabo una tarea de la manera adecuada, por insignificante que parezca, me ayuda a construir las cualidades que necesito para hacer bien otras labores. Todas están interrelacionadas. Conforman mi día. Mi manera de considerarlas y de ejecutarlas contribuye inmensamente a modelar mi persona.

La sabia orientación de mi gurú me transformó la vida. Cada acto se convertía en un peldaño hacia una vida gratificante. A algunos les puede parecer agotador, pero en realidad no lo es. Se trata de construir patrones. De crear hábitos con la intención de diseñar un estilo de vida que contribuya a la consecución o el cumplimiento de los propios objetivos y propósito. Cada día realizas actividades porque quieres o porque debes. Es así. Y es importantísimo que te des cuenta de que puedes elegir cómo afrontas cada una de esas situaciones. Si cambias tu manera de enfocarlas, transformas tu vida.

Dedica tu atención plena, en cuerpo y alma, a cada uno de tus compromisos con independencia de su solemnidad, desde que te levantas hasta que te retiras por la noche, y llévate esta práctica a la cama. Pues, cuando dormimos, estamos despiertos en otro mundo y nuestra capacidad para concentrarnos determinará lo que recojamos mientras estemos allí. En ese otro mundo, al fin y al cabo, pasamos casi una tercera parte de la vida.

Esta percepción que Gurudeva me ofreció contiene muchas capas y, si la meditas con profundidad, empezarás a desentrañar y a comprender la profunda sabiduría que encierra. Permite vivir la eternidad del momento, estar presente en todas nuestras experiencias y ser conscientes de la conciencia cada momento del día.

OTRAS OPORTUNIDADES

Mientras identificas las «situaciones recurrentes no negociables de un día promedio», puedes echar un vistazo a tu casa. Si pasas la mayor parte de la semana en el trabajo, examina algunas de las oportunidades que te ofrece la oficina.

Por ejemplo, cada día en la oficina te reúnes con tu equipo durante quince minutos. Es una situación recurrente no negociable en tu jornada laboral promedio. Qué magnífica oportunidad para integrar la práctica de la concentración en tu día, pues tienes garantías de que la situación se producirá cinco días a la semana. Presta atención plena a la reunión. Siempre que alguien tome la palabra, mantén enfocada tu conciencia en esa persona. Si tu conciencia se desvía, usa la voluntad para devolverla a ese individuo y emplea la concentración para sostenerla ahí.

El viaje de ida y vuelta a la oficina también será un suceso recurrente no negociable de tu día normal. Algunas personas van en coche al trabajo. Qué fantástica oportunidad para prestar atención plena a la carretera. Según los CDC: «En 2018, en Estados Unidos, más de 2 800 personas murieron y alrededor de 400 000 resultaron heridas en accidentes provocados por un conductor distraído». El Consejo Nacional de Seguridad (una organización de servicio público sin fines de lucro que promueve la salud y la seguridad en Estados Unidos) informa que el uso del celular al manejar es culpable de 1.6 millones de accidentes cada año. Los datos deberían inducir a cualquiera a concentrarse en el volante.

¿Alguna vez has vivido la experiencia de ir en coche a alguna parte y, al llegar a tu destino, darte cuenta de que no guardas ningún recuerdo del trayecto? Imagina viajar en una caja de metal a una velocidad de cien kilómetros por hora o más y no estar concentrado; da un poco de miedo, ¿no crees? Después de un taller que impartí en Alemania, un empresario del grupo me envió un correo diciendo: «Antes siempre hablaba por teléfono mientras conducía. Ahora me subo al coche, guardo el teléfono en la guantera y me concentro en conducir. Y me parece aún más importante cuando llevo a mi hijo a bordo. Miro por el espejo retrovisor, lo veo sujeto a la sillita y pienso: "Su vida está en mis manos. Si me distraigo mientras conduzco y se hace daño o algo peor, yo seré el responsable. Él no puede elegir". Nada es tan convincente como eso para que me concentre al manejar».

Cuanto más te centras en conducir, mayores son tus posibilidades de evitar un accidente. En caso de que seas conductor, usa ese rato como una ocasión para practicar el enfoque.

Y aún te voy a proponer otra oportunidad. En el caso de que pases largas horas trabajando en la computadora, empléalas para practicar la concentración. Si eres un programador que, por ejemplo, está programando un sofisticado carrito de compras para una página web, plantéate el siguiente reto: «Durante la próxima hora voy a trabajar en esto y no permitiré que mi conciencia se desvíe a otra cosa». Apaga tus notificaciones y, si tu conciencia se despista y te induce a mirar el celular, llévala con suavidad y amor de vuelta a la programación. De hacerlo así, estarás empleando esa hora para desarrollar tus poderes de concentración.

Todos disponemos de numerosas oportunidades para ejercitar nuestro foco a diario. El objetivo es programar tantas horas como sea posible para practicar la concentración en esas ocasiones recurrentes no negociables que se presentan a lo largo del día. Cuantas más horas al día ejercites la concentración, mejor se te dará. Abordándolo de ese modo, no añades tareas adicionales a tu vida, sino que aprovechas las ocupaciones que ya llevas a cabo diariamente para transformarlas en algo más: ocasiones de ejercitar la concentración.

LECCIÓN

6.5

Cómo adoptar rituales de concentración

Estamos rodeados de rituales. La Tierra gira ritualmente en torno al Sol y la Luna lo hace alrededor de la Tierra. Los animales ejecutan rituales, y también los seres humanos, aunque la mayoría no sean conscientes de la cantidad de ritos que ocupan sus días. Sin embargo, los rituales son desde antaño el gran apoyo de los sabios, construidos a conciencia e integrados en sus vidas para la consecución de objetivos específicos.

La década que pasé viviendo como miembro de una orden monástica hindú me inculcó la importancia del ritual. Su poder transformador es inconmensurable. ¿Y qué mejor manera de introducir la práctica de la concentración en la vida que crear rituales diarios?

Ahora que ya sabes cómo integrar la práctica de la concentración en las situaciones recurrentes no negociables de un día normal, veamos la manera más efectiva de hacerlo.

Para empezar, me gustaría que escribieras cinco situaciones recurrentes e innegociables de un día promedio que puedas emplear como ocasiones para practicar la concentración. En la lección anterior te ofrecía unos cuantos ejemplos. Puedes usar esos o aportar los tuyos. La clave es que sean innegociables y recurrentes en tu día habitual.

Ordena esas ocasiones del uno al cinco según te gustaría implementarlas. Selecciona la primera e intégrala en tu vida a lo largo de un mes. Deja las otras cuatro en espera.

Supongamos que la primera situación elegida es prestar a tu pareja una atención plena en todas las conversaciones que mantengan. A lo largo del día, cada vez que hables con tu pareja, ofrécele toda tu atención. Mantén la conciencia enfocada en tu pareja. Si te despistas, usa la voluntad para traerla de vuelta. A continuación emplea los poderes de concentración que estás desarrollando para sostener la conciencia en tu pareja. Lleva a cabo esta práctica con todo tu esfuerzo.

Este será el único momento del día en el que hagas un esfuerzo consciente por sostener la atención. Te voy a explicar el motivo.

Imagina que yo fuera al gimnasio cada dos días y entrenara levantando nueve kilos en banco. Después de diez semanas, ¿debería incrementar el peso a diez kilos o a cuarenta? No soy un experto en entrenamiento con pesas, pero voy a suponer que diez kilos sería la mejor opción. Queremos ganar masa muscular paulatinamente.

La mente no es distinta. Puedes imaginarla como un músculo que te has propuesto desarrollar. Igual que harías si empezaras a practicar la fuerza en banco, adopta un enfoque paulatino. Si intentas integrar la práctica de la concentración en la totalidad del día, es poco probable que lo consigas. Un fracaso repetido solo servirá para desanimarte y podría empujarte a abandonar el ejercicio.

Si después de un mes (o más, de ser necesario) de prestar atención plena a tu pareja cada vez que hablas con ella descubres que lo estás haciendo bien, puedes añadir a tu rutina diaria otra ocasión de practicar la concentración. Echa un vistazo a tu lista, selecciona el segundo elemento e integra esa experiencia de tu día normal en tu rutina de ejercicios, igual que haría el fisicoculturista al añadir más peso a la barra y levantarla durante cierto periodo de tiempo.

Si la segunda ocasión de tu lista es ofrecerle a tu hija atención plena, ya tendrás dos situaciones en las cuales practicar la concentración a lo largo del día: cada vez que converses con tu pareja y cada vez que hables con tu hija. La segunda situación formará parte, a partir de ese momento, de tus prácticas diarias de concentración y serán las únicas ocasiones a lo largo del día en las que harás el esfuerzo consciente de concentrarte. Deja las otras situaciones en espera y sigue trabajando con esas dos hasta que te resulte sencillo prestar atención plena tanto a tu esposa como a tu hija.

Ahora bien, puede que tardes unos cuantos meses en tener la sensación de que se te da realmente bien ofrecer toda tu atención tanto a tu mujer como a tu hija. Supongamos que tardas cinco meses. Llegado ese momento, será la hora de sumar más peso a la barra, lo que significa añadir a tu ritual diario una tercera ocasión de ejercitar la concentración.

Procederás de ese modo hasta que incluyas la concentración en las cinco situaciones de tu lista a lo largo del día. Al llegar a este punto, es posible que descubras que empiezas a concentrarte conscientemente en otras ocasiones también.

Ten en cuenta que, a medida que vayas sumando ocasiones de practicar la concentración a tu día, también estarás incrementando el tiempo que inviertes en practicar la focalización. Antes de que te des cuenta podrías estar ejercitando el foco cinco, seis o más horas diarias y estarías en camino de convertirte en un experto de la concentración. En algún momento descubrirás que concentrarte no te requiere ningún esfuerzo, porque has creado un patrón en tu subconsciente: el hábito de mantener la conciencia enfocada en una cosa cada vez.

El aspecto clave que me gustaría destacar de esta explicación es que, para mejorar en algo, lo mejor es hacerlo de manera paulatina. Cualquier persona puede cambiar durante un día o un mes, pero sostener el cambio mes tras mes y año tras año es el santo grial del autodesarrollo. Cuando adoptamos un enfoque gradual para desarrollar una destreza o cualidad, estamos escogiendo un procedimiento que nos permite sostener ese cambio en el tiempo.

A menudo las personas quieren pasar de cero a cien en un instante. Olvidan que hay noventa y nueve números entremedio que deben recorrer. No hay soluciones rápidas ni trucos mágicos. Si salir a correr no forma parte de tu rutina diaria, no esperes participar en una maratón mañana mismo. Para lograr nuestros objetivos debemos avanzar paso a paso.

Es importante tener en cuenta que, si rondas los cuarenta años de edad y nunca te han enseñado a concentrarte ni has ejercitado la focalización, no puedes aspirar a leer un texto una vez y convertirte en una persona enfocada sin haber hecho otro esfuerzo que no sea leer el libro. Tienes cuarenta años de programación que revertir y eso requiere tiempo y trabajo. Hay que crear nuevos patrones. Construir un edificio hermoso exige tiempo, al igual que construir una mente hermosa. Tardarás semanas, meses o incluso años en lograr cambios significativos. Sin embargo, como Gurudeva decía a menudo: «Las recompensas superan con creces el esfuerzo invertido».

Sé paciente y compasivo contigo a lo largo de este viaje. Tropezarás, caerás y más de una vez acabarás lastimado. Levántate con amor y sigue avanzando. Repasa la lección: «El poder de los pequeños pasos». Cuando enfocas la atención en una de las situaciones escogidas, estás avanzando un pasito. Los pequeños pasos son asequibles. Los gestos mínimos son factibles. Los pequeños objetivos no generan presión. No subestimes el indiscutible poder de los avances mínimos.

Monitorizar los progresos

Sin monitoreo no puede haber mejora.

Ragy Thomas, fundador y CEO de Sprinklr,
amigo muy querido y mentor

Al hablar de las prácticas de concentración, he repetido en más de una ocasión que debo seguir trabajando una situación «hasta que se me dé muy bien prestar atención plena». Vamos a definir la idea de que algo «se me da muy bien». ¿Cómo sé si lo estoy haciendo bien y si mi ejecución está mejorando? La manera mejor y más honesta es monitorear los progresos. Aunque no se trata de nada nuevo y la gente lleva usando este recurso desde hace siglos, en mi caso fue mi maestro el que me inició en el concepto. Cuando era monje de su monasterio bajo su supervisión, me obligaba a hacer seguimiento de la calidad de mis *sadhana* (prácticas espirituales). Lo llevaba a cabo mediante un método de evaluación sencillo pero muy eficaz.

Cada noche, cuando me retiraba a mi humilde casa, una estructura de concreto de tres por tres metros ubicada junto a un arroyo y debajo de un árbol, dedicaba unos cuantos minutos a evaluar mis rituales del día. Tenía una tabla con treinta y una columnas (una por cada día del mes) y una fila por cada ritual. En la tabla, a la luz de una pequeña lámpara de aceite apoyada en el suelo, anotaba cada uno de los rituales. Tras completar la evaluación, doblaba la hoja y la introducía entre los libros sagrados que descansaban a los pies de mi colchoneta, en el suelo. Repetía el proceso cada noche.

Al final del mes dejaba la hoja con mis progresos en el despacho de mi maestro, sobre su mesa. Cierto día lo encontré sentado a su escritorio al entrar, así que le di el papel con la tabla personalmente. Pensaba que le echaría un vistazo, pero la tomó, abrió un cajón e introdujo la hoja en una carpeta. Muchas de las lecciones que me transmitía no procedían del lenguaje verbal. A menudo, con su increíble capacidad para permanecer enfocado, me enviaba un mensaje muy claro de tipo intuitivo. Los mensajes de naturaleza intuitiva siempre son diáfanos y concisos, y se transmiten raudos como el rayo, aunque harían falta muchas palabras para explicarlos. En esta ocasión el mensaje era: «Haces esto para ti, no para mí».

Comprendí en ese momento que a él no le importaba lo que hubiera escrito en la tabla. La razón del ejercicio era que yo pudiera saber si estaba progresando en mis prácticas. Como se trataba de una autoevaluación, podría haberme mentido y otorgarme las mejores notas. Pero eso no me habría servido de nada. Siendo sincero, la única persona que se beneficiaba de ese ejercicio era yo. Me correspondía a mí puntuar mi ejecución de cada ritual del modo más honesto posible. Hacerlo me permitía estar al tanto de mis progresos.

Como acababa de graduarme en la Facultad de Ingeniería, mi mente estaba acostumbrada a enfocar las tareas de manera estructurada y orientada a objetivos, identificando pasos y definiendo procesos, de modo que acogí con entusiasmo esa manera de abordar el desarrollo espiritual. Era una de las muchas cualidades que me habían atraído de mi maestro: su carácter práctico y metódico. Eso era lo que siempre había buscado: un maestro que enseñara desde la experiencia personal, pero también capaz de trazar un camino práctico, paso a paso, hacia un objetivo definido con claridad.

Una de sus enseñanzas fundamentales a los monjes de su monasterio era: «Apóyate en tu propia columna vertebral». Nos decía: «No te apoyes en mí, porque cuando ya no esté aquí te caerás». Es muy fácil depender tanto de las personas que nos enseñan, nos orientan y nos guían que acaben por ser muletas en lugar de ser catalizadores. Numerosos guías abusan de ese privilegio. Es un gran modelo de negocio, me atrevería a decir, porque induce a los aprendices a acudir siempre por más. Una fuente de ingresos constante. ¿Quién no lo desearía? Sin embargo, yo prefiero el enfoque que adoptaba mi maestro: ayudar a las personas a definir el objetivo y el camino que conduce a este y luego empoderarlos con las herramientas y las prácticas que los ayudarán a alcanzarlo. Su método era verdaderamente altruista y me hizo comprender que tenía un interés sincero en mi desarrollo espiritual.

Ahora bien, ¿cómo saber si estamos progresando? Mediante indicadores. El gurú me ayudó a identificar los indicios del progreso. Esos indicadores me proporcionaban la seguridad de que estaba avanzando como consecuencia de mi trabajo diario. Si conduzco de San Francisco a San Diego y veo una señal que indica «400 kilómetros a San Diego» sé que voy en la dirección correcta. Cuando, dos horas más tarde, avisto otra señal que dice «240 kilómetros a San Diego», tengo la información que necesito para saber que estoy avanzando.

Puedo evaluar si lo estoy haciendo bien y los datos de mi autoevaluación me informarán al respecto, pero el indicador definitivo de mis progresos será el impacto que el cambio de comportamiento ejerza en mi vida.

Si soy aplicado en la ejecución de mis rituales diarios de concentración, advertiré que el número de veces que mi conciencia divaga cuando estoy hablando con mi mujer decrece con el tiempo. Al comenzar las prácticas, es posible que mi conciencia se desvíe cinco veces en una conversación de diez minutos. Un mes más tarde, después de haber llevado a cabo el trabajo de devolver la conciencia a la conversación cada vez que se aleja, descubriré que no se desvió ni una vez en diez minutos de conversación, lo cual es un claro indicio de progreso.

Eso tiene consecuencias. La otra persona nota mi presencia plena, algo que a su vez hace que se sienta valorada, cuidada y amada.

Cuanto mayor sea mi capacidad de concentrarme, más profundas serán mis interacciones con las personas de mi entorno. Soy capaz de estar presente porque puedo enfocar mi atención. Escucho mejor porque me concentro mejor. Cada intercambio, por breve que sea, resulta gratificante porque yo estoy presente en todos y cada uno de los instantes que conforman la experiencia. Un contacto de cinco minutos con mi hija me permite vivenciar los trescientos segundos de la experiencia sin malgastar ni uno solo. A consecuencia de ello, siento que estoy llevando una vida en verdad gratificante. Y mi hija tiene la seguridad de que, cuando su padre está con ella, se encuentra presente en cuerpo y alma. ¿Qué mejor modo de decirle al otro «te quiero»?

Cuando mi equipo de trabajo o mis clientes hablan conmigo, puedo estar enfocado al máximo, es decir, totalmente presente en cada interacción. Oigo lo que me dicen. Mantengo una actitud observadora, porque la concentración conduce a la observación. Advierto detalles sutiles que no se expresan en palabras. Los puedo apoyar en lo que necesiten, aun si no han verbalizado esa necesidad. Estos son algunos de los beneficios de una mente enfocada. Exploraremos más beneficios en los próximos capítulos.

LLEVAR LA CUENTA

Al final de esta lección encontrarás una tabla que puedes usar para evaluar tu desempeño en los rituales de concentración. En aras de la brevedad, dividí la tabla en catorce columnas que te permitirán hacer el seguimiento de dos semanas. Hay cinco filas en las que puedes enumerar las ocasiones para practicar la concentración.

En la fila superior escribe la primera situación en la que te gustaría ejercitar tu capacidad para enfocarte conscientemente. En las filas siguientes puedes anotar el resto de las situaciones, aunque te animo a abordarlas tal como sugiero.

Puedes puntuar tu desempeño diario con una nota de 0 a 3. Te propongo asignar a cada puntuación el significado siguiente:

3: Llevé a cabo el ritual a la perfección.
2: Llevé a cabo el ritual bastante bien.
1: No me esforcé demasiado.
0: No llevé a cabo el ritual.
N/A: No he podido llevar a cabo el ritual por circunstancias ajenas a mi voluntad.

Al final del mes suma tus resultados. En un mes de 31 días puedes obtener un máximo de 93 puntos. A partir de este total puedes calcular tu porcentaje en un mes. Seis meses después de empezar, podrás comparar resultados y ver si estás haciendo progresos o no a partir de tu autoevaluación. Pero ten presente que la mayor prueba de tus avances serán los cambios que observes en tu conducta.

También digitalicé el proceso en mi aplicación Dandapani, que encontrarás en App Store y Play Store. Tengo una herramienta llamada «Rituals» que te permitirá llevar a cabo un seguimiento de tus progresos en los rituales diarios. Cada día se te anima a introducir la calificación de tu autoevaluación y la aplicación te ofrece seguimiento con un gráfico de los resultados. Los rituales están diseñados para ayudarte a controlar la conciencia en el interior de la mente y a desarrollar concentración y fuerza de voluntad.

Ocasiones para practicar la concentración	Día															Total
	1	2	3	4	5	6	7	8	9	10	11	12	13	14		

CAPÍTULO 7

La fuerza de voluntad: la energía más potente de la vida

Definir y entender la fuerza de voluntad

> La voluntad es el combustible que transporta la conciencia por todas las áreas de la mente; ese espíritu, esa cualidad espiritual que hace realidad los objetivos internos.
>
> GURUDEVA

En los capítulos anteriores mencioné el uso de la voluntad para hacer regresar la conciencia cada vez que se distrae. También expuse que las dos cualidades necesarias para controlar a qué zona de la mente se dirige la conciencia son la concentración y la fuerza de voluntad. Para poder usar la voluntad, tenemos que entender de qué estamos hablando. En este capítulo nos sumergiremos en el estudio de la gran fuerza vital.

El gurú me dijo en una ocasión: «La cualidad más poderosa que puedes desarrollar en esta vida es la fuerza de voluntad. Con voluntad se puede conseguir cualquier cosa».

Había oído hablar de la fuerza de voluntad cuando era joven. Pensaba que entendía lo que era, pero solo cuando conocí a mi maestro comprendí en profundidad su verdadera naturaleza. Además de captar plenamente su significado, uno de los conocimientos más importantes que me transmitió Gurudeva fue la posibilidad de desarrollar la fuerza de voluntad.

¡Qué idea tan revolucionaria para mi mente! Jamás en toda mi vida había oído nada parecido. Igual que sucede con la concentración, nadie nos enseña qué es la fuerza de voluntad o cómo podemos cultivarla y utilizarla en nuestro provecho. La mayoría de la gente pasa por la vida sin desarrollar uno de los recursos más importantes que tiene, capaz de dar un giro radical a su vida.

Todos nacemos con distintos niveles de fuerza de voluntad. Algunas personas la poseen en abundancia y, para el observador superficial, pudiera parecer que la mera magnitud de esa energía los impulsa por la vida. Y luego están aquellos que no han descubierto ni cultivado la energía latente de su alma y se han rendido en silenciosa aceptación a los antojos de la existencia.

Es más fácil observar la magnitud de la voluntad intrínseca de las personas en la infancia que en la edad adulta. De ser padre o madre de varios hijos, tal vez hayas observado que poseen distintos grados de fuerza de voluntad. Cómo responde cada cual a las experiencias de la vida a menudo puede ser un indicio revelador del alcance de su fuerza de voluntad. Por ejemplo, si un niño desea comprar un juguete, tal vez le pregunte a su madre: «Mamá, ¿tú me darías cincuenta dólares para comprarme ese juguete?».

La madre responde: «Pues claro que sí. Pero tienes que trabajar para ganártelos. Si te parece bien, te puedo asignar unas cuantas tareas los próximos meses para que te ganes el dinero». Desanimado por la respuesta, el niño responde: «Vaya, pues entonces pediré el juguete para mi cumpleaños», aunque todavía faltan ocho meses para la fecha.

Su hermana ve un juguete que le gusta por el mismo valor y recibe una idéntica respuesta de su madre. La niña, sin embargo, responde diciendo: «Recogeré limones del limonero, prepararé limonada y la venderé cada fin de semana. Y haré las tareas que me asignes, mamá. Ganaré el dinero que necesito en un par de meses, ¡seguro!».

Observando a los dos niños, adviertes de inmediato que la segunda tiene más fuerza de voluntad. La hija posee una gran determinación, la facilidad de reunir todas sus energías internas para enfocarlas en una sola dirección y así cumplir su objetivo. Eso es fuerza de voluntad.

Descifrando la fuerza de voluntad

Mi maestro definía la fuerza de voluntad como «la canalización de todas las energías hacia un punto determinado durante un periodo de tiempo».

Para explicarle a un niño qué es la fuerza de voluntad, algo que he hecho en más de una ocasión, se la describo como un músculo mental. No se trata de una descripción exacta, pero permite una visualización sencilla y rudimentaria de su naturaleza y funcionamiento.

Dibujar unos bíceps a ambos lados de mi mente sería un modo de representar mis músculos mentales, mi fuerza de voluntad. La fuerza de voluntad, los músculos mentales, es la energía que empleo para traer la conciencia de vuelta cada vez que se desvía. Utilizo esos bíceps para sujetar la bola de luz cuando se aleja y devolverla al objeto de concentración. Visualizar la fuerza de voluntad como un músculo mental nos ayuda a entender cómo emplearla para guiar la conciencia por el interior de la mente. Gobernar y enfocar la conciencia en sus desplazamientos por la mente es la razón de ser de este libro.

Si la fuerza de voluntad es el músculo mental, los bíceps de la mente, tendré que desarrollarla del mismo modo que desarrollaría los bíceps. Emplearé la voluntad para desarrollar su fuerza igual que emplearía dichos músculos para levantar pesas con el fin de conseguir unos bíceps más grandes y fuertes.

Como las personas no acostumbran a ser conscientes de que pueden conseguir más fuerza de voluntad, acaban recurriendo a la que tienen de nacimiento, por lo que apenas la desarrollan a lo largo de su vida. Por desgracia, no llegan muy lejos en comparación con todo lo que podrían haber conseguido. En cambio, aquellos que se han ejercitado para desarrollar la voluntad y la trabajan a lo largo de la vida acaban por alcanzar grandes logros.

Igual que un músculo, cuanto más usamos la fuerza de voluntad, más potencia adquiere. Y cuanta más potencia adquiere, más fuerza de voluntad tenemos a nuestro alcance. Para desarrollar la fuerza de voluntad hay que usarla. Como diría mi maestro: «Si quieres fortalecer la voluntad, úsala».

He aquí otro saber importante que me ofreció el gurú en relación con el tema: la fuerza de voluntad que desarrollas permanece siempre contigo. Nunca la pierdes. No tienes que reponerla y puedes recurrir a ella siempre que la necesites, en esta vida o en la siguiente.

Los individuos que hacen gala de una gran fuerza de voluntad llevan muchas vidas cultivándola. Acceden a esta encarnación canalizando esa imparable ola de energía y con la fuerza de un tsunami son capaces de cambiar el curso de la historia. Ha quedado demostrado una y otra vez. Una fuerza de voluntad semejante no se adquiere en un solo ciclo vital.

EL LADO OSCURO DE LA FUERA DE VOLUNTAD

La fuerza de voluntad es un arma de doble filo que conviene cultivar junto con la personalidad. Sin la presencia de una mente y una personalidad conscientes y trabajadas, la fuerza de la propia voluntad podría encauzarse hacia rasgos negativos e influir en la vida de un modo nada deseable.

Los pilares de una mente y una personalidad evolucionadas son cualidades como la humildad, el altruismo, la empatía, la compasión, la bondad, la paciencia y otras parecidas. El cultivo constante de esas cualidades es el marco que guía a la conciencia hacia pensamientos, palabras y obras elevados. Son las guías que encauzan la fuerza de voluntad hacia la creación de una vida edificante.

Debes tener en cuenta que, cuanta más fuerza de voluntad desarrollamos, más dominio ejerce sobre la conciencia. De ahí la necesidad de una mente y una personalidad conscientes, sin las cuales se podría temer que la conciencia se desviara hacia usos destructivos.

Es frecuente escuchar la frase «¡Qué terco!» para describir a personas muy enfocadas; una ecolalia clásica del ignorante que confunde determinación con terquedad. Esta determinación, el foco en un único asunto nacido de la reflexión, la razón y la claridad de propósito, a menudo se toma por obstinación. Ambas se prestan a confusión porque la obcecación es, asimismo, un acto decidido de la fuerza de voluntad que mantiene la conciencia centrada en un solo tema, pero privado de juicio y gobernado por el instinto.

A lo largo de los años he conocido a numerosas personas que habían desarrollado una fuerza de voluntad considerable, pero no habían llevado a cabo el trabajo necesario para cultivar una personalidad consciente. ¿Cómo sé que habían desarrollado una fuerza de voluntad considerable? Porque los he visto protagonizar grandes logros en la vida y superar importantes obstáculos. Sin embargo, carecer de una personalidad consciente les ha impedido llegar mucho más lejos.

Por ejemplo, alguien podría aconsejar a una persona testaruda que obrara de otra manera con el fin de obtener mejores resultados, pero su carácter burdo la induce a retener la conciencia en una zona de la mente privada de razón. Al carecer de humildad, esos individuos se obstinan en su postura, aunque podrían alcanzar mayores logros de aceptar el sabio consejo que se les ofrece; un ejemplo clásico del uso negativo de la fuerza de voluntad.

Si la voluntad y la concentración son las alas que usa la conciencia para planear por la mente, los rasgos de la personalidad son las plumas que conforman esas alas.

EL MOTIVO PRINCIPAL PARA DESARROLLAR LA FUERZA DE VOLUNTAD

Nada sucede en la vida sin la intervención de la voluntad. Aun cuando la muerte nos reclama y la vida escapa del cuerpo, la voluntad, desesperadamente aferrada al hilo de vida postrero, es la última en partir.

Si bien hay infinitas aplicaciones para un uso consciente de la fuerza de voluntad, ninguna es tan importante como controlar el viaje de la conciencia por el interior de la mente. La voluntad es la rienda que. gobierna y dirige la conciencia. Y según lo hace, dirige simultáneamente adónde se encamina el flujo de energía y, por ende, qué se manifiesta en la vida.

La vida es el testamento de cómo aplicamos la voluntad sobre la conciencia. Controlar la conciencia es controlar la existencia.

Yo ejercito mi fuerza de voluntad (mi músculo mental) para poder emplearla en devolver mi conciencia a su objeto de concentración cada vez que se desvía. Esa es la aplicación básica de la fuerza de voluntad. Cuando la conciencia regresa de su paseo por la mente, utilizo el poder de concentración para sostener el foco.

Una vez que la conciencia está entrenada en el arte de la concentración, la fuerza de voluntad adopta un papel distinto. Renuncia a su rol ya superado de guardián y asume su nuevo cargo de administrador de conciencia.

Cuanto mejor conoce uno su propia fuerza de voluntad, más soberanía ejerce sobre ella. Igual que la mano de un maestro pintor, ejecuta sus deseos con la reverencia de un ayudante fiel. Y lo mismo se aplica a la fuerza de voluntad del místico. Este doblega su voluntad con la delicadeza y la precisión de un maestro pintor.

Su dominio sobre la voluntad es su control sobre la conciencia. Su meta son las indescifrables profundidades de la mente, los elevados reinos del supraconsciente, que le permiten experimentar la esencia misma de las cosas. En su viaje hacia allí, debe guiar la conciencia con habilidad a través de la mente recurriendo a su inquebrantable voluntad, eludiendo el sinnúmero de zonas fascinantes y seductoras que esperan para tenderle una emboscada y sumergir a la conciencia en una distracción sin fin. Por seductoras que puedan parecer las distracciones externas, el mundo interior puede serlo infinitamente más.

A su llegada a los templos del supraconsciente, la precisión con que el místico emplea su voluntad y poder de concentración le permite no alarmarse ante las profundas experiencias que le brinda la mente superior. Si acaso aflojara un mínimo instante la férrea garra con que sujeta la conciencia, la experiencia lo perturbaría tanto que sería arrastrado a la mente consciente. Allí, en los templos del supraconsciente, la conciencia tan firmemente sujeta vivencia los más grandiosos reinos del ser, accesibles a todos, buscados por unos pocos y experimentados tan solo por aquellos con una voluntad férrea, un foco inquebrantable y un deseo incombustible de conocerse a sí mismos.

Tres maneras de desarrollar la fuerza de voluntad

Todos los seres humanos deberían recibir formación para entender lo que es la fuerza de voluntad, las maneras de desarrollarla y cómo aplicarla desde la conciencia para hacer realidad sus objetivos. Los poderes latentes de la mente, la concentración y la fuerza de voluntad, son dones divinos; si bien todos tenemos acceso a ellos, permanecen ocultos a los ojos de la mayoría.

Gurudeva me enseñó tres métodos sencillos pero efectivos para desarrollar la fuerza de voluntad:

1. Termina lo que empiezas.
2. Termínalo bien, por encima de tus expectativas, aunque te lleve más tiempo.
3. Haz un poco más de lo que tenías planeado.

Los tres métodos requieren esfuerzo, y el esfuerzo es la forma de ejercitar la fuerza de voluntad. Recuerda que fortaleces la voluntad cada vez que la usas. Vamos a explorar cada uno de los métodos por separado, para entenderlos mejor y ver cómo nos ayudan a desarrollar el músculo mental.

Primer método: termina lo que empiezas

Para que el júbilo de terminar un proyecto sea mayor que la emoción de comenzarlo hace falta una administración consciente de la fuerza de voluntad. Solo podremos experimentarlo si terminamos lo que empezamos. La energía que nace de una nueva idea es un soplo de aire fresco para la mente. La euforia generada impulsa el trabajo hasta que esa energía espontánea, también conocida como emoción, pierde vigor.

El camino a un final exitoso es una curva invertida, pues, tras la euforia que acompaña el inicio de un proyecto, el arduo viaje a la meta requiere un esfuerzo cuya recompensa parece disminuir a medida que avanzamos. A medida que la energía, la inspiración y la emoción se disipan, la voluntad tiene que estar a la altura para llevar la idea de la visión a la práctica.

Hace falta fuerza de voluntad para concluir un asunto, sea cual sea.

En la mayoría de las conversaciones, los temas nunca se desarrollan hasta su conclusión natural antes de que se aborde otro nuevo. Las charlas pierden el rumbo y avanzan a la deriva, como un globo por el firmamento. Si bien cerrar cada tema antes de pasar a otro puede parecer intrascendente, no caemos en la cuenta de que estamos creando un patrón en la mente subconsciente y que este patrón alimenta la noción de que no terminar las cosas, aun asuntos aparentemente tan insignificantes como un tema de conversación, tiene escasos o nulos efectos en la mente o en la existencia.

La tendencia a no terminar las cosas empieza entonces a permear todos los aspectos de la vida. En un primer momento, las tareas prosaicas que llevamos a cabo a diario, como lavar los platos o la ropa, empiezan a considerarse una pérdida de tiempo. Esa manera de pensar acaba por contagiarse a otros aspectos de la vida que tienen consecuencias más significativas y acaba por influir en la personalidad; disfrutamos de la euforia de empezar las cosas y huimos de la idea de terminarlas, de tal modo que saltamos de una tarea inacabada a otra. Todo ello tiende a restar fuerza a la voluntad.

Hace falta fuerza de voluntad para dominar la conciencia y conducirla a la conclusión natural de los asuntos cotidianos. La capacidad de hacerlo confiere al subconsciente la convicción de que puede terminar las tareas o los proyectos que inicia. Eso le otorga poder. La materialización de una idea es el cumplimiento de ella. Según esta experiencia se repite, las huellas en el subconsciente, por pequeñas que sean, se van acumulando y la confianza en que se puede crear y plasmar en el mundo acaba por convertirse en una mentalidad sólida. La autoconfianza se afianza y se fortifica según llevamos a cabo un proyecto tras otro. La vida se transforma en una oportunidad de crear y manifestar.

Termina lo que empiezas, por nimia, prosaica o insignificante que consideres la tarea. Cada vez que lo haces estás desarrollando fuerza de voluntad, que es el músculo mental.

SEGUNDO MÉTODO: TERMÍNALO BIEN, POR ENCIMA DE TUS EXPECTATIVAS

Terminar lo que empezamos es el primer paso para su realización. Sin embargo, no es necesario detenerse ahí. Las personas que hayan decidido desarrollar la fuerza de voluntad se alegrarán de saber que hay más posibilidades.

Puedes finalizar tu proyecto y dejarlo ahí o puedes optar por terminarlo por encima de tus propias expectativas. Ese es el segundo paso o método para desarrollar la fuerza de voluntad. El acto de terminar algo por encima de las propias expectativas requiere esfuerzo y su puesta en práctica es la fuerza de voluntad.

Compartiré contigo mi primera experiencia con Gurudeva en el entrenamiento del músculo mental. Los monjes dedicábamos treinta minutos diarios a limpiar la parte del monasterio que cada quien tenía asignada. En cierta época me tocó la sala de meditación y yo dedicaba el tiempo estipulado a asegurarme de que la sala estuviera limpia y ordenada.

Cierto día terminé temprano, pensando que la estancia ya estaba suficientemente aseada. Al salir de la sala de meditación, me topé con Gurudeva.

—¿Terminaste tu tarea? —me preguntó.

—Sí —respondí yo.

—¿Podrías haberlo hecho mejor?

—Seguramente, pero me parece que todo está limpio.

—Vamos a echar juntos un vistazo a la sala —respondió al momento que empezaba a andar por el patio. Abrió la puerta y entró en la sala de meditación. Lo seguí.

Cada vez que entraba en esa habitación tenía la clara sensación de abandonar una dimensión para entrar en otra. Era allí donde los monjes, poco más de una docena, nos reuníamos de madrugada para meditar juntos bajo la guía de Gurudeva. Décadas de inconmensurables experiencias internas nacidas de la solitaria búsqueda del Ser por parte de los renunciantes impregnaban cada rincón y resquicio de aquel espacio sagrado hasta transformarlo en un santuario que manaba una vibración empírea y ajena a este mundo.

La sala en sí era sencilla, con el techo inclinado y las paredes revestidas con madera oscura. Su antigüedad se percibía más que advertirse a simple vista. Una alfombra de tamaño considerable cubría buena parte del suelo revestido de azulejos. Grandes puertas corredizas de cristal abarcaban casi toda una pared orientada al sureste y al fondo destacaba una chimenea revestida con roca de lava. En la parte delantera había un asiento ligeramente elevado del suelo que estaba destinado a Gurudeva. De las paredes laterales colgaban pergaminos que detallaban los mapas de la mente interior escritos en shum, un lenguaje místico que él había canalizado varias décadas atrás para entrenar a sus monjes de manera más efectiva en el arte de la meditación y la experiencia de la autorrealización. Yo había pasado largas horas meditando con Gurudeva en esa sala, donde él me había facilitado profundas experiencias y conocimientos.

De pie en mitad de la estancia, me dijo:

—La mayoría de la gente se limita a hacer lo mínimo o lo que se aprecia a simple vista. Si observas a tu alrededor con atención, descubrirás que hay muchas más cosas que limpiar. Estoy seguro de que nadie ha quitado el polvo de detrás de esta alacena en mucho tiempo. Podrías pasar un trapo a los ventiladores y retirar aquellas telarañas del rincón. Pregúntate siempre: «¿Puedo hacerlo mejor? ¿Qué más puedo hacer?».

Esta lección dejó en mi mente una huella indeleble y cambió para siempre mi manera de hacer las cosas. La moraleja es que, con un poco de esfuerzo, usando la fuerza de voluntad, se pueden terminar las cosas por encima de las propias expectativas. Y al hacerlo no solo desarrollamos músculo mental, sino que completamos las tareas mucho mejor de lo que nosotros mismos esperábamos.

Tercer método: haz un poco más de lo que tenías planeado

Puedes finalizar un proyecto e incluso puedes finalizarlo por encima de tus expectativas, mejor de lo que tú mismo esperabas. Pero también puedes recurrir a tu fuerza de voluntad y hacer un poco más.

Hacer un poco más de lo que tenías planeado requiere esfuerzo y, una vez más, el esfuerzo es el ejercicio de la voluntad.

Hace tiempo conocí a un empresario de Carolina del Norte que construía casas de lujo. Cuando su empresa finalizaba la construcción de una vivienda, colocaban hermosos ramos de flores en algunas habitaciones antes de entregar las llaves a los propietarios. Las flores añadían un toque especial a la experiencia de los propietarios al entrar en su nuevo hogar. Si bien no estaban incluidas en el contrato, el constructor las dejaba allí porque quería hacer algo más. Qué maravillosa manera de introducir el tercer método en la propia empresa y desarrollar al mismo tiempo fuerza de voluntad.

La diferencia entre los métodos 2 y 3

A lo largo de los años más de una persona me ha comentado que le costaba distinguir el método 2 del 3. Para disipar cualquier tipo de ambigüedad, te pondré un ejemplo que aclara la diferencia entre los dos.

Supongamos que decido pintar una habitación de mi casa. Recurriendo al primer método, empezaría el proceso de pintar y lo daría por terminado una vez que la habitación estuviera acabada. El segundo método me empujaría a terminarla por encima de mis expectativas. Como no soy un experto en pintar casas, tal vez vería unos cuantos videos en internet para obtener algunas ideas y trucos que me permitieran lograr un acabado mejor del que me habrían permitido mis conocimientos previos. Eso me habría ayudado a lograr un resultado superior al que tenía previsto y superar mis propias expectativas.

El tercer método me anima a hacer un poco más de lo que tenía planeado. La habitación ya está pintada y quedó mejor de lo que yo había visualizado desde el inicio. Para recurrir al tercer método, decido acercarme al taller de cerámica que hay cerca de mi casa y comprar un jarrón que haga juego con la habitación. También buscaré un par de cuadros para colgar en las paredes, para que no se vean tan desnudas. Adquirir el jarrón y los cuadros se puede considerar como hacer un poco más de lo que tenía planeado.

No seas la persona que se conforma con hacer lo mínimo, que solo aspira a terminar el trabajo y pasar página. Sé la persona que ejercita su fuerza de voluntad cada vez que tiene ocasión recurriendo a ella para hacer un poco más.

Integrar la fuerza de voluntad en la vida

Tan valioso como un bocado de arroz para el mendigo es un segundo del día para el sabio. Centrar la conciencia en el presente, según las manecillas del reloj ascienden y descienden por la esfera, es la prueba palpable del tributo que rinde una persona al inmenso valor del tiempo.

Cada momento es una oportunidad. Si tenemos la suerte de contemplarlo como tal, podremos aprovechar esos instantes para desarrollar la fuerza de voluntad igual que hacíamos para trabajar la concentración. Uno no debería vivirlo como una carga. Como ya comenté anteriormente, cada momento del día estamos involucrados en algo, así que ¿por qué no escoger con sabiduría cómo llevamos a cabo cada una de esas tareas? Cuando empleamos los instantes desde una intención deliberada, la vida deviene satisfactoria y gratificante.

De forma parecida a la concentración, el desarrollo de la fuerza de voluntad debe ser integrado en todos los aspectos de la vida. Uno puede dedicar diez minutos al día a trabajar la voluntad y emplear el resto del día en actos que la menoscaban. Si obras así, no progresarás demasiado.

La observación te permitirá advertir que, a lo largo del día, abundan las ocasiones que nos permiten trabajar la fuerza de voluntad. Igual que procedías en el caso de la concentración, puedes convertir las «situaciones no negociables de un día promedio» en ocasiones para ejercitarla. La gente ahorra dinero para destinarlo a un propósito específico en el futuro o tenerlo disponible por si lo necesita o desea gastarlo. La fuerza de voluntad no es distinta. Cuanta más fuerza de voluntad desarrolles, más tendrás a tu disposición cuando la necesites.

El primer paso es identificar las situaciones recurrentes no negociables de un día normal. Una vez que lo hagas, el siguiente movimiento será aplicar los tres métodos para desarrollar fuerza de voluntad a estas experiencias.

Hazte las siguientes preguntas: ¿cuáles son las situaciones recurrentes no negociables de mi día promedio? ¿Y cómo puedo introducir los tres métodos para desarrollar la fuerza de voluntad en esas experiencias?

Gurudeva identificó el sueño como una de tales situaciones y me enseñó, en los primeros tiempos de mi vida monástica, a usar el acto de dormir como una oportunidad de desarrollar la fuerza de voluntad. Al levantarnos por la mañana, se nos pedía que tendiéramos la cama. El hecho de tender la cama al despertar era un modo de cerrar el proceso del sueño.

Más de dos décadas después todavía tiendo la cama por la mañana. El proceso de dormir empieza cuando tomo la decisión de retirarme a descansar. Me paso el hilo dental y me lavo los dientes, luego me acuesto y me preparo para una larga noche de masajes faciales según mi hija pequeña me frota la cara con los pies. Despierto casi todos los días envuelto en el espagueti de sábanas y mantas enrolladas que un bebé turbulento fabricó durante la noche, un solo de danza espontáneo que sería la envidia de cualquier derviche giróvago.

Atrás quedaron los días en que tardaba medio minuto por la mañana en alisar una sábana solitaria, prácticamente intacta, y sacudir la almohada que cubría el colchón en mi humilde morada monástica. La vida familiar añadió unas cuantas capas más de tela y de esfuerzo. Desenredo la maraña e inicio el proceso de tender la cama: alisar las sábanas, arreglar las almohadas siguiendo las instrucciones que me dio mi esposa un día y descifrar dónde y en qué orden va cada almohada. Sí, hay más de una en la cama.

El solo hecho de tender la cama me sirve para practicar el primer método: terminar lo que empiezo. Los métodos 2 y 3 me sugieren que concluya el proceso más allá de mis expectativas y que haga un poco más de lo que tenía planeado. Me aseguro de que las sábanas estén bien ajustadas al colchón y que el edredón haya quedado liso. A continuación recurro a la creatividad y doblo una esquina del edredón en ángulo, como hacen en algunos hoteles, o coloco las almohadas de manera creativa.

Al final la cama tiene un aspecto limpio y acogedor, y crea un ambiente inspirador en el dormitorio. Cuando un mueble que ocupa varios metros cuadrados parece inmaculado, su influencia en las vibraciones de la habitación es considerable. Anima el espacio, que de forma natural dirige la conciencia a zonas más elevadas de la mente. Lo que es más importante, comencé el día desarrollando mi fuerza de voluntad.

Llegué a tener días muy ocupados o mañanas en las que se me pegaban las sábanas y tenía la tentación de dejar la cama deshecha para atender asuntos más urgentes. El impulso era fuerte, pero yo siempre me resistía. Fuera cual fuera el obstáculo que se interponía, todos los que estaban en mi mente, yo me obligaba a tender la cama y no romper la continuidad de ese ritual. Tender la cama por la mañana no es una tarea difícil. La gente tropieza con la constancia.

¿Por qué tender la cama?

De todas las ideas que comparto en mis talleres y charlas presenciales, la propuesta de tender la cama es la que más resuena en la audiencia. Supongo que será porque se trata de una práctica sencilla, fácil de integrar en la propia vida. Todos dormimos al final del día y gran parte de nosotros nos levantamos por la mañana. Como tarea para primera hora, tender la cama es pan comido, un acto de voluntad que se puede ejecutar sin demasiado esfuerzo.

Algunos de los más entusiastas compartieron fotos de sus camas recién hechas en las redes sociales y me etiquetaron. Unos pocos me enviaron fotografías de sus camas por correo electrónico y otros me abordaron con entusiasmo para contarme que no solo adoptaron la práctica, sino que la llevan a cabo a diario, sin falta.

No es raro que alguien se acerque para comentarme con orgullo: «Dandapani, tiendo mi cama a diario desde que te oí hablar de ello».

Yo me alegro de su éxito y respondo: «¡Felicidades! ¡Qué gran logro! De veras. ¡Deberías estar orgulloso de tu constancia!».

A continuación les pregunto con gravedad: «Dime, por favor, sobre la base de mis enseñanzas, ¿por qué tiendes tu cama por las mañanas?».

La respuesta suele ser: «Bueno, me ayuda a empezar la mañana con la sensación del deber cumplido». También hay gente que responde: «Se siente bien empezar con un logro».

Las respuestas no son incorrectas, pero pasan por alto el objetivo que yo mencionaba cuando exponía las razones para tender la cama tan pronto como te levantas. Sí, tienes la sensación de haber cumplido con tu deber y empiezas la mañana con una victoria en tu haber, pero esa no es la razón por la que yo propongo esta tarea.

Tendemos la cama tan pronto como nos levantamos para desarrollar la fuerza de voluntad. Nos ofrece una ocasión de integrar los tres métodos para adquirir fuerza de voluntad en una situación recurrente no negociable de nuestro día normal. Desarrollamos fuerza de voluntad con el fin de usar el músculo mental para controlar y dirigir la conciencia por el interior de la mente. Cuando lo hacemos así, estamos dirigiendo el flujo de energía. Y el destino de la energía definirá lo que se manifieste en nuestra vida. Por eso tendemos la cama por las mañanas. Sirve a un propósito mucho más importante, relacionado con el rumbo que tomará la propia existencia.

Mi planteamiento corresponde con el concepto de *sankalpa*, un término sánscrito que significa «intención» o «motivación». La claridad de intención es fundamental. El propósito debe impulsarlo todo. Tener clara la razón por la que tiendes la cama por las mañanas es de una enorme importancia. Desarrollar la fuerza de voluntad no basta. Tenemos que entender por qué lo hacemos y, en definitiva, en qué vamos a emplear esa fuerza de voluntad.

De ahora en adelante, cuando tiendas la cama por la mañana recuérdate que estás llevando a cabo un ritual enfocado a desarrollar tu fuerza de voluntad. Ten presente que la necesitas para controlar el rumbo de tu conciencia por el interior de la mente y, en consecuencia, el destino de tu energía, que determinará lo que se materialice en tu vida. Graba esta secuencia en tu mente subconsciente con el poder de la repetición y la claridad de intención.

Algunas personas tienden la cama y la dejan más o menos igual que cuando estaba deshecha. Otras personas se aplican en cuerpo y alma y el resultado es una cama preciosa. Observar la vida de una persona, su entorno y su manera de llevar a cabo (o no) las tareas revela gran cantidad de información acerca de quién es, su manera de funcionar y su fuerza de voluntad.

El ritual de tender la cama por la mañana acarrea otro beneficio significativo. Cuando te levantas y arreglas tu lecho, le ofreces a la mente una directriz clara según la cual tú decides el rumbo de tu conciencia y en qué debería enfocarse, sentando así un precedente inconfundible para el resto del día. Si le cedieras las riendas de la conciencia al entorno, podrías, por ejemplo, sumirte en el laberinto de túneles sin fin que tu teléfono te ofrece en su pantalla. Desarrolla la voluntad para que puedas controlar adónde se dirige tu conciencia, en lugar de permitir que tu entorno interno o externo la controle. Solo cuando puedas decidir dónde pones tu conciencia estarás controlando el destino de tu energía y, por ende, eligiendo qué se manifiesta en tu vida.

Al tender la cama tan pronto como te levantas estás ejercitando también tu voluntad sobre la mente, el cuerpo y las emociones, ya que les transmites el mensaje de que tú estás a cargo de tu conciencia y en qué se involucra. Tu mente, tu cuerpo y tus emociones aprenden que no poseen control sobre tu conciencia y que su función es la de servirte, no a la inversa. No permitas que gobiernen tu conciencia, porque tú eres su dueño y señor. Demuestra tu preponderancia haciendo la cama.

Cómo adoptar rituales de fuerza de voluntad

Las situaciones que se repiten a diario, especialmente las no negociables, son ocasiones perfectas para integrar el ejercicio de la fuerza de voluntad. Estas situaciones son aquellas que hemos aceptado como parte natural de nuestro día a día. Así pues, ¿por qué no aprovecharlas como oportunidades para mejorar nuestra vida?

En la lección anterior planteamos un ejemplo: tender la cama. Me gustaría ofrecer unos cuantos ejemplos más con el fin de que puedas sacarles partido como ocasiones de desarrollar la fuerza de voluntad.

Comer, al igual que dormir, es una situación innegociable. Las comidas son oportunidades maravillosas de integrar los tres métodos para desarrollar la fuerza de voluntad, porque todos comemos varias veces al día. Yo desayuno a diario. Teniendo tiempo para desayunar, sin duda tendré tiempo también para lavar los platos del desayuno. Es importante ser firme y no claudicar a la lista de tareas, aparentemente interminable, que tenemos por delante ese día para no ceder a la tentación de decir: «Tengo que salir de casa, así que lavaré los platos más tarde».

Una vez que terminé con mi tazón de fruta, lavo el plato y lo dejo en el escurridor. Solo en ese momento doy por concluido el proceso de desayunar. Acabo lo que empecé.

Tal vez decidas, en vez de hacer como yo, secar el plato con un trapo después de lavarlo y guardarlo en la alacena de inmediato. O puede que consideres el proceso terminado cuando introduzcas el tazón en el lavavajillas y pases un paño de cocina por la mesa para limpiar los restos de comida. Es importante que definas qué significa para ti «terminar lo que has empezado». Una vez que lo hayas definido, atente a ello. Tu capacidad para adherirte al proceso que especificaste es tu fuerza de voluntad en acción.

Si no defines «terminar lo que empecé», podrías acabar pasándote toda la mañana limpiando la cocina. De manera parecida, define qué significa «superar mis expectativas» y «hacerlo mejor de lo que tenía planeado» en relación con cada una de las tareas. Si yo no lo hiciera, podría dedicar un par de horas a tender la cama por la mañana. Podría lavar las sábanas, plancharlas, secar las almohadas al sol y sabe Dios qué más con la intención de desarrollar mi fuerza de voluntad. Hacer eso no sería práctico ni razonable. Recurre siempre a la sabiduría a la hora de aplicar los principios y las herramientas de este libro. Nunca renuncies a la razón.

Mucha gente hace una comida en casa como mínimo. En torno a ese momento del día abundan las oportunidades de aplicar los tres métodos que nos permiten desarrollar la fuerza de voluntad, desde la preparación de los distintos platos hasta la limpieza antes y después de comer. Si adquieres el compromiso de desarrollar la fuerza de voluntad, aprovecha esa ocasión que se repite a diario. Examínala de cerca y encontrarás numerosas ocasiones de aplicar los tres métodos. De hecho, cada vez que comes o bebes tienes ante ti una oportunidad de ser consciente del proceso de preparación, consumo y finalización, así como de emplearlo para desarrollar la fuerza de voluntad y practicar la concentración.

Muchas oficinas cuentan con uno o varios espacios para preparar bebidas. Después de usar el espacio, aplica los tres métodos para desarrollar la fuerza de voluntad. Limpia la mesa. Lava la taza de café, sécala y guárdala. Lleva la práctica de desarrollar la voluntad a tu puesto de trabajo.

Gurudeva aconsejaba a los monjes que «dejaran la habitación mejor de lo que la habían encontrado». Cuando salíamos de una sala, hacíamos lo posible por dejarla un poco más agradable que cuando habíamos entrado. Empecé a comprender gracias a la constancia en la aplicación de esa directriz que incluso los más pequeños gestos en este sentido marcan una diferencia perceptible.

Mi familia y yo caminamos descalzos en casa y eso nos obliga a quitarnos los zapatos al entrar. Cuando regresamos al hogar, damos la salida por finalizada y una parte del proceso consiste en quitarnos los zapatos y dejarlos en el lugar adecuado. Hacer más y hacerlo mejor sería alinear los zapatos con cuidado, un acto sencillo que hasta mi hija pequeña lleva a cabo de maravilla.

Es más fácil quitarse el abrigo y tirarlo en el sillón que colgarlo de un gancho en el clóset, al igual que dejar la ropa sucia en el suelo del baño en lugar de llevarla al cesto. El día rebosa infinidad de oportunidades para desarrollar la fuerza de voluntad cuando lo contemplamos desde esa perspectiva. Una vez que la mente consciente y la subconsciente hayan asimilado el propósito con claridad, estarás deseoso de aprovechar esas oportunidades en lugar de contemplarlas como un deber o una carga.

Las ocasiones acabarán por convertirse en hábitos. En ese momento su ejecución ya no supondrá un esfuerzo. Sencillamente será tu manera de hacer las cosas.

Desarrollas las ideas hasta el final en las conversaciones. Lavas los platos y los guardas cada vez que usas la cocina. Te quitas el calzado y lo alineas en la entrada. Cuelgas el abrigo en el clóset del vestíbulo. Cuando te levantas de la mesa, devuelves la silla a su sitio. Tu manera de vivir es un reflejo de tu mentalidad, que está modelada para el desarrollo de la fuerza de voluntad y la capacidad de concentrarte. Esos rituales devienen parte de tu rutina, un flujo natural de tu fuerza vital a través de un subconsciente estructurado y diseñado con un propósito muy específico.

Desarrolla el poder de la fuerza de voluntad

Me gustaría que escribieras cinco situaciones recurrentes no negociables de tu día normal, eventos que puedas aprovechar como oportunidades para desarrollar la fuerza de voluntad. En esta lección y en las anteriores presenté unos cuantos ejemplos que podrías emplear como tales, pero también puedes recurrir a tus propias aportaciones. Igual que en las prácticas de concentración, es importante que sean innegociables y repetidas en tu día a día.

Enuméralas del uno al cinco en el orden que te gustaría implementarlas y céntrate en la primera oportunidad de tu lista. Intégrala en tu vida a lo largo de un mes. Deja las demás en espera.

Si la primera situación que escogiste es tender la cama al levantarte por la mañana, disponte a hacer exactamente eso, a diario. Aplica los tres métodos para desarrollar la voluntad cada vez que tiendas la cama. En caso de que pasado un mes descubras que no estás llevando a cabo el ritual de manera constante y correcta, sigue haciéndolo hasta que lo ejecutes a la perfección.

Al final de esta lección encontrarás una autoevaluación idéntica a la que incluía el capítulo de la concentración. Puedes usar las mismas instrucciones para hacer un seguimiento de tus prácticas y evaluarlas. En aras de la brevedad y la sencillez, no repetiré las instrucciones. Encontrarás una versión digital de este apartado en la sección «Rituals» de la aplicación Dandapani.

Cuando pienses que estás tendiendo la cama a la perfección, añade una segunda situación a tu ritual diario. La segunda ocasión para desarrollar la fuerza de voluntad podría ser lavar los platos después de desayunar. Concéntrate en hacerlo cada mañana y, de nuevo, cuando alcances ese punto en el que estés ejecutando ambos rituales a la perfección por la mañana, habrá llegado la hora de añadir una tercera situación a tu ritual diario.

¿Recuerdas lo que comentaba acerca de añadir peso gradualmente en los ejercicios de fuerza en banco? Adoptaremos esa filosofía también en el desarrollo de la fuerza de voluntad. Es fundamental que seas paciente contigo mientras trabajas para desarrollar esa cualidad. Las prisas y la impaciencia conducen al fracaso.

Si bien varias de esas tareas pueden parecer prosaicas y poco importantes, yo no las contemplo bajo esa luz. Considero cada uno de los actos que llevo a cabo a lo largo del día el fruto de una decisión consciente; de ahí que merezcan mi atención e implicación plenas. Esos actos en apariencia baladíes constituyen una parte significativa de mi vida. Son significativos porque se repiten a diario y mi constancia inquebrantable les otorga el extraordinario poder de moldear mi vida.

Saber que al desarrollar la voluntad adquiero la capacidad de controlar el rumbo de mi conciencia por el interior de la mente es suficiente para convencerme de que debo dedicar la jornada a cultivar ese poder. Con fuerza de voluntad puedo dirigir la conciencia a zonas más elevadas de mi mente, el supraconsciente, y experimentar estados superiores de conciencia; estados que existen dentro de todos nosotros en este mismo instante, aguardando con paciencia que la conciencia los visite. En último término, desarrollar la fuerza de voluntad, para mí, no consiste únicamente en manifestar la vida que deseo, sino, más importante, experimentar estados superiores de conciencia y, a la postre, alcanzar la autorrealización.

230   **EL PODER DE LA CONCENTRACIÓN ABSOLUTA**

Ocasiones para practicar la concentración	Día 1	2	3	4	5	6	7	8	9	10	11	12	13	14	Total

7.5

La fuente de la fuerza de voluntad

Un agricultor posee un terreno de ocho hectáreas en el que cultiva diversas hortalizas. La salud de sus cosechas depende en buena parte de la cantidad de agua que reciban. Como tiene experiencia en agricultura, instaló un sistema de riego diseñado con detalle que extrae el agua del pozo que hay en su propiedad. De ese modo se asegura de que todas las hortalizas reciban el riego necesario. Un año más tarde adquiere otra hectárea y media, y convierte asimismo esa parcela en una huerta. Como sabe dónde está su manantial, el pozo, tiene muy claro dónde ir a buscar el agua con la que regar los nuevos cultivos.

Un día festivo, en mitad de la semana, estás tumbado en el sillón, disfrutando del día libre y absorto en una novela. Al pasar otra página del apasionante libro de misterio, tu subconsciente destroza tu concentración recordándote que tenías pensado ir al gimnasio por la mañana.

Lanzas un inmenso suspiro al recordar el compromiso mental que adquiriste contigo mismo la noche anterior después de cenar, en un momento de desesperación. «Lo prometí, ¿verdad?», murmuras.

Para llevar el plan adelante, antes que nada, tienes que poner en alerta tu conciencia, que está totalmente anclada al libro y al suspenso de lo que pasará a continuación según se desarrolla la trama. El intento infinitamente débil que haces de despegar la conciencia de su objeto de concentración no sirve de nada. En ese momento tienes poco o ningún deseo de abandonar la cómoda red en la que estás atrapada. De hecho, lo último que te apetece es ponerte la ropa deportiva y conducir hasta el gimnasio para comenzar a entrenar.

En ese momento comprendes que, para poder cumplir el compromiso, tendrás que recurrir a la fuerza de voluntad que llevas años cultivando. ¿Acaso sabes, igual que el granjero con su pozo, de dónde extraer esa fuerza? ¿Conoces el manantial de tu fuerza de voluntad?

A lo largo de las décadas, según me esforzaba por convertirme en mi mejor versión, me ha tocado cruzar muchos abismos emocionales, y todavía es así. He tenido que reconocer, aceptar y ajustar con humildad numerosos rasgos de mi personalidad. Recuerdo que una vez, cuando era un joven monje, me sentí mentalmente derrotado mientras luchaba contra un patrón subconsciente arraigado en lo más profundo de mi ser que debía cambiar.

Sintiéndome vencido por mi propio instinto, fui a buscar al gurú. Lo encontré sentado en la silla de su habitación. Una mosquitera filtraba la luz que entraba por la ventana, otorgándole una cualidad tenue y fría. Me postré ante él en actitud reverente y amorosa, como era la tradición, y luego me senté con las piernas cruzadas. Su presencia me envolvió en esperanza. Noté que percibía mi derrota.

No habíamos pronunciado ni una palabra. Por fin, rompió el silencio y dijo:

—La respuesta a tu pregunta es la fuerza de voluntad. —Dejó un largo silencio para que asimilara sus palabras y luego prosiguió—. Debes acudir a la fuente de fuerza de voluntad y recurrir a ella. Esa fuente está dentro de ti.

Lo escuché con atención plena, la misma que le prestaba siempre, y le pregunté:

—¿En qué parte de mi interior está la fuente de mi fuerza de voluntad?

Se rio antes de responder:

—No te lo voy a decir. Tendrás que descubrirlo tú mismo.

Y esas palabras marcaron el final de la conversación.

Si te lo explicara todo con detalle en este libro, te estaría privando de la dicha de buscar, descubrir, experimentar y comprender una gran cantidad de cosas por tus propios medios. El aprendizaje experiencial que vas a adquirir al averiguarlas por ti mismo será por completo distinto a lo que experimentarías si yo te las revelara. Una vez que identifiques ese manantial, siempre podrás volver a él y usarlo para aquello que necesites.

La búsqueda de la fuente que alberga la fuerza de voluntad es una aventura en la que vale la pena embarcarse. Como el campesino conoce la ubicación exacta de su pozo, puede acudir a él tantas veces como haga falta y extraer la cantidad de agua necesaria para que su huerta prospere. El descubrimiento de tu propio pozo te empoderará con un recurso cuyo valor sobrepasa tu comprensión. Te deseo lo mejor en tu búsqueda.

Cómo potenciar el desarrollo de la fuerza de voluntad

Como ya comenté anteriormente, mi objetivo con este libro no es inundarte de prácticas hasta el punto de que empieces a confundirlas y no puedas llevarlas a cabo. Sin embargo, si deseas profundizar en el desarrollo de la fuerza de voluntad, aquí hay dos prácticas a largo plazo que puedes adoptar.

Te aconsejo embarcarte en ellas una vez que seas capaz de mantener con constancia los ejercicios para desarrollar la fuerza de voluntad en las cinco situaciones de una jornada habitual que ya identificaste.

PRIMER EJERCICIO A LARGO PLAZO

Me gustaría que identificaras cinco proyectos que hayas comenzado en años recientes y no hayas llegado a completar. Tal vez los iniciaste rebosante de emoción e inspiración y, a mitad de su ejecución, por una u otra razón, decidiste dejar de trabajar en ellos, de tal modo que nunca se terminaron.

> Tener un montón de proyectos a medio terminar y empezar algo con mucha energía para dejar que después pierda potencia no es desarrollar la fuerza de voluntad.
>
> GURUDEVA

Te aclararé en qué consiste el ejercicio. Es posible que seas capaz de identificar cinco proyectos que empezaste en los últimos doce meses y no llegaste a terminar. Tal vez, si tienes más facilidad para acabar lo que empiezas, tengas que retroceder más y remontarte varios años en el tiempo para identificar esos proyectos.

No todos los proyectos se pueden completar de inmediato. Por ejemplo, mi mujer y yo arrancamos el proyecto de crear un santuario espiritual y jardín botánico en Nosara, Costa Rica, en el 2013. Siva Ashram, que es el nombre del santuario, es un proceso en curso y los jardines en particular tardarán años en ser una realidad, no por falta de voluntad, sino porque la naturaleza requiere tiempo para crecer.

Los proyectos de tu lista pueden ser grandes o pequeños; eso no es importante. Escríbelos y decide cuál te gustaría abordar en primer lugar. Piensa qué características debe reunir para que lo des por terminado y cómo aplicarás el segundo y el tercer método con el fin de llevarlos al siguiente nivel. Adoptando un enfoque parecido al que describí en las lecciones anteriores para desarrollar la concentración y la fuerza de voluntad, empieza con uno de esos proyectos y enfócate en terminarlo antes de pasar al siguiente. Con anterioridad al comienzo del primer proyecto, fija una fecha máxima de finalización. A continuación emplea la voluntad para concluirlo en el nuevo plazo asignado.

Según abordas cada proyecto, haz un esfuerzo por recordar por qué lo abandonaste. Intenta identificar la razón con claridad y toma nota. A menudo el motivo alberga una lección que aprender.

Después de completar un proyecto, dedica un tiempo a felicitarte y a celebrar la victoria que implica haber ejercido conscientemente la fuerza de voluntad para concluir una tarea. Ten en cuenta que hacerlo crea una impresión positiva en tu subconsciente, la certeza de que sabes usar la voluntad para empezar y acabar lo que te propones. Según completas un proyecto tras otro, la impresión se refuerza y tú estás más cerca de materializar grandes cosas en la vida.

Una vez que hayas concluido los cinco proyectos, tal vez desees volver la vista atrás y hacer una lista de todos los proyectos que iniciaste un día y nunca terminaste. Cuando la redactes, decide de manera firme y definitiva cuáles quieres finalizar. Aplica los tres métodos para desarrollar la fuerza de voluntad y completa los proyectos elegidos. Reconcíliate con la idea de renunciar a aquellos que hayas descartado, sabiendo que recurriste a la sabiduría para tomar la decisión de que ya no valía la pena invertir tu tiempo y energía en ellos.

Segundo ejercicio a largo plazo

Siguiendo el ejemplo del primer ejercicio a largo plazo, me gustaría que revisaras los últimos doce meses e identificaras doce ocasiones en las que le prometiste a alguien algo que no cumpliste.

Por ejemplo, tal vez le dijeras a una amiga hace unos meses: «Te voy a comprar mi libro favorito y te lo voy a enviar», pero no lo has hecho.

Identifica cada una de esas ocasiones y qué prometiste con exactitud. Redáctalas con detalle. Mientras escribes y revisas esos compromisos que adquiriste con otras personas, decide si vas a cumplirlos o no. Tal vez la sabiduría te sugiera que sería mejor prescindir de algunos de ellos. En ese caso, escucha la voz de la razón.

En cuanto a las promesas que hayas decidido cumplir, sigue adelante y usa el método de terminar lo que has empezado. De ser posible, aplica también el segundo y el tercer método. Asigna fechas máximas para completarlas.

Identifica por qué no llegaste a sacar adelante lo prometido. ¿Se debe a que tienes tendencia a contraer más compromisos de los que puedes asumir? ¿O acostumbras a decir cosas porque sí, pensando que la palabra no te obliga a nada? También en ese caso puedes aprender una lección, un mensaje que, si sabes interpretarlo, podría influir en el rumbo que tome tu futuro.

Una vez que hayas terminado de cumplir los cinco compromisos de tu lista, tal vez desees volver la vista más atrás e identificar todas las promesas importantes que no respetaste. Identifica aquellas que deseas consumar y cuáles no. A continuación procede a cumplir las que decidas materializar.

De ahora en adelante, sé muy consciente de las promesas que haces a los demás. Cada vez que te comprometas con alguien a hacer algo, emplea la fuerza de voluntad para llevarlo a cabo. Ten presente que esto no tiene nada que ver con tu imagen ante los demás. Se trata de fortalecer tu voluntad. Siempre que prometes hacer algo y no lo consumas estás mermando tu fuerza de voluntad y creando pautas en el subconsciente que no favorecen su desarrollo. En cambio, si cumples siempre tu palabra, crearás patrones mentales que fortalecerán tu voluntad.

Deberías adoptar esta actitud no solo hacia los demás, sino también hacia tu persona. Cuando digas que vas a hacer algo, deberías cumplirlo y hacerlo lo mejor que puedas. Fijar un marco temporal para llevarlo a cabo te animará a terminarlo en un tiempo prudencial y evitará que lo vayas postergando.

> Trabaja con ahínco, esfuérzate por terminar lo que empiezas, fortalece la voluntad usando la voluntad.
>
> GURUDEVA

CAPÍTULO 8

Reflexiones sobre la concentración

Tecnología y concentración

Estábamos haciendo la pausa obligatoria para ir al servicio en uno de mis talleres de medio día. Bueno, obligatoria para todo el mundo excepto para mí. Ya había renunciado a la idea de ver un baño siquiera en esos descansos. Durante esos intermedios, siempre acuden una o varias personas que están deseando preguntar o comentarme algo. Aquel día no fue distinto. Cuando anunciamos el descanso, una señora sentada en la zona intermedia de la sala se levantó del asiento de un brinco y avanzó directo al escenario. Con todo el ímpetu de su determinación, se abrió paso entre la gente que se encaminaba al baño y se situó a mi lado antes de que pudiera tomar un trago de agua.

Me miró, incapaz de contener un instante más los pensamientos que le rondaban la mente, y me espetó:

—Me encanta todo lo que explicó sobre concentración. Hay que enseñar a la gente a concentrarse, especialmente a los niños.

Retrocedí en cámara lenta mientras ella hablaba, en sincronía con la potencia de sus palabras. La mujer apenas había terminado de pronunciar la frase cuando levantó la mano que sostenía un celular, me lo plantó en la cara y dijo con desagrado infinito:

—¡Estos aparatos nos están arruinando la vida! Ellos tienen la culpa de que estemos tan distraídos.

Para ser algo que le inspiraba tanto desprecio y que consideraba el único culpable de infinidad de vidas arruinadas, lo sostenía con el mismo mimo que una madre a su hijo.

Oigo a mucha gente culpar a la tecnología, en particular a los teléfonos inteligentes, de nuestras distracciones. Se trata de una opinión que yo no comparto. Los teléfonos inteligentes no nos están arruinando la vida. Lo que nos está arruinando la vida es la falta de disciplina en torno al uso de los estos dispositivos.

Desde un punto de vista objetivo, los teléfonos inteligentes son unos artilugios maravillosos equipados con una gran cantidad de utilísimas funciones, incluida la mágica posibilidad de conectar visualmente casi al instante con personas de todo el mundo. Este dispositivo, que arrullamos con más frecuencia que a nuestros hijos, nos ofrece acceso también a la enorme cantidad de información contenida en internet, nos ayuda a resolver problemas complejos y puede desatar el flujo de creatividad. Asimismo, su cámara frontal —el «espejito mágico» personal del ego— nos permite, frustrados y enojados, sacar y borrar un autorretrato detrás de otro. Gracias a su elegante diseño aerodinámico, podría funcionar bien como arma de autodefensa, un búmeran solo de ida que podríamos arrojar a un agresor que se aproxima. Me encanta mi teléfono inteligente por esas y otras razones. Lo considero una herramienta indispensable y, como cualquier otra herramienta que cambió el curso de la historia —el cuchillo o un vehículo, por ejemplo—, puede ser destructivo si no se usa con sabiduría.

La Organización Mundial de la Salud (OMS) afirma que casi 1.3 millones de personas mueren cada año en accidentes de tráfico. ¿Podemos concluir entonces que los vehículos son perjudiciales? No sería una conclusión inteligente. Una reflexión más acertada nos llevaría a pensar que la falta de preparación en el uso de los vehículos puede tener consecuencias perjudiciales, como lesiones y muerte.

De manera parecida, decir que la tecnología tiene la culpa de las distracciones es engañoso. La tecnología posee un gran potencial para distraernos y, en algunos casos, está especialmente diseñada para enredarnos, pero en última instancia cada quien posee el control de su conciencia. Siempre tenemos la opción de escoger si deseamos que la tecnología controle nuestra conciencia o preferimos ejercer un dominio total de ella.

El advenimiento de la tecnología y su crecimiento exponencial e incontrolado, privado del necesario estudio de su impacto en los usuarios y de una educación a estos en el uso adecuado, debería considerarse uno de los errores más graves de la humanidad.

La tecnología es una herramienta y, como tal, debemos ser capaces de controlarla.

Hay aspectos de la tecnología que desvían la atención en sí mismos y, en definitiva, ejercitan a la conciencia para que se distraiga. Las noticias de la televisión son el ejemplo perfecto. Cuando encendemos la televisión, vemos a la presentadora hablando de noticias sobre los acontecimientos más importantes del mundo. Le prestamos atención y entrenamos a nuestra conciencia para que la escuche. La presentadora informa que «hoy, en Afganistán, treinta personas han muerto y quince más han resultado heridas a consecuencia de la explosión de un coche bomba». Cuando termina la frase aparece un video a su derecha mostrando escenas del atentado. Ella continúa aportando más detalles del devastador suceso y, mientras lo hace, el video sigue mostrando imágenes del atentado. Ahora la conciencia va y viene entre el video y la presentadora.

En esa situación, ¿a qué entrenamiento se somete la conciencia? Se entrena para distraerse, pues salta de la presentadora al video. Una energía externa, en este caso las noticias, determina el rumbo que toma nuestra conciencia.

Por si no fuera suficiente, hay una franja en movimiento en la parte inferior de la pantalla que muestra los titulares de las noticias de última hora. No hace falta decir que estos comunicados acostumbran a ser los más desalentadores: «El huracán que ha devastado Bangladés deja 255 muertos». Cuando el titular abandona la pantalla, el siguiente anuncia: «12 víctimas en el tiroteo masivo del centro comercial de Green Bay, Wisconsin». Y así las distintas calamidades que afectan a nuestro planeta se comparten con una pasión incansable, como solo un canal de noticias sabe hacer.

La conciencia rebota ahora entre la presentadora, el video que se reproduce a la derecha de la pantalla y las noticias de última hora de la franja. La clase magistral sobre distracción está servida.

Lo creas o no, están pasando aún más cosas en la pantalla. Debajo de la franja con los titulares de última hora aparece quizá información sobre el mercado bursátil. Ahora nuestra pobre conciencia tiene cuatro elementos entre los que rebotar. Pero, claro, ¿por qué detenerse ahí? En la esquina derecha asoma un icono del sol con la información de que en Río de Janeiro están a «28 grados centígrados y soleado». En el tiempo que duran las noticias aparecen las temperaturas y previsiones del tiempo de distintas ciudades del mundo.

Ver las noticias durante treinta minutos se parece mucho a enviar a la conciencia al gimnasio de las distracciones para un entrenamiento intensivo. En ese lapso, la conciencia va saltando entre los cinco elementos que comparten la pantalla, que cambian constantemente y compiten por nuestra atención. En ese caso sí podríamos afirmar, sin temor a equivocarnos, que la tecnología nos distrae. En el templo de los medios y en el altar de la pantalla plana, muchos han sacrificado su paz mental.

¿Cómo lo gestiono yo? te preguntarás. Sencillamente no miro las noticias en la tele. Para mantenerme informado escojo una fuente de noticias concreta en internet y busco la sección de la web o aplicación que me informa de los últimos acontecimientos acerca de un tema en particular.

Algunos aspectos de internet pueden distraer asimismo la atención si no hemos desarrollado suficientes poderes de concentración. YouTube, el agujero negro de la conciencia, está diseñado para sujetarnos con sus garras. Cuando hemos terminado de mirar un video, aparece otro automáticamente, junto con una serie de tentadores cebos dispuestos en columna a la derecha. Uno de esos cebos siempre es un fuera de serie; la trampa que conduce al agujero negro: «Serpiente de cinco cabezas en Indonesia». ¿De verdad existe algo así? ¡Clic! Y la conciencia se embarca en un viaje al universo de la distracción.

El teléfono inteligente, el agujero negro de la conciencia en versión de bolsillo, también puede ocasionar graves distracciones a las personas que tienen problemas para dominar su conciencia por el interior de la mente. Reclama nuestra atención como un cordero angustiado y nosotros respondemos con la devoción incondicional de una madre amorosa. Si no ejercemos control sobre la conciencia, esta inicia un viaje en apariencia interminable, rebotando de redes sociales a aplicaciones, mensajes de texto, llamadas, buscadores de internet y todo lo que ofrezca el celular de cada quien.

La invención de sistemas cada vez más ingeniosos de distraernos, en un mundo en el que captar la atención de las personas es el objetivo primordial, ha conducido a sofisticados sistemas de agravar esta enfermedad.

Si permites que suceda a lo largo del día, estás dejando que tu teléfono inteligente te entrene en el arte de la distracción. Recuerda que se te da bien aquello que más practicas. El teléfono inteligente nunca dejará de reclamar tu atención. Si vives en un estado de reacción y no controlas tu conciencia, responderás a cada una de las notificaciones de tu teléfono. Tienes que decidir cómo vas a interactuar con la tecnología. No culpes a los dispositivos de tu tendencia a distraerte. La realidad es que la gente tiende a permitir que la distraigan.

Por el contrario, si posees un sólido dominio de los desplazamientos de la conciencia por el interior de la mente, puedes tomar el celular, pasar unos minutos echando un vistazo a tu cuenta de Instagram como parte de una breve pausa, dejarlo y volver a lo que estabas haciendo. ¿Se consideraría eso una distracción? Claro que no. No lo es porque habrás tomado la decisión consciente de hacer un descanso y usar esos minutos para entrar en tu cuenta de Instagram y nada más. Cuando pienses que ya revisaste lo suficiente, puedes devolver la conciencia a lo que estabas haciendo. Resististe a la tentación de adentrarte en otras aplicaciones del teléfono. Eso es un ejemplo de la concentración en acción.

Si permites que la tecnología controle los desplazamientos de tu conciencia por el interior de la mente, te conviertes en esclavo de la tecnología, que no solo decide el rumbo y el destino de la conciencia, sino también el flujo de la energía y, en consecuencia, qué regiones de la mente se van a desarrollar. Esas áreas se fortalecen, magnetizadas por la perpetua llegada de energía, y obtienen el poder de atraer la conciencia hacia ellas una y otra vez.

Si ves a alguien utilizando el celular sin cesar para revisar su cuenta de Facebook, por ejemplo, ya sabes qué está pasando. Está permitiendo que su conciencia acuda a esa zona de la mente y, al hacerlo, está labrando un surco mental a esa región, al tiempo que crea una zona mental altamente magnetizada que irá adquiriendo un poder de atracción cada vez mayor sobre su conciencia.

La tecnología solo nos distrae cuando se lo permitimos. Está aquí para quedarse, no lo dudes ni por un instante, y constituye una parte cada vez más importante de nuestras vidas. Nadie puede escapar de eso. Viajas en un autobús con rumbo a un futuro inundado de tecnología, tanto si te gusta como si no. Espero que esta idea sea suficiente para convencerte de que deberías (de hecho, debes) trabajar para desarrollar el dominio de la conciencia en el interior de la mente, a no ser que quieras ceder su gobierno a otros.

La tecnología es una herramienta a tu servicio, no a la inversa. Tenlo claro.

SACAR PARTIDO DE LA TECNOLOGÍA

De momento no he retratado la tecnología bajo una luz favorable en lo relativo a concentración. Sin embargo, no tiene por qué ser así. Soy un gran defensor de la tecnología y creo que se puede emplear para desarrollar la focalización y la fuerza de voluntad sin necesidad de descargar un solo *software* o aplicación.

En capítulos anteriores comenté la extrema importancia de integrar nuestras prácticas en las situaciones recurrentes no negociables del día. Muchos pasamos una cantidad de tiempo importante absortos en dispositivos tecnológicos como puede ser el teléfono inteligente. Como se trata de una situación recurrente que se produce a diario, constituye una gran oportunidad para aprovechar ese tiempo para desarrollar la fuerza de voluntad, la concentración y otras cualidades que ya había propuesto. A continuación sugiero algunas prácticas que involucran el teléfono inteligente y que tal vez te resulten interesantes, por sencillas que parezcan.

1. *Abstinencia*: resiste a la tentación de echar un vistazo al teléfono sin motivo. Es un ejercicio excelente para desarrollar la fuerza de voluntad. Utiliza la voluntad que acumulas a lo largo del día y aplícala a esta práctica con el fin de adquirir todavía más. Cada vez que tu conciencia se desvíe de la tarea que tienes entre manos para posarse en el celular que dejaste sobre la mesa y sientas el impulso de verlo, utiliza la fuerza de voluntad y, con amor y delicadeza, devuelve la conciencia a lo que estabas haciendo.

2. *Propósito*: opta por interacciones conscientes en lugar de mecánicas. Asegúrate de que cada interacción con el celular tenga un propósito. Antes de agarrarlo, decide exactamente lo que vas a hacer. Cuando lo empleas de ese modo, te estás entrenando para guiarte por la intención. Eso te ayudará a desarrollar más claridad respecto a otras facetas de tu vida y, a la larga, respecto a la vida misma.

3. *Foco*: la intención aporta foco. Escoge la aplicación que quieras usar y concéntrate en ella. Domínate para no convertirte en un mono digital que salta de una aplicación a otra o estarás entrenando tu conciencia en el arte de la distracción. Procede como los comandos especiales del ejército (de los que nada sé): entras, haces el trabajo y te vas. No estás ahí para socializar y hacer amigos. Toma el teléfono, haz lo que tengas que hacer y suéltalo.

4. *Tiempo*: decide cuánto va a durar la interacción. Fija un límite temporal y recurre a la fuerza de voluntad para atenerte a él. Yo, por ejemplo, me tomo descansos de cinco minutos a lo largo del día para entrar en las redes sociales. Instagram es la única aplicación en la que participo con regularidad y durante ese tiempo reviso las publicaciones de las cuentas que sigo, todas

seleccionadas con tiento. Cuando concluye el tiempo asignado, dejo el teléfono. Requiere fuerza de voluntad despegar la conciencia de la pantalla para arrastrarla a otra persona o actividad ajenas al teléfono.

5. *Gestión de la energía*: si estás en las redes sociales, sé consciente de lo que ves o de los temas en los que te involucras. Si permites que los algoritmos dicten tu experiencia —dicho de otro modo, decidan el destino de tu conciencia—, les estás permitiendo que determinen adónde fluye tu energía. Lo que te ofrecen los algoritmos te puede aportar energía o te la puede arrebatar. También te puede perturbar emocionalmente, quitarte la paz mental y agitar tu conciencia de manera innecesaria. Escoge los contenidos que observas y en los que involucras a tu conciencia.

En definitiva, la tecnología debería usarse con sabiduría y propósito. Desde este enfoque puede contribuir a que disfrutes de una vida gratificante.

8.2

Las ruedas de la mente

El concepto «las ruedas de la mente» sirve para describir cómo la mente consciente y la subconsciente trabajan juntas para reforzar patrones mentales. Comenzaremos nuestro estudio del concepto a partir de la distracción.

Cuando la conciencia flota a la deriva en la mente consciente, el subconsciente reproduce el patrón. Como quizá recordarás de las primeras lecciones del libro, la mente subconsciente registra lo que sucede en la mente consciente. Si permitimos que la conciencia se distraiga de su objeto de concentración y empiece a divagar, reforzamos la tendencia a la distracción. Repitiendo este proceso una y otra vez, acabaremos por grabar ese patrón en el subconsciente.

¿Qué patrón estamos creando exactamente? Se trata de un modelo que le dice a la conciencia: «Cada vez que se te pida que te concentres en un objeto, siéntete libre para divagar a tu antojo».

Al final, ese patrón que refuerza la tendencia a la distracción es tan fuerte que posee su propia influencia sobre la conciencia. En ese momento comienza el auténtico problema.

Conocí a un hombre que plantó junto a su casa un *Elaeocarpus ganitrus*, el árbol cuyas semillas utilizan los monjes y sacerdotes hindúes como cuentas. Adoraba esa planta y la cuidaba como si fuera su propio hijo. La regaba, la abonaba y acabó por convertirse en un gran árbol. Las fuertes raíces del árbol se abrieron paso hasta la casa y empezaron a afectar a la estructura. Ahora tenía una bestia imposible de gestionar. Su vida diaria se vio muy afectada por el enorme árbol.

El patrón de distracción bien alimentado y abonado en el subconsciente no es distinto del *E. ganitrus*. Una vez que se hace lo bastante grande y fuerte empieza a ejercer su influencia en el viaje de la conciencia por la mente. Cuando la voluntad no es capaz de controlar la conciencia, el patrón subconsciente se pone al mando. Nos arrebata nuestro poder sobre la conciencia y la envía a divagar por la mente, porque así es el modelo y eso es lo que dicta.

Todo comienza con los movimientos erráticos de la conciencia por la mente consciente, que se reflejan en la mente subconsciente como en un espejo. A partir de ese momento, el patrón creado en el subconsciente afecta a su vez a la conciencia cuando se encuentra en la mente consciente. Ahora la conciencia vaga de acá para allá por la mente consciente arrastrada por el patrón y su divagar refuerza a su vez el patrón del subconsciente.

Empieza así un círculo vicioso que yo llamo «la rueda de la distracción». Sin duda ahora entiendes por qué los patrones son tan poderosos y difíciles de romper. Las personas que ejercitan la distracción a lo largo del día están poniendo en marcha la rueda de la distracción. Se crea un patrón y se refuerza una y otra vez hasta que es tan potente que se apodera de la mente. Esa toma de poder da comienzo a un círculo repetitivo e interminable que se alimenta a sí mismo.

Si me acercara al refrigerador y lo abriera en busca de algo que se me antojara comer, el acto en sí mismo no crearía un patrón en mi mente. Pero de hacerlo cinco veces al día, a diario, semana tras semana, el patrón no tardaría en consolidarse. A partir de ese momento, cuando estuviera trabajando en mi escritorio, este patrón cada vez más potente arrastraría a mi conciencia al refrigerador, lo que me llevaría a levantarme y abrirlo de nuevo. El acto de ir al refrigerador reforzaría el patrón a su vez, de tal modo que el círculo vicioso ya estaría instalado.

Si muchas personas tienen problemas de concentración es, en parte, porque las pautas de distracción en su mente subconsciente son muy potentes y se remarcan sin cesar, ya que son reforzadas por el propio patrón y la repetición de la conducta de distracción.

Sabiendo todo eso, espero que empieces a entender por qué razón deberías ser muy cuidadoso con tus actos repetitivos, conscientes o inconscientes. Las pautas que se instalan en el subconsciente como resultado de este círculo vicioso pueden ser muy difíciles de erradicar.

También debes ser muy cauto con lo que dejas experimentar a tu mente consciente, es decir, dónde dejas residir a tu conciencia a lo largo del día, porque todas las experiencias, tanto si las recuerdas como si no, quedan registradas en la mente subconsciente. Y en caso de que alguna de esas experiencias se repita de manera constante, empezará a crear un patrón en el mismo subconsciente que a su vez tendrá efectos sobre la conciencia.

Escuchar repetidamente música que nos entristece arrastra a la conciencia a la zona «triste» de la mente y genera un patrón de pesadumbre que, a partir de ese momento, poseerá la capacidad magnética de atraer a la conciencia de vuelta, creando así un círculo vicioso: la rueda de la tristeza. También sucede a la inversa. Si empezamos el día con meditación, afirmaciones positivas o lectura de textos que propicien estados mentales superiores, generamos patrones en la mente subconsciente que llegarán a ser lo bastante potentes como para arrastrar a la conciencia a zonas elevadas de la mente. A lo largo del día la conciencia se elevará por sí misma. Al acceder a estados superiores, refuerza los patrones que hemos creado. La rueda de la conciencia elevada está en movimiento.

La rueda de la concentración

La rueda de la distracción empieza a girar cuando la conciencia vaga a sus anchas por la mente consciente y ese patrón errático se refleja en el subconsciente, que a su vez gobierna la conciencia desde la distracción.

La rueda de la concentración funciona exactamente del mismo modo. Si la conciencia se encuentra en estado de concentración en la mente consciente, reflejará un patrón de concentración en el subconsciente, que a su vez gobernará la conciencia desde la concentración.

Lo desarrollaré un poco más. Cuando mantenemos la conciencia enfocada mientras llevamos a cabo actividades en la mente consciente, creamos pautas de focalización en el subconsciente. Recuerda, el subconsciente registra lo que sucede en la mente consciente. Esas pautas focalizadas que se crearon en la mente subconsciente gobernarán a su vez la mente consciente desde un patrón de concentración, de tal modo que la conciencia permanecerá enfocada cuando habite la mente consciente.

El hecho de que la conciencia esté enfocada cuando se encuentra en la mente consciente volverá a imprimir en el subconsciente patrones de concentración. El ciclo comienza, pero esta vez, en lugar del círculo vicioso de la distracción, se crea un círculo virtuoso de focalización. Así pues, cada vez que perdamos el dominio de la conciencia en la mente consciente, el subconsciente se hará cargo y la guiará al foco, gracias a los patrones de concentración profundamente arraigados que la rueda de la concentración generó.

Una analogía sencilla para entender el concepto es comparar la conciencia y la mente con un avión. Yo no entiendo de aviación, pero voy a suponer que el piloto, a lo largo del vuelo, o bien pilota el avión manualmente o bien conecta el piloto automático.

En esta analogía, el avión es la conciencia. Si la controlo mientras se encuentra en la mente consciente, estoy concentrado; soy el piloto que gobierna el avión manualmente. Si no controlo la conciencia, o bien lo hace el entorno o bien el subconsciente está al mando. Para simplificar el ejemplo, vamos a suponer que la fuerza dominante es el subconsciente y no el entorno. La situación equivaldría entonces a un avión gobernado por el piloto automático.

Así pues, cuando no estoy a cargo de mi conciencia, el subconsciente decide el rumbo de esta. Si los patrones que grabé en mi subconsciente reflejan concentración, este gobernará la conciencia desde una pauta focalizada. Si los patrones que he creado en mi subconsciente reflejan distracción, entonces el subconsciente gobernará la conciencia de manera errática. El piloto automático solo podrá guiar el avión de la manera que haya sido programado para hacerlo.

Simplificando, la rueda de la distracción y la rueda de la concentración funcionan exactamente del mismo modo. La única diferencia es que una genera pautas de distracción y la otra, pautas de focalización.

Ten presente que, si has dedicado tiempo a desarrollar la capacidad de concentración, has grabado pautas de focalización en tu subconsciente. Esos patrones te brindarán una gran ayuda a lo largo del día. Descubrirás que tu conciencia no se dedica a divagar, aunque no la controles deliberadamente, porque tus patrones subconscientes tienden a la concentración.

Aun estando relajados, la conciencia no va a la deriva en el interior de la mente. Permanece enfocada. Recuperando la analogía del perro que usábamos para hablar de la conciencia, en este caso el perro estaría entrenado para quedarse donde está. Damos un paseo por el parque con el animal y, después de caminar un ratito, decidimos descansar en un banco. El perro se sienta a nuestro lado y no se echa a correr por todo el parque. Así se comporta la conciencia cuando ha practicado la concentración hasta convertirse en una experta. Las pautas de concentración que se han grabado en el subconsciente mantienen a la conciencia centrada también en el interior de la mente consciente.

Cuando eso sucede, la concentración ya no requiere esfuerzo porque se convirtió en un hábito. El foco deviene el estado de la conciencia por defecto. La conciencia se encuentra en estado de concentración todo el tiempo y, a resultas de ello, es muy difícil que se distraiga. Al cabo de un tiempo descubrirás que el foco te acompaña a lo largo del día y estás presente en cada una de tus experiencias. Eso es lo que yo llamo tener una mente hermosa y agraciada.

8.3

Reflexiones sobre el foco

A continuación mencionaré algunos aspectos sobre los que merece la pena arrojar algo de luz en nuestro estudio sobre la mente y el foco.

Sabiduría

A lo largo de los años de formación que pasé con mi maestro, tuve muy clara una regla que él quiso que entendiera y no olvidara nunca. Decía y repetía que «la sabiduría es la única regla inamovible». Según él, ese dogma debía aplicarse a todos los aspectos de la vida. De manera similar, usaremos siempre la sabiduría para discernir en qué medida y de qué modo aplicar en la vida las herramientas y enseñanzas que contiene este libro.

Gurudeva definía la sabiduría como la aplicación oportuna del conocimiento. Saber elegir el momento es fundamental. El conocimiento en sí mismo no será de mucha ayuda a menos que lo apliquemos de la manera oportuna y adecuada para que genere desenlaces positivos en la vida. Solo entonces provocará los cambios deseados.

Numerosas personas dan por sentado que la adquisición de conocimiento en sí misma implica que están aprendiendo y creciendo. No es así en absoluto. Únicamente implica que reunimos nueva información.

Solo la aplicación de ese conocimiento en el momento oportuno demuestra que asimilamos el saber.

Por ejemplo, en el capítulo de la concentración, sugería la práctica de hacer una cosa detrás de otra. Eso no significa que, si estás conduciendo, no puedas mantener una conversación con el pasajero. Adoptando el principio de que «la sabiduría es la única regla inamovible», tendríamos que usar dicha sabiduría para decidir si queremos charlar o no. La sabiduría nos aconsejaría no sumergirnos en una conversación si tenemos que dar una vuelta en un cruce con mucho tráfico. Sin embargo, circulando por una carretera prácticamente desierta durante un largo trecho, mantener una charla ligera sería aceptable. También podríamos avanzar un paso más y aplicar una regla general para todas las situaciones que impliquen conducir: uno no debería adentrarse en una conversación importante o emocional mientras va al volante. Hacerlo podría exigir demasiado compromiso de la conciencia e impedirle que se concentre en la carretera.

En último término, la sabiduría es la única regla inamovible. Deja que la sabiduría te guíe a la hora de aplicar a tu vida las enseñanzas de este libro.

LIBERAR LA CONCIENCIA

Si nos estamos ejercitando para hacer una cosa detrás de otra, ¿significa eso que no podemos dejar nunca la conciencia a la deriva? En ocasiones me acuesto en la alfombra de la sala principal y me digo que, durante los siguientes diez minutos, voy a dedicarme a soñar con los jardines de nuestro santuario espiritual en Costa Rica. Me quedaré allí acostado y dejaré que mi conciencia flote a su antojo por las distintas zonas que albergan los jardines en mi mente.

Otras veces sencillamente me acuesto y dejo que mi conciencia divague durante cierto espacio de tiempo para poder contemplar adónde se dirige mi mente. Siempre es fascinante, pues hacerlo a menudo revela lo que ocupa el primer plano en mi mente y también lo que no está resuelto en mi subconsciente. Pero esos periodos en los que libero la conciencia y la dejo deambular siempre tienen una duración fija. Colocar un temporizador para esta odisea mental me garantiza que no durará eternamente. Recuerda, no queremos entrenar a la conciencia para que divague por la mente sin rumbo o podría convertirse en una pauta dominante.

En otras ocasiones tal vez reserve un periodo de tiempo, digamos diez minutos, para echar un vistazo a las redes sociales o navegar por internet y dejar que la conciencia emprenda un viaje igual que haría de estar viendo una película. Pero si descubro que algo arrastra mi conciencia a una zona de la mente que no es de mi agrado mientras navego por internet, uso la fuerza de voluntad para recuperarla y desplazarla a otra región mental. Me muestro muy protector con las regiones que visita mi conciencia; aprender a retirarla rápidamente es una habilidad que vale la pena cultivar.

El objetivo final es tener la potestad de decidir adónde se desplaza la conciencia al interior de la mente. Sin embargo, en un entorno controlado resulta aceptable dejarla en libertad. Si uno llevara a su mascota al parque para perros, no tendría problema en quitarle la correa, sabiendo que se trata de un espacio seguro. No lo haría, en cambio, en una zona que no estuviera cerrada donde el animal pudiera escapar corriendo a una calle de mucho tráfico. De manera parecida, usa la sabiduría para decidir en qué lugares le retiras a la conciencia la correa de la fuerza de voluntad.

Si estoy tomando algo y charlando con mis mejores amigos, le quitaré la correa a mi conciencia, por así decirlo. Lo hago a sabiendas de que nadie arrastrará mi conciencia a una zona no deseada. Sin embargo, en una conversación con desconocidos, soy mucho más cuidadoso con el rumbo que toma mi conciencia y siempre estoy atento para recuperar el control, no vaya a ser que la arrastren a una zona de la mente poco saludable.

AMOR, DISCIPLINA, FOCO Y FELICIDAD

El amor origina la disciplina de la concentración. ¿Qué quiero decir con eso?

Cuando amas algo, tiendes de manera natural a dedicarle más tiempo. La idea se aplica también a las personas que amas. Aprovechar al máximo las horas que dedicas a la persona o actividad que adoras requiere estar concentrado.

Una persona que ama tocar la guitarra intenta dedicarle todo el tiempo posible a la actividad. Su amor por la guitarra la obliga a ser disciplinada porque, de no serlo, no podría tocar tan a menudo como le gustaría. Con una gran capacidad para enfocarse y grandes dosis de fuerza de voluntad, le resultará más fácil organizarse y extraer el máximo tiempo diario para su instrumento.

Una vez que ya consiguió sacar tiempo para su pasión, su habilidad de estar completamente enfocada en lo que está haciendo le permitirá vivir la experiencia de tocar la guitarra con todo su ser, algo que le procurará la máxima satisfacción. De manera similar, cuando amas a alguien y deseas pasar tanto rato con esa persona como sea posible, será tu habilidad para sostener el foco lo que en último término determine la profundidad de la experiencia. Muchas personas pasan tiempo con sus seres queridos, pero su incapacidad para focalizarse las empuja a experiencias superficiales y huecas que no las llenan.

Desarrollamos concentración para poder disfrutar más de aquello que adoramos y de manera profunda. La consecuencia de experimentar al máximo aquello que amamos es un sentimiento de felicidad.

Recuerda que la idea no es perseguir la felicidad de por sí, sino diseñar un estilo de vida cuyo efecto colateral sea la felicidad. Desarrolla la fuerza de voluntad y la concentración para poder controlar la conciencia y estar totalmente inmerso —presente— en las experiencias que propicia ese estilo de vida que diseñaste. El efecto colateral de esa experiencia será la felicidad.

Escuchar y entender

La capacidad de escucha ocupa uno de los primeros puestos en la lista de cualidades humanas en peligro inminente de extinción.

Si uno es incapaz de sostener la conciencia en un objeto de concentración durante un periodo de tiempo prolongado, ¿cómo va a iniciar siquiera el proceso de escucha? Si su conciencia solo puede permanecer enfocada durante siete segundos, ese será el tiempo que dedicará a escuchar antes de distraerse.

La capacidad de escucha es una destreza de suma utilidad para forjar relaciones con los demás. Pero no podemos escuchar a menos que seamos capaces de concentrarnos, y abunda la gente que escucha mal porque siempre está distraída. Cuanto mejor se concentre una persona, mejor sabrá escuchar. En consecuencia, podrá reunir más información, reflexionar sobre ella y, por ende, comprender mejor a su interlocutor.

Infinidad de malentendidos en las relaciones se deben al hecho de que las personas no se escuchan mutuamente, algo que sucede a menudo por las dificultades para concentrarse. Cuando hablo de relaciones, me refiero a contactos y vínculos de todo tipo.

Es importantísimo que aspiremos a entendernos, porque de la comprensión mutua nace la empatía, de la empatía nace la compasión, de la compasión nace el amor y, finalmente, del amor nace la paz. No podemos amar algo que no entendemos. Aunque muchos no estén de acuerdo, la comprensión es el suelo en el que crece el amor. Resumiendo la secuencia: concentración, escucha, reflexión, comprensión, empatía, compasión, amor y paz.

La escucha también ofrece la posibilidad de recabar información. Yo me di cuenta de que mi habilidad para enfocarme me ha permitido escuchar mejor y, en consecuencia, reunir mucha más información; una ventaja valiosísima como emprendedor. Cuanta más información tengo, mayores son mis oportunidades de tomar buenas decisiones si soy capaz de procesarla bien. Reúno información escuchando y observando, y lo hago gracias a mi habilidad para concentrarme. Muchas empresas se centran en reunir tanta información como sea posible y utilizan los datos para acumular éxitos inmensos y vastas fortunas.

Si prestamos atención plena, podemos estar presentes y, cuando eso sucede, un mundo inimaginable se revela ante nosotros.

8.4

Los descendientes del foco

La concentración tiene muchos descendientes, todos extraordinarios, pero dos de sus hijos más importantes son la capacidad de prestar atención plena a otra persona y el poder de la observación. Los analizaremos ambos en profundidad.

ATENCIÓN PLENA

Faltaban horas para el alba cuando sonó la alarma de mi pequeño reloj de pilas. Alargué la mano y lo apagué. Mi cuerpo gimió, mi mente acusó cansancio, pero mi voluntad ya se estaba levantando. Me senté en el colchón, llevé a cabo una serie de pequeños rituales relacionados con el acto de despertar y salí de mi choza. Me quedé unos instantes bajo el árbol que daba sombra a mi pequeña casa de concreto. Las estrellas asomaban entre las hojas agitadas por la leve brisa. En las noches claras sin luna, el firmamento hawaiano era siempre un manto de estrellas.

Había cierto frescor en el aire. Avancé desde mi cabaña, pasando por una huerta de árboles frutales y enfilando luego por un largo y escabroso camino hacia el monasterio principal para bañarme y vestirme. Cuando terminaba de prepararme, solía regresar a la choza, donde llevaba a cabo mis prácticas espirituales matutinas antes de reunirme con el resto de los monjes para los rituales de la mañana.

Mientras regresaba a mi cabaña, advertí que la luz estaba encendida en el despacho del gurú. Decidí acercarme a hablar con él. Entré en la estancia, la Sala Caoba, y él me animó a pasar como hacía siempre. Me postré ante él, me incorporé y me acerqué a la silla que había delante de su escritorio. En ocasiones había otros monjes presentes y otras veces estábamos solos.

Aquel día únicamente estábamos nosotros. Esos momentos con él se me hacían sumamente valiosos. Nos quedábamos sentados en silencio o entablábamos conversación. En cualquier caso, yo recibía su atención plena. Era incondicional. Su capacidad para concentrarse, su dominio sobre la conciencia no tenía comparación. Su atención indivisa era la expresión silenciosa de su amor por mí, que resonaba más alto y claro de lo que cualquier palabra podía expresar. En su presencia, el tiempo parecía ralentizarse y alargarse. En un estado de concentración absoluta, uno experimentaba los incontables instantes de cada momento.

Su asombroso poder de concentración le proporcionaba la capacidad de estar totalmente presente y me transmitía sin palabras que yo le importaba y que me quería. Que valoraba lo que yo le decía. Era siempre una experiencia empoderadora hasta el infinito. Me cuesta expresar con palabras, en todas las ocasiones, la sensación de experimentar su completa presencia. Pasé muchas, muchísimas mañanas con él de ese modo.

Dos décadas más tarde, habiendo dejado atrás la vida monástica, me encuentro en un mantel de día de campo con mi hija, en Siva Ashram, nuestro santuario espiritual y jardín botánico en Costa Rica. La luz se filtra entre las hojas pinadas, verdes y brillantes de un flamboyán mientras disfrutamos de un *croissant* y unos vasos de jugo. Mi hija tiene tres años de edad, pero cuenta con mi atención plena en cada uno de nuestros intercambios desde el día de su nacimiento. Después de numerosas experiencias de recibir la atención absoluta de mi maestro, ¿cómo no ofrecerle a ella esa misma experiencia? Yo sabía que había cambiado mi vida en muchos aspectos y estaba convencido de que cambiaría la suya también.

He puesto un gran esfuerzo en mi vida por otorgar a las personas de mi entorno toda mi atención; desde mi esposa hasta mis empleados, amigos y demás. Ofrecer mi atención plena es una de las expresiones más grandes de amor y respeto que puedo otorgarle a alguien.

Cuando te presto atención plena, estoy expresando que, de todas las personas y cosas de este mundo a las que puedo ofrecer mi finito tiempo y energía, tomo la decisión consciente de concederte mis más preciados recursos. Te estoy diciendo que me importas y siento cariño por ti, y que tus palabras poseen importancia para mí.

Cuando te presto atención plena, te estoy diciendo también que valoro tu finito tiempo y energía. Estoy expresando que soy consciente de que tú también decidiste otorgarme dos de tus más valiosos recursos. La atención total que te ofrezco es en parte mi gratitud por este regalo de valioso tiempo y energía que tú me concediste.

Cuando alguien te hable, préstale atención total. ¿Cómo se hace? Se hace sosteniendo tu conciencia en ellos. Si tu conciencia, esa reluciente bola de luz, se desvía, devuélvela a esa persona con delicadeza y amor. Si vuelve a desviarse, devuélvela nuevamente. Sigue haciéndolo hasta que tu conciencia esté entrenada para sostener un objeto de concentración sin desplazarse. Así se practica la concentración. Así se aprende a prestarle a alguien atención total.

Ofrecerle a alguien tu atención plena es en verdad una de las formas de amor y respeto más elevadas que se pueden otorgar.

TOLERANCIA CERO A LA DISTRACCIÓN

Un par de milenios atrás, el sabio y tejedor Tiruvalluvar del sur de la India captó con elocuencia el concepto de transitoriedad de las cosas en su aforismo: «Si bien parece una inocua medida de tiempo, para esos que lo comprenden un día es una sierra que corta el árbol de la vida».

Cuando una persona asume completamente el hecho de que su existencia es finita y que toda vida tiene un final claro y definitivo, adoptar una política de tolerancia cero con las distracciones se torna inevitable. El tiempo es un don que se nos ha concedido a todos, pero el modo en que decidamos pasarlo depende únicamente de nosotros.

Adoptar una política de tolerancia cero con la distracción es un acto de reverencia hacia el valioso tiempo que se nos ha otorgado. Constituye asimismo una demostración de amor hacia las personas y las actividades que nos importan, pues cuando cedemos un solo segundo de la vida a la distracción, estamos privando a todo lo que amamos, incluidos nosotros mismos, de ese tiempo.

Después de decidir que no renovaría mis votos monásticos y que abandonaría el monasterio de Hawái, convertí Nueva York en mi nuevo hogar. Un par de años después de mudarme a la ciudad, me reuní con una persona en una cafetería que recuerdo con claridad. Nos sentamos, le hicimos el pedido al mesero y entablamos una conversación. Cada pocos minutos, él utilizaba su celular, que estaba sobre la mesa, y le dedicaba su atención.

Esta situación prosiguió durante más de treinta minutos, momento en el cual comprendí que nunca recuperaría el tiempo que estaba perdiendo allí viéndolo acariciar el teléfono, un acto que no sentía el menor interés en presenciar.

Así que pronuncié su nombre en voz alta, con tono firme, para llamar la atención de su conciencia. Lo miré y le dije:

—Una de estas dos cosas va a suceder. O bien dejas el teléfono y no vuelves a mirarlo, o bien damos el encuentro por concluido y me voy. El hecho de que no pares de mirar el celular mientras estamos juntos es una absoluta pérdida de tiempo y energía para mí, además de una falta de respeto. Tú decides cómo quieres proceder.

Advertí por la expresión de su rostro que lo había tomado desprevenido. Recuperó la compostura rápidamente y me respondió:

—Tienes toda la razón. Lamento haber estado tan distraído. Esta reunión es importante para mí, así que guardaré el teléfono y me esforzaré por estar totalmente presente.

Fue ese incidente el que me llevó a adoptar una política de toleran-cia cero con las distracciones. Significa tener el valor de llamar la aten-ción del otro cuando comete actos de distracción. Eso es algo que puede y debe hacerse con amabilidad, pero con firmeza. Al fin y al cabo, ¿qué motivo tengo para no ser amable? Absolutamente ninguno. To-davía me queda mucho trabajo por hacer para integrar plenamente esta política en mi vida y es algo en lo que trabajo con ahínco, pues con cada año que pasa mi umbral para la distracción se reduce más y más.

La mayoría de la gente con la que me relaciono, si no toda, sabe que exijo atención plena. No lo hago porque sea una persona necesi-tada de atención, sino como modo de afirmar que valoro mi tiempo y energía, así como el tiempo y la energía de mis interlocutores. Los minutos que tengo en esta vida son limitados. Si me pides una parte de esos minutos, te rogaré que no los derroches. Trátalos con respeto absoluto prestándome tu atención plena, porque la sierra ya se abre con paso incesante por el tronco de mi vida.

Cuando inicias el camino de cultivar un foco constante, es impor-tante que informes a tus allegados que estás practicando el arte de la concentración y que adquiriste el compromiso de estar presente en todas tus interacciones. Además de eso, puedes explicarles que lo ha-ces porque ofrecerles tu atención plena es la manera que escogiste de expresar lo mucho que los amas y respetas.

Tendrás que aclararles qué significa estar presente y cómo se hace. Puedes ofrecerles unos pocos ejemplos, uno de los cuales podría ser la sugerencia de que guarden el teléfono en todas sus interacciones, para que ambos puedan ofrecer atención plena.

EL PODER DE LA OBSERVACIÓN

La observación es el primer signo del despertar de la mente supraconsciente.

GURUDEVA

La observación aparece a consecuencia de los prolongados estados de concentración. Cuanto más nos concentramos, más capacidad de observación desarrollamos. Si voy al gimnasio a entrenar con pesas un día tras otro, desarrollaré músculo de manera natural. Es la consecuencia obvia de levantar pesas. De manera parecida, cuanto más desarrollamos la facultad de concentrarnos, más presentes estamos.

Así pues, ¿qué es la observación? Una de las definiciones de «observación» según el diccionario inglés Merriam-Webster sería «la acción de observar y escuchar algo o a alguien con mucha atención y detenimiento para adquirir información». Mi maestro se refería a la observación como la «vista de águila». Cuando ves el mundo desde las alturas, puedes observar todo lo que hay debajo.

He aquí una sencilla analogía para arrojar luz sobre lo que significa la «vista de águila». Imagina que tus amigos y tú están viendo un partido de futbol en la televisión, que se retransmite en directo. Un jugador corre con el balón hacia la portería del otro extremo. Su equipo tendrá una oportunidad perfecta si le pasa el balón a un jugador que está perfectamente ubicado para marcar un gol. En el salón, todo el mundo grita: «¡Pásalo! ¡Pásalo!», pero él le lanza el balón a otro jugador que no está tan bien posicionado. Los espectadores se llevan las manos a la cabeza sin poder dar crédito a la jugada. «¡Qué idiota! ¡Era un tiro perfecto!», exclama uno de tus amigos.

¿Cómo es posible que tus amigos y tú hayan demostrado mejor criterio que un jugador profesional, que cobra millones de dólares por hacer eso a diario? Bueno, es cuestión de perspectiva. Por más talento que tenga el jugador, él solo ve lo que tiene delante. En cambio, ustedes estaban contemplando el partido desde una cámara colocada en la parte alta del estadio, que les permite ver el campo y lo que allí sucede a vista de águila. Desde esa posición privilegiada era mucho más fácil advertir qué pase habría permitido marcar un gol.

De manera parecida, un satélite que orbita a gran distancia de la superficie de la Tierra, desde la perspectiva de las alturas, puede captar mucho más de lo que sucede aquí abajo de lo que uno vería desde su coche. La capacidad del satélite de contemplar la imagen completa le permite adelantarse a los acontecimientos.

Igual que la cámara situada en lo alto del estadio y el satélite que orbita en torno a la Tierra, según vayas adquiriendo capacidad de observación con tu facultad incrementada de enfocarte, más información se revelará ante tus ojos. Cuanta más información tengas, más conocimiento recabarás y las posibilidades de tomar mejores decisiones se incrementarán. Dicho esto, la capacidad de tomar mejores decisiones no se basa en la cantidad de información que tengas, sino más bien en tu habilidad para procesar esa información con sabiduría y aplicarla de manera oportuna.

Desde una actitud de observador, serás capaz de ver obstáculos y oportunidades en tu vida. Eso no significa que siempre vayas a ser capaz de evitar esos obstáculos y aprovechar esas oportunidades, pero el hecho de que los veas venir te ofrece incontables posibilidades de tomar decisiones que desemboquen en desenlaces más positivos. No tengo palabras para expresar la cantidad de veces que he avistado obstáculos en mi vida y, a pesar de haberlos visto, me he metido de lleno en esas complicadas experiencias vitales. Sucede así a causa de patrones subconscientes que deben ser modificados.

> Los problemas no son problemas. Son patrones subconscientes que hay que ajustar.
>
> GURUDEVA

El primer paso para hacer estos ajustes en el subconsciente es ser capaz de observarlos. No se puede cambiar nada que no percibes. Esa es otra razón por la que aprender a concentrarse es tan importante: te ayuda a tener una actitud más introspectiva, que te permite atisbar patrones internos que necesitan modificarse e iniciar el proceso de hacerlo.

La observación me ayuda a ver la imagen completa y, al hacerlo, tengo la posibilidad de tomar decisiones mejores relativas a mi vida.

Cuando tomo mejores decisiones, obtengo mejores resultados. Una de las consecuencias derivadas de ello es la felicidad, porque estoy creando un estilo de vida que desemboca en que me sienta feliz. La capacidad de observación es en verdad uno de los grandes beneficios de la concentración.

Desmitifiquemos el foco

Las numerosas confusiones que existen con respecto al foco surgen porque la gente no acaba de entender en qué consiste. Las ideas equivocadas a menudo los llevan a albergar ideas sesgadas o desinformadas sobre vivir enfocado y, en consecuencia, a excluir el foco como una cualidad que cultivar en la vida. A continuación abordaremos algunas de esas ideas equivocadas para disiparlas y aclarar lo que es la concentración en realidad.

CONCENTRARSE ES AGOTADOR

Un caballero me dijo en cierta ocasión:

—Requiere mucha energía y esfuerzo permanecer todo el día concentrado. ¡Es agotador!

Yo respondí preguntándole:

—¿Cuánto esfuerzo y energía requiere pasar todo el día distraído?

Él replicó sin titubear:

—Nada en absoluto. De hecho, puedo permanecer todo el día distraído sin esfuerzo.

—Puede pasar todo el día distraído porque lleva años grabando patrones de distracción en su subconsciente. A causa de eso no le requiere ningún esfuerzo distraerse y de ahí que no le resulte agotador.

La persona que ha ejercitado el arte de la concentración, que ha pasado años creando patrones enfocados en el subconsciente a través de la devoción a la práctica de la concentración y cuya conciencia obedece el dictado de la voluntad, puede pasar todo el día enfocada con facilidad, sin experimentar el menor cansancio.

A un individuo que no haya practicado el arte de la concentración, permanecer centrado durante largos periodos de tiempo le resultará extenuante. Si le pedimos a la mente que lleve a cabo una actividad cuyos patrones no tiene grabados en el subconsciente o para la que no se ha ejercitado, necesitará mucha más energía para ponerla en práctica, como es natural.

Un jardinero puede pasar horas podando árboles, porque posee los músculos necesarios para la tarea, mientras que una persona que poda un árbol por primera vez hallará el trabajo agotador. El caso de la mente no es distinto. Todo aquello para lo que la mente no está acostumbrada requiere mucho más esfuerzo y energía, y se puede considerar fatigoso.

Y hablando de fatiga, vale la pena señalar que resulta muy cansado para una persona enfocada pasar el rato con alguien que vive todo el tiempo distraído. Seguir los pasos de una conciencia que salta sin criterio por el interior de la mente es extenuante. La conciencia enfocada se ve obligada a hacer algo a lo que no está acostumbrada y el acto mismo resulta extremadamente fatigoso. Según la conciencia rebota de acá para allá, la energía se dispersa por todas partes, lo que produce una pérdida energética significativa.

EL MIEDO A PERDERSE COSAS

Una persona me dijo una vez, al mismo tiempo que se colocaba las manos a ambos lados del rostro, como si llevara anteojeras:

—Temo que si estoy demasiado concentrado acabaré perdiéndome otras cosas de la vida.

Es muy habitual entre las personas pensar que cuando vives enfocado tienes visión de túnel. Es cierto que la conciencia se encuentra anclada a un objeto de concentración, pero, como ya sabes, el foco genera capacidad de observación. Así pues, en contra de esa idea tan extendida de que el foco hace que te pierdas cosas, en realidad es a la inversa. La concentración te permite tener una actitud de observador y eso significa que te vuelves más consciente de lo que tienes alrededor.

Dejar fuera todo lo demás

Es muy habitual oír decir a los deportistas: «Me limito a concentrarme en el partido y dejar fuera todo lo demás». Analicemos esta frase. Dejar algo fuera requiere que la conciencia atienda a aquello que desea bloquear.

Tomemos como ejemplo un defensa de futbol americano. Uno de sus objetivos es impedir que el corredor sobrepase la línea de defensa. Para poder bloquear a esa persona, tiene que enfocar su atención en él. Si hubiera un único defensa, tendría que apresurarse hacia cada corredor y bloquearlos uno a uno. De manera similar, cuando uno afirma: «Voy a dejarlo todo fuera», en el contexto al que nos referimos en este libro, está diciendo que su conciencia, como el defensa, tendrá que bloquear todo aquello que compite por su atención, una cosa cada vez. Básicamente, a eso se refiere una persona cuando afirma: «Me limito a dejar fuera todo lo demás». Estar enfocado no tiene nada que ver con eso.

Es fundamental que trabajemos para entender cómo funciona la mente. Uno de los aspectos clave es hacerlo usando la terminología y las palabras correctas, algo que solo será posible si comprendemos en profundidad los mecanismos de la conciencia y la mente. Por eso dediqué los primeros capítulos del libro a esa cuestión.

El deportista debería decir: «Me voy a concentrar por completo en el juego». La frase implica que observa lo que pasa a su alrededor, pero su conciencia no se involucra en lo que sucede. El juego absorbe toda su conciencia.

272 EL PODER DE LA CONCENTRACIÓN ABSOLUTA

No hay nada que dejar fuera en el camino que conduce a una concentración absoluta.

AUSENCIA DE ALEGRÍA

Si le pidiéramos a alguien que visualizara a una persona concentrada, con toda probabilidad imaginaría a un individuo con los ojos entornados, pendiente de su objeto de concentración, con el ceño levemente fruncido y una expresión absorta y atenta en el rostro. La imagen no sugiere para nada una actitud de tranquilidad.

En cambio, si le pidiéramos a esa misma persona que visualizara a una persona relajada, tal vez imaginara a alguien corriendo despreocupadamente por la playa, con los brazos abiertos para abrazar el viento que le azota la cara y el pelo. Ante una imagen como esa es fácil concluir que la persona experimenta sensación de libertad, paz y alegría.

Si tuviéramos delante las dos imágenes, una al lado de la otra, podríamos pensar: «Yo no quiero estar tan enfocada como para no poder disfrutar de la vida. Quiero sentirme relajada y feliz, no pasarme el día concentrada, con una expresión ceñuda».

De nuevo, la confusión nace del hecho de que no tenemos claro lo que es el foco. Las personas que aprendieron a focalizarse no van por ahí con el ceño fruncido, los ojos entrecerrados y expresión absorta. La concentración es el estado natural de su mente. Para ellas estar concentradas no requiere esfuerzo. Pueden relajarse y estar enfocadas al mismo tiempo. Y como viven con foco, son capaces de prestar a todas las personas y actividades su atención plena, lo que deriva en experiencias gratificantes con cada interacción. La satisfacción, la alegría y la felicidad solo son algunos de los sentimientos que experimentan a consecuencia de su estado de concentración.

MINDFULNESS

Faltaría a la verdad al no reconocer que la palabra *mindfulness* me produce el mismo escozor que unas uñas arañando un pizarrón. Una reminiscencia superflua y amable del hecho de que soy humano y algunas cosas me irritan. El uso de la palabra se degeneró de manera burda y su empleo despreocupado lo somete a más sacudidas que un torniquete en la estación del metro de Times Square de Manhattan. Reprimiré mis sentimientos y focalizaré mi conciencia al propósito de abordar este tema.

Empecemos por definir mindfulness. El Oxford English Dictionary lo define como «un estado mental que se alcanza como resultado de estar concentrado en el momento presente». El análisis cuidadoso de esta definición revela que el mindfulness es un efecto secundario de la concentración: un estado mental que surge cuando estás concentrado.

El diccionario Merriam-Webster lo define como «la práctica de prestar atención a los propios pensamientos, experiencias y emociones desde una conciencia plena o elevada en el momento presente con una actitud básica de aceptación». Voy a abreviar esta definición sin traicionar el sentido y las palabras empleadas diciendo: «La práctica de prestar atención a las propias experiencias en el momento presente desde la plena conciencia». (Presta atención al uso que hace de la palabra «conciencia», distinto al mío.)

A partir de estas definiciones, podría conjeturar que solo en el caso de que fuera capaz de concentrarme y sostener la conciencia en un objeto de concentración el tiempo suficiente, sería consciente (estaría presente o en estado de observación) de aquello en lo que estoy focalizado.

De esta idea podríamos concluir que no practicamos el mindfulness. No practicamos la observación o presencia. En vez de eso practicamos la concentración. El mindfulness y la observación son estados mentales derivados de entrenar la conciencia para que se concentre durante periodos de tiempo prolongados. Dicho de otro modo, la concentración es necesaria para experimentar un estado de mindfulness o presencia. La concentración genera el estado mental del mindfulness, sin la cual no se produciría.

Si una persona tiende a estar distraída, es decir, si su conciencia salta de tema en tema sin control, ¿cómo va a prestar atención a las propias experiencias en el momento presente desde la plena conciencia? No puede. Sugerirle a alguien que tiende a distraerse que debe practicar el mindfulness revela ignorancia.

Tiene que empezar por practicar la focalización. Una vez que sea capaz de sostener la conciencia en un objeto de concentración durante un periodo de tiempo prolongado, empezará a ser consciente de su experiencia en el momento presente. Solo entonces podrá experimentar la presencia plena o el mindfulness.

De manera parecida, no existen prácticas para ser feliz. La felicidad se experimenta. Es un estado mental. La felicidad es el derivado emocional de una experiencia vivida o la conciencia ubicada en una zona mental en particular.

Así pues, en vez de animar a las personas a practicar el mindfulness, anímalas a practicar la concentración. Y el mindfulness será el estado mental que alcancen mediante el gesto de concentrarse en aquello en lo que decidan involucrarse. Este debería ser el uso del término «mindfulness», así como su explicación.

Entender la multitarea

> El camino más corto para hacer muchas cosas es hacer
> una cosa detrás de otra.
>
> WOLFGANG AMADEUS MOZART

La multitarea, al igual que la distracción, es la antítesis de la concentración. Para entender la multitarea empezaremos por definirla.

El diccionario Merriam-Webster define la *multitarea* como «la ejecución de dos o más tareas al mismo tiempo». El diccionario Oxford la define de dos maneras distintas. Dicho de una persona, la entiende como la facultad de «gestionar más de una tarea a la vez»; dicho de una computadora, sería la capacidad de «ejecutar varios programas o varias tareas de manera simultánea». Son definiciones muy claras de lo que es la multitarea.

Cuando una persona realiza varias tareas al mismo tiempo, lo que sucede en esencia es que su conciencia va y viene entre dos cosas. La conciencia no puede estar en dos sitios al mismo tiempo.

Una persona que conduce y habla por teléfono simultáneamente desplaza su conciencia de la conversación a la conducción, y viceversa. Hacer eso no solo es peligroso, sino que consume gran cantidad de tiempo y energía. Consume nuestra energía porque, recuerda, la energía fluye en la dirección que toma la conciencia.

Usaré una analogía que muestra la gran cantidad de energía que consume la multitarea. Imagina por un momento que la conciencia es un coche y que el combustible de ese vehículo es la energía. Si tuviera que recorrer varias veces el camino de ida y vuelta entre dos ciudades cercanas, consumiría mucha más gasolina que permaneciendo en reposo en un único lugar. Lo mismo se aplica a la conciencia. Viajando de un lado a otro entre dos objetos de concentración, la conciencia consume gran cantidad de energía. Tiene que involucrarse en el objeto A durante un breve periodo y luego despegarse de este para adentrarse en el objeto B. Ahora que está involucrada en B durante un breve instante debe separarse para volver a A. Cuando regresa a A, la conciencia debe identificar dónde dejó el asunto en la interacción anterior e implicarse de nuevo en ese punto en concreto de la conversación o actividad.

Todo ello consume una cantidad de energía ingente. Según el proceso se repite una y otra vez con la multitarea, grandes cantidades de energía se derrochan. La productividad y la eficacia se desploman a niveles muy inferiores a los que habríamos alcanzado de haber mantenido un estado mental de concentración.

Mucha gente practica la multitarea pensando ilusoriamente que está siendo muy productiva y sacando adelante una gran cantidad de trabajo. Por el contrario, tan solo está desperdiciando dos de sus recursos más valiosos: su tiempo y su energía.

Mis opiniones sobre la multitarea y los efectos que tiene en las personas no proceden de la investigación científica ni fisiológica. Más bien surgen de mi experiencia interna con la conciencia y la mente. Si te interesa saber más sobre lo que dice la ciencia con relación a la multitarea, sugiero que busques en internet, donde encontrarás abundantes estudios neurológicos y psicológicos según los cuales la multitarea es un mito.

CUARTA PARTE

La panacea para la mente

CAPÍTULO 9

Los cuatro enemigos

Estar presente: el remedio

La mente, cuando no la vigilamos de cerca, puede sufrir numerosas enfermedades. Muchas de ellas se pueden tratar e incluso superar si comprendemos en profundidad la conciencia y la mente, y si aprendemos a controlar los caminos que toma la una por el interior de la otra. En el capítulo presente me gustaría hablar de cuatro enemigos que son el terror de numerosas mentes: la preocupación, el miedo, la ansiedad y el estrés.

Antes de entrar a abordar cada uno, debemos conocer una aplicación crucial de la conciencia focalizada, que es estar presente. Empezaré nuestro estudio de la presencia con la historia que me contó un empresario en cierta ocasión.

«Estábamos surcando las azuladas aguas del mar en un barco privado, con rumbo a una isla remota, cuando levanté la vista del celular y advertí que mi mujer y mis hijos estaban plenamente absortos en la sobrecogedora experiencia que había planeado para mi familia. En aquel momento me di cuenta de que llevaba quince minutos pegado a la pantalla del celular —me dijo con aire contrito, molesto por su incapacidad para estar presente en esa situación—. La experiencia con mi familia se había perdido para siempre —se lamentó».

Las personas dedican buena parte de sus vidas a trabajar para ganarse un sustento que les permita crear experiencias. Esas experiencias abarcan desde disfrutar de una comida en un puesto callejero con amigos hasta hacer un crucero en un yate privado y todo lo que hay en medio. Sea cual sea la experiencia, una sola cosa determinará lo que nos aporte: la capacidad para estar presente en esa vivencia. Por desgracia, muchos materializan con sudor y lágrimas experiencias únicas solo para malgastarlas con una mente distraída.

Estoy presente cuando mi conciencia se encuentra totalmente pendiente de la situación o las personas que están conmigo o de la experiencia que estoy viviendo. Estar presente no se diferencia de encontrarse en estado de concentración.

Igual que el mindfulness, estar presente solo es posible si uno es capaz de concentrarse. Y, de manera parecida, la presencia no se ejercita; lo que se ejercita es la concentración, porque cuando estás concentrado te implicas al máximo con las personas que están contigo y, en consecuencia, estás presente en la experiencia.

Decirle a alguien que esté presente no es una sugerencia acertada. En vez de eso, sería más exacto pedirle que se concentre, si quieres que esté presente, siempre y cuando haya aprendido a focalizarse. ¿Cómo van a estar presentes si no saben focalizar la conciencia? La presencia es la consecuencia del foco. Cuando uno tiene interiorizados los conceptos de «conciencia» y «mente», así como lo que significa concentrarse, no hay gran cosa que decir acerca de la presencia.

Tal vez hayas vivido la experiencia de estar conversando con alguien en persona y, al advertir que ya no estabas presente, tu interlocutor te preguntó: «¿Dónde estabas?». La irrefutable respuesta sería: «Estaba aquí mismo».

En el contexto de este libro, la pregunta correcta sería «¿Dónde estaba tu conciencia?». Porque físicamente yo sé que estabas aquí, justo delante de mí. Está claro como el agua. Tu cuerpo físico siempre habita el momento, aquí y ahora. Sin embargo, tu conciencia había abandonado hacía rato la situación y, en consecuencia, ya no estabas presente.

Así pues, ¿cómo saber si alguien ya no está presente? ¿Puedes reflexionar la pregunta unos minutos para ofrecer la respuesta a partir de lo que has aprendido en este libro?

La respuesta es que ya no notas su energía. Recuerda las palabras del gurú: «La energía fluye en la dirección que toma la conciencia». Cuando la conciencia de una persona te abandona para desplazarse a otra cosa que tiene en mente, allá fluirá su energía. Si eres una persona sensible y dejas de notar que su energía fluye hacia ti, sabrás que esa persona ya no está concentrada en la conversación; no está presente, aunque su subconsciente la incite a asentir con movimientos mecánicos de la cabeza a lo que tú estás diciendo.

Espero que te haya quedado claro por qué es tan importante cultivar la concentración. Constituye el núcleo de muchas de las cualidades que aspiramos a desarrollar en la vida.

La eternidad del momento

Para entender qué significa vivir aquí y ahora, o estar presente, es crucial entender a grandes rasgos qué es el tiempo. Describiéndolo de forma simplificada, podríamos dividir el tiempo en tres partes: pasado, futuro y ahora o presente. En cualquier momento dado, la conciencia se encuentra en uno de esos tres momentos temporales.

Si la conciencia se pierde en el pasado, nos sorprendemos escarbando en la antología de nuestras experiencias vitales, acumuladas desde que llegamos a este planeta y almacenadas en el museo del subconsciente. A diferencia de la mayoría de los museos, el subconsciente, acumulador compulsivo de recuerdos, suele ser un caos de experiencias, patrones conductuales y demás, a menos que esté entrenado en el arte de organizar la memoria.

Y cuando nos estamos atormentando en un recuerdo del pasado, tal vez demos voz a la memoria diciendo: «¿Recuerdas aquel día en Praga, en pleno invierno, en que nos sirvieron vino caliente? ¡Antes ni siquiera sabía que la gente bebía vino caliente!». Es la confirmación verbal del momento temporal al que se desplazó la conciencia. Muchas personas pasan gran cantidad de tiempo regodeándose en el pasado y, al hacerlo, permiten sin saberlo que el único instante que en verdad importa, el presente, se pierda para siempre, inadvertido.

Dicho esto, el pasado puede ser un recurso sumamente educativo, porque nos proporciona gran cantidad de conocimientos y aprendizajes que nos permiten tomar decisiones más sabias en el presente y así crear un futuro mejor.

Si la conciencia viaja al futuro, podríamos expresar verbalmente lo que estamos imaginando: «Estoy deseando llegar a Kuala Lumpur la semana que viene y darme un atracón en los puestecitos callejeros. Lo primero que me voy a comer es un *roti canai*». Otra confirmación verbal del momento en el tiempo al que se desplaza la conciencia.

Dejar que la conciencia pase mucho tiempo absorta en fantasías mentales y ensoñaciones sobe el futuro puede desembocar en decepción, tristeza y depresión. Sucede así porque evocamos mentalmente algo que no se plasma en el mundo físico. Tener una imagen mental clara del futuro es un paso muy importante para manifestar nuestras aspiraciones, pero el trabajo de materializar el futuro se debe llevar a cabo en el presente. Es en ese lugar donde se crea el futuro: aquí y ahora.

No hay nada malo en permitir que la conciencia viaje al pasado o al futuro si se hace desde la presencia y la sabiduría. En cambio, regodearse demasiado en uno u otro puede resultar perjudicial. Algunas personas dedican muchas energías a expresar lo que van a hacer, pero no pasan en el presente el tiempo suficiente para llevarlo a cabo. Otras dedican infinitas horas a recordar el pasado, deleitándose en sus recuerdos o lamentándolos, ajenas al hecho de que la vida sigue implacable. Si adoptas una actitud de observación, a menudo advertirás por las palabras de alguien en qué momento temporal se encuentra su conciencia.

Por último, están aquellos que pasan la mayor parte del tiempo en el presente, totalmente focalizados en lo que están haciendo. Son los creadores. Las personas que plasman sus visiones. Los líderes. Son los que saben que todas las cosas se crean aquí y ahora, en la eternidad del instante.

Gurudeva me grabó la noción de que «el ahora es la única realidad» en cada fibra de mi ser. Requirió esfuerzo por su parte y su enfoque variaba en función de cuál fuera la capa de mi mente en la que intentaba imprimir ese axioma. A continuación incluyo una de las enseñanzas experienciales que recibí de mi maestro al respecto.

Estaba finalizando el trabajo del día en mi escritorio. Pasaban de las seis de la tarde, la hora que teníamos asignada para dar por terminada la jornada laboral.

Sonó el teléfono y respondí.

—Dandapani —empezó el gurú.

—Hola, Gurudeva.

—Quiero que vayas al bosque Windbell —me pidió. En ese momento, numerosos pensamientos asaltaron mi mente.

El bosque Windbell era una parte boscosa de las veinte hectáreas que conformaban los terrenos del monasterio. En el interior de esa zona, pasado un arroyo sin puente y enfilando bosque a través, había una choza sumamente austera.

Era una cabaña de troncos con el techo de lámina. Imagina un tubo cortado a lo largo para crear una forma semicilíndrica. Esa era la forma que tenía. Elevada sobre cuatro postes de madera a un metro del suelo aproximadamente, la base de madera que funcionaba como suelo tenía un metro de ancho por algo más de dos metros de largo. Ahora imagina una hoja de metal que envuelve el semicilindro por arriba, clavada a las paredes. La entrada era una puerta que constaba de un marco de madera con la hoja de malla metálica para permitir el paso del aire, mientras que el fondo de la cabaña era un panel fijo.

Yo podía entrar reptando, sentarme sobre el trasero y disfrutar de un holgado metro de espacio entre la cabeza y la hoja de metal curvada que se usaba como techo, sujeto mediante largas vigas de madera. Esa maravillosa vivienda hawaiana de apenas dos metros cuadrados iba a ser mi nuevo hogar. Mi maestro acababa de pedirme que renunciara a mi maravillosa cabaña de diez metros cuadrados.

Respondí despacio:

—Está bien, me mudaré por la mañana.

El ocaso se aproximaba con rapidez y no me entusiasmaba la idea de internarme en el bosque después del anochecer.

Gurudeva respondió:

—Puedes hacerlo ahora.

—Pero está oscureciendo —lo presioné con suavidad.

—Tienes una linterna, ¿no?

Y ese fue el fin de la conversación. Después de colgar, dejé lo que estaba haciendo para trasladar las escasas posesiones de mi vida monástica a mi morada del bosque.

Fue una maravillosa experiencia de aprendizaje. Por una u otra razón, tendemos a procrastinar. En este caso, mudarme a la choza del bosque me incomodaba y quizá incluso me diera un poco de miedo. Al insistir en que lo hiciera al instante, Gurudeva llevó mi conciencia intencionadamente al momento presente, de tal modo que tuviera que ser consciente de mi malestar y mis miedos. Obligándome a hacer las cosas aquí y ahora y no más tarde, me estaba enseñando también uno de los elementos cruciales para manifestar cosas en la vida. El futuro se plasma en el momento presente. No más tarde ni mañana.

La primera noche, una lagartija, compañera de cuarto cuya presencia yo desconocía, saltó de su cama, la viga de madera que yo tenía encima, para caer sobre mi pecho. Noté que algo suave aterrizaba encima de mí, pero antes de que yo pudiera reaccionar corrió frenética por mi cara. Lo siento, pero tengo que preguntarlo: si un monje grita en mitad del bosque y no hay nadie para oírlo, ¿hace ruido? Los meses que pasé viviendo en aquella choza me aportaron más enseñanzas de las que jamás habría podido imaginar.

Aunque el ahora es la única realidad, debemos emplear siempre la sabiduría para decidir cuándo hacer las cosas y cuándo no.

Resumiré los pasos necesarios para vivir en el momento presente. En primer lugar, recuerda que hay una clara separación entre la conciencia y la mente. Luego entiende que en cualquier momento la conciencia puede estar en el pasado, el presente o el futuro. Para anclar la conciencia al ahora, al presente, debes sostener la conciencia en las personas o las actividades en las que estás implicado recurriendo a la fuerza de voluntad y a los poderes de concentración. Hacerlo te ofrece la seguridad de que estás viviendo en el momento, que estás plenamente presente.

La capacidad de enfocarse nos facilita estar presentes en el momento, lo que a su vez nos permite experimentar al máximo todas las vivencias que ofrece la vida. No desperdiciamos ni un instante. Vivimos la existencia en todo su esplendor.

LECCIÓN
9.2

El origen de la preocupación

El miedo y la preocupación son plagas mentales que sobreviven al tiempo. Arrebatan a los individuos su paz mental, saquean su energía y se convierten en okupas indeseados en las mentes de muchos. Todos los valientes intentos que hacemos para desalojar a esas sanguijuelas mentales se quedan cortos y la gente, por lo general, acaba aceptándolos a regañadientes como cohabitantes de su mente.

Si los dejamos a su aire, son venenos implacables, decididos a permear hasta el último resquicio de nuestra vida, desde la mente y el cuerpo hasta las existencias de las personas con las que convivimos a diario, con consecuencias devastadoras. Merman la voluntad y paralizan la conciencia, ralentizando la vida hasta dejarla en punto muerto. Pero no tenemos que transigir y vivir como esclavos en un estado de miseria mental. Hay un remedio milagroso para mejorar esa situación y, a la larga, liberar la mente de los grilletes del miedo y la preocupación.

El dominio de la conciencia en el interior de la mente es la cura, el elixir de eficacia comprobada para poner fin a su tiranía. Y está al alcance de todo aquel que lo busque; nadie ostenta su exclusividad. Sin embargo, no todos los que lo persiguen están decididos a poseerlo; por desgracia, solo unas pocas almas aguerridas pueden usar esa cura. Y son esas almas las que hacen avanzar con valentía la humanidad.

PREOCUPACIÓN

Estacionamos en una plaza libre del aparcamiento del Coconut Marketplace, una pintoresca zona de comercios y restaurantes en la costa este de la isla de Kauai. Yo había acompañado a Gurudeva y a otro monje veterano a la excursión. Salimos de la miniván y fuimos rumbo al centro. Mientras caminábamos, Gurudeva se volvió y me dijo:

—Cuando estás en la mente consciente, tienes que jugar siguiendo las reglas de la mente consciente.

La preocupación es hija de la mente consciente. Cuando la conciencia está ubicada en la mente consciente o instintiva, estamos expuestos a la experiencia de la preocupación. Y en caso de que pasemos demasiado tiempo en esa zona mental, es necesario tener presente que la experiencia de la inquietud es una posibilidad. El grado de dominio que poseamos sobre la conciencia en el interior de la mente determinará en qué medida cedemos a la preocupación.

Si bien numerosas personas pasan más tiempo sumidas en la preocupación que un gato echando la siesta, me parece importante definir la preocupación para que tengamos la seguridad de que nos entendemos en ese aspecto. Esto nos ayudará también a comprender cómo podemos emplear lo que hemos aprendido en este libro para vencerla. El diccionario Merriam-Webster define la *preocupación* como «inquietud o agitación mental que produce una dificultad posible o prevista». El diccionario Cambridge de inglés ofrece una definición quizá más fácil de asimilar: el estado que se deriva de «pensar en problemas o asuntos desagradables de un modo que provoca sentimientos de infelicidad o temor».

Por mi parte, definiré la preocupación contándote una historia que me relató mi maestro y que sucedió en sus primeros años de vida. Corría el año 1934, estaba nevando copiosamente y él viajaba en coche a su hogar, con su familia, por las inmediaciones del lago Fallen Leaf, en Carolina del Norte. Mientras la ventisca aumentaba, empezó a preocuparse. «¿Y si nos quedamos atrapados en la nieve? ¿Y si no llegamos a casa a tiempo? Me perderé mi programa de radio favorito», se angustió.

Al pensar eso, observó lo que estaba sucediendo en su mente. Vio a su conciencia abandonar el momento presente y viajar al futuro. Una vez allí, creaba una situación *en el interior de la mente* por la cual el coche familiar quedaba atrapado en la nieve. Elaborada la visualización, su conciencia volvía al presente y empezaba a preocuparse, a experimentar inquietud y agitación a causa de la situación que había creado mentalmente.

Tras observar lo que estaba sucediendo en su mente, se preguntó: «Todavía no estamos atrapados en la nieve, ¿verdad?», y él mismo se respondió: «No». A continuación siguió interrogándose: «¿Todavía estamos a tiempo de llegar a ver mi programa?», y contestó: «Sí».

En un instante de claridad, con solo siete años, supo que todo iba bien en el instante presente. Entonces afirmó para sí: «Estoy bien aquí y ahora». Comprendió que, en la eternidad del momento, todo va bien. Que la preocupación radica en el futuro. Había visto a su conciencia desplazarse a un tiempo venidero, crear una situación que no había sucedido, volver al presente y preocuparse. Y en eso, en suma, consiste la preocupación.

Gracias a esa experiencia suya, mis ideas sobre la preocupación están ahora más claras. La primera vez que la oí se disiparon al instante muchas de mis propias inquietudes. Desde entonces no he vuelto a contemplar la preocupación del mismo modo. La veo como lo que es: la conciencia sin control, inventando historias sobre el futuro que causan agitación en el presente.

Si en algún momento observo que mi conciencia se aventura al mañana y empieza a crear situaciones preocupantes en mi mente, la devuelvo al presente con mi fuerza de voluntad y la sostengo ahí mediante el poder de la concentración. Es la misma fuerza de voluntad que llevo años desarrollando por el método de terminar lo que he empezado, hacer un poco más de lo que tenía planeado y hacerlo un poco mejor de lo que creía ser capaz. La misma fuerza de voluntad que acumulo cada vez que tiendo la cama, coloco las chanclas alineadas tras descalzarme o lavo los platos, o la que me brindan las abundantes situaciones innegociables que forman parte de mi día promedio.

Esa voluntad que con tanta dedicación me comprometí a desplegar a diario está ahora a mi disposición para poder evitar la experiencia de la preocupación. Solo por eso ya vale la pena desarrollar esa cualidad, aunque solo sea una mínima parte de todos los empleos que le puedes dar. Espero que entiendas ahora el papel crucial de la fuerza de voluntad para mantener la mente libre de preocupación.

Y una vez que dominé la conciencia para traerla de vuelta al presente procedente de ese futuro inquietante que estaba a punto de crear, la sostengo aquí y ahora con mi poder de concentración. Es el mismo poder de concentración que he desarrollado a lo largo de los años mediante la acción de otorgar a mi esposa, a mi hija y a las personas con las que me relaciono mi atención plena, y haciendo una cosa detrás de otra.

La capacidad de concentración que con tanta fidelidad me comprometí a adquirir está ahora a mi disposición para sostener la conciencia en el presente y así impedir que se proyecte al futuro y cree situaciones preocupantes innecesarias.

Cada vez que te preocupas, observa lo que está pasando en tu mente. Contempla cómo la conciencia abandona el presente y se aventura al futuro. Mírala inventar historias, crear situaciones, fabricar desenlaces, todos de naturaleza inquietante, para que te preocupes tan pronto como regreses al momento presente.

Lo que has aprendido en esta obra hasta el momento es un método sistemático para vencer la preocupación. Primero debes entender que la conciencia y la mente son cosas distintas y separadas. Luego tienes que saber que la conciencia se desplaza mientras que la mente no lo hace. Comprende que la fuerza de voluntad y la capacidad de concentración se pueden desarrollar para controlar y dirigir la conciencia en el interior de la mente. Y a partir de ahora, si tu conciencia se desplaza al futuro para inventar situaciones angustiosas en tu mente, emplea la voluntad para traerla de vuelta al presente y sostenla «aquí y ahora» mediante el poder de concentración. Esa es la clave para eliminar la preocupación de la vida.

El futuro y el pasado

No digo que nunca podamos dejar que la conciencia se proyecte al futuro y cree escenarios negativos. Hacerlo puede resultar útil en ocasiones, ya que nos permite discurrir soluciones para potenciales problemas que pudieran surgir.

Imagina que eres un restaurador. Casi has terminado de diseñar tu último local. Para asegurarte de que has cubierto todas las posibilidades, dejas que tu conciencia se desplace al futuro e invente problemas en potencia. En un escenario, tu conciencia se proyecta a un futuro mental en el cual el restaurante está totalmente lleno. En esa visualización ves que se crea un incendio en la cocina. Borras la imagen y devuelves la conciencia al presente.

Ahora que la conciencia regresó al momento presente, buscas soluciones para ese probable cataclismo culinario. Consultas a los expertos y descubres la mejor solución para asegurarte de que, si un suceso de esas características llegara a acontecer, tendrías los mejores recursos a la mano. Así pues, si bien permitiste que tu conciencia se proyectara al futuro y creara una situación problemática, tu mente no sufrió por ello. Lo conseguiste buscando una solución al problema. Se trata de algo muy distinto a dejar que tu mente viaje del futuro al presente, reviviendo una y otra vez el problema sin resolverlo.

La preocupación, en cambio, no vive en el pasado. No puedes preocuparte por algo sucedido en el pasado, pues ya aconteció. No hay absolutamente nada que puedas hacer al respecto. Pero sí te puedes preocupar por si las consecuencias de tus acciones pasadas se manifiestan en el futuro.

Supongamos que robaste un bolígrafo elegante en una tienda. Un par de días más tarde, charlando con un amigo, descubres que un mes atrás la tienda instaló un sistema de seguridad último modelo que incluye cámaras ocultas con habilidad. La información te inquieta, agita tu conciencia y la desplaza al futuro, donde construye una historia según la cual el dueño revisa las grabaciones de las cámaras, llama a la policía y tú acabas detenido. Después de crear esa historia, tu conciencia regresa al presente y empiezas a preocuparte por la posibilidad de que tu historia se haga realidad.

Poco después la conciencia viaja de nuevo al futuro, en el interior de tu mente, para crear otro posible escenario que te proporciona un motivo adicional de preocupación. La historia se repite. Según va inventando escenarios, todos ellos inquietantes, la conciencia vuelve al presente y te causa preocupación, lo que causa estragos en tu mente y te sume en un mundo de inquietud perpetua.

En el pasado no hay espacio para la preocupación. Pero en el futuro la inquietud vive y medra.

Manifestar las preocupaciones

La preocupación es la conciencia proyectada al futuro, donde crea un problema que no existe para después regresar al presente y angustiarse con ese problema. Ahora bien, si la conciencia visitara una y otra vez ese mismo problema (que es básicamente la esencia de la preocupación) estaría fortaleciéndolo cada vez que acudiera. Sucede así porque la energía fluye en la dirección que toma la conciencia y ese problema está recibiendo energía.

Todo se manifiesta en el plano mental en primer lugar, antes de plasmarse en el físico. En el caso de la inquietud, esta se origina cuando dejamos que la conciencia viaje mentalmente al futuro y cree un problema. En ese momento, el problema se manifiesta en el plano mental. Ahora bien, si dejamos que la conciencia visite una y otra vez ese mismo conflicto a través de la preocupación, le aportamos energía repetidamente y reforzamos el problema en la mente. Cuanta más energía depositemos en ese patrón mental —la preocupación— más potente se vuelve. Según este proceso se reproduce en el tiempo de manera constante, empezamos a materializar esa preocupación en el plano físico.

Poco después de abandonar el monasterio, llevé a cabo mi primer taller en Nueva York. En ese taller conté que las cosas se manifiestan en el plano mental antes de hacerlo en el físico. Cuando terminamos, un hombre se acercó y me dijo que no se creía que pudiera manifestar cosas con la mente. Le pregunté:

—¿A qué se dedica?

Me respondió:

—Me dedico al comercio bursátil en Wall Street.

Yo le dije:

—¿Le importaría llevar a cabo el siguiente experimento? Me gustaría que visualizara y evocara el sentimiento de que todas sus inversiones se están desplomando y usted está perdiendo cientos de miles de dólares. Y le pediría que hiciera el ejercicio un mínimo de siete veces diarias a lo largo de una semana. ¿Lo haría?

Me miró con cara de perplejidad y exclamó:

—¡No!

Tras eso, no hizo falta decir mucho más. De manera parecida, si permitimos a la conciencia visitar una y otra vez la causa de la preocupación, damos comienzo al proceso de manifestarla en el plano físico. Invertir en algo constantemente en el plano mental, ya sea positivo o negativo, equivale a empezar a manifestarlo en la vida.

LECCIÓN

9.3

Conquistar el miedo

El miedo es el portal a todas las emociones inferiores. Se trata del estado más alto de conciencia para la mente instintiva; en consecuencia, constituye la puerta de acceso a los estados más bajos también. Si la preocupación era el asesino mental, el miedo es el padrino, el jefe de la mafia, de todas las emociones destructivas que aterrorizan a la mente.

Al examinarlo de cerca uno comprende que el miedo, como la preocupación, es el resultado de un viaje de la conciencia al futuro, donde crea una situación en la mente que no ha sucedido para luego volver al presente y sembrar terror. Desarrollaré la idea.

La noche es oscura como la boca del lobo y tú estás caminando por una calle sin luz, solitaria y sórdida, en una zona insegura de la ciudad. El ruido de tus botas contra los ladrillos es el único ruido que quiebra el inquietante silencio. No tienes claro qué haces allí. Hace fresco y te abrazas para frotarte los brazos desnudos. Empiezas a preguntarte si solo tienes frío o estás asustada.

Tu conciencia se adelanta en el interior de tu mente, unos cincuenta pasos, hasta el vehículo abandonado que está estacionado a un lado de la calle. En un abrir y cerrar de ojos imaginas una escena en la que un hombre de aspecto desaliñado sale por detrás del coche para abalanzarse sobre ti. Al momento que terminas de crear la escena, la conciencia regresa al presente. El escenario inventado sigue fresco en tu mente y un escalofrío te recorre la columna vertebral. El miedo te vuelve una presa. Aminoras el paso y sigues avanzando con tiento.

El miedo que estás experimentando dispara en tu subconsciente un recuerdo que vibra en la misma frecuencia. Tu conciencia se ve arrastrada de inmediato a la escena de una película que viste hace tiempo, en la que una mujer caminaba por una calle oscura cuando una horda de zombis la rodeaba y la hacía pedazos. El miedo que experimentaste mientras veías la película se reaviva y la conciencia sale disparada hacia el futuro de nuevo, esta vez para imaginar zombis escondidos en la espeluznante calle, esperando para saltar sobre ti y reducirte a carne y vísceras.

La conciencia, ahora desatada, va y vuelve del presente al futuro sin dejar de evocar escenas cada vez más espantosas hasta colocarte al límite del terror. No sabes si echarte a correr o desplomarte en el suelo deshecha en lágrimas.

Hay unas cuantas cosas que hay que tener en cuenta en esta historia ficticia de la que eres protagonista.

En primer lugar, los mecanismos mentales involucrados en el miedo no son distintos de aquellos que participan en la preocupación. El temor, al igual que la preocupación, radica en el futuro. No puedes temer el pasado. El pasado ya sucedió y no se puede hacer nada al respecto, aunque sí podemos temer las repercusiones que nuestros actos pasados puedan provocar en el futuro. En el centro de la eternidad del momento, tú eres pura energía que no se crea ni se destruye. El miedo no existe ni puede existir en el presente. En la eternidad del momento todo va bien, aquí y ahora. El temor únicamente vive en el futuro.

Cuando la fuerza de voluntad y el poder de concentración pierden el control de la conciencia, básicamente la arrojamos a los lobos. Cuanto más tiempo abandonamos a la conciencia, privada del freno y el dominio que ejerce la voluntad, más sometidos estamos al entorno y al subconsciente. En el caso de esta historia, era el entorno el que dictaba el destino mental de la conciencia.

Como pudiste advertir en el relato anterior, la espeluznante calle no era la única que provocaba miedo; el subconsciente también puede causar estragos en la mente.

Las experiencias pasadas sin resolver que fueron a parar al subconsciente pueden provocar una experiencia repetida de temor en la conciencia. Revivir esas emociones de miedo tiene un efecto acumulativo que refuerza los patrones de temor en el subconsciente. Podríamos hablar de la «rueda del miedo». Este círculo vicioso acaba por convertirse en la fuerza dominante de la mente y paraliza a la persona, que se siente incapaz de emprender ninguna acción ajena a la norma, exigua y segura. Por eso es muy importante que seamos cuidadosos con lo que imprimimos en el subconsciente. En breve volveremos a ello.

Como en el caso de la preocupación, la clave para vencer el miedo es traer la conciencia al ahora. Una vez que regresó al momento presente, tenemos la oportunidad de resolver el problema. En el caso de esta historia, cuando la conciencia se hubiera anclado en el momento presente, podrías decidir quizá tomar una ruta alternativa, llamar a una amiga o a un servicio de taxis para que viniera a recogerte, o encontrar otras alternativas para evitar la experiencia de recorrer esa calle. Sin embargo, si dejas la conciencia libre y permites que se proyecte al futuro para crear situaciones aterradoras en el interior de tu mente, acabas por instalarte en un estado mental de absorción en el miedo.

Un estado mental temeroso nos impide tomar decisiones racionales. Según la metafísica hindú, en la cual yo fui formado y que constituye la base de este libro, si contempláramos la mente como un edificio de varias plantas en el que cada piso es un estado mental distinto, veríamos que la razón reside dos pisos por encima del miedo. Cuando nos encontramos en el nivel mental del miedo carecemos de la capacidad de razonar, mientras que, si estamos totalmente inmersos en el nivel de la razón, podemos eludir el temor a base de razonamiento. Si vivieras en un edificio de varios pisos y alguien se alojara dos plantas por encima, no podrías comunicarte con esa persona sin valerte de algún dispositivo. Las experiencias que tuvieran lugar en ese piso serían distintas a las tuyas. Las perspectivas, asimismo, diferirían.

El miedo no siempre es malo. Vivimos en un cuerpo físico y el cuerpo está ligado a la mente instintiva. Esa mente es nuestra naturaleza animal y es capaz de percibir amenazas o peligros reales, que nos inspiran una sensación de miedo. Así pues, en ocasiones, el temor que experimentamos es un mecanismo de autoprotección. Si atendemos a esa señal, podemos usarla para evitar una experiencia dañina. Sin embargo, de permitir que el miedo crezca y domine nuestra conciencia, las cosas se pondrán muy feas.

CÓMO PROTEGER LA MENTE

Hay personas que disfrutan viendo películas de terror. Se deleitan en la experiencia de dejar que su conciencia se vea arrastrada a la zona mental del miedo y allí experimentar todos los niveles posibles de terror. Como ya sabes, la repetición constante de la vivencia labrará un surco profundo, un camino transitado, en la zona mental del miedo. Grandes cantidades de energía se depositan allí, de tal modo que esa zona adquiere un gran magnetismo y ejerce una intensa fuerza de atracción sobre la conciencia. De encontrarse uno de esos individuos en una calle lúgubre, circunstancia que atraería a su conciencia a las inmediaciones del miedo, a esta le resultaría muy fácil deslizarse por el surco profundo y, atraída por la intensa fuerza magnética, acabar en el núcleo del área mental del terror. La respuesta de la conciencia a esa calle aterradora sería muy distinta si se encontrara en una región elevada de la mente.

De encontrarse en la planta de la razón, la conciencia buscaría la manera de recorrer la calle. En la planta del miedo, en cambio, el cuerpo y el sistema nervioso experimentarían terror. Un piso por encima de la razón está la fuerza de voluntad y, si la conciencia se hallara en esa planta, reuniría valor para recorrer la calle sin temor. Un piso por debajo está la ira y, de estar allí, es posible que se enojara por encontrarse en esa situación. *La región de la mente a la que acude la conciencia define la perspectiva.* Define cómo vemos las cosas. Cómo reaccionamos a las experiencias. Cómo reaccionamos a la vida. Cómo nos sentimos. Lo define todo. ¿Entiendes ahora por qué entender los mecanismos de la conciencia y la mente es tan importante?

El primer paso para vencer el miedo es sacar a la conciencia de la zona mental del miedo mediante la voluntad y la capacidad de concentración. El gesto nos ofrece la oportunidad de empezar a examinar el motivo original del temor. No podemos desentrañar el miedo mientras estamos en su zona mental.

Aquellos que comprenden el poder de la mente la protegen con tiento. Si alimentamos la zona mental del miedo, esta se convertirá en una de las regiones a las que acudirá la conciencia por defecto en las situaciones complicadas. Allí se toman malas decisiones, que desembocan en desenlaces negativos. En consecuencia, deberías evitar todo aquello que alimente esa región de la mente, como ver películas de terror. Casi todos los fregaderos cuentan con un filtro para impedir que los restos de comida caigan por el desagüe y provoquen una obstrucción. Si hacemos eso para impedir que las cañerías se atasquen, ¿no deberíamos emplear un filtro para prevenir que entre basura en nuestra mente y la obstruya? Protege tu mente a toda costa. Tu mente es tu recurso más importante. Sé sabio a la hora de discriminar qué dejas entrar y qué cultivas en su interior.

También existen los acosadores, personas centradas en la mente instintiva que se complacen en provocar miedo a los demás arrastrando su conciencia a la zona del terror repetidamente. Sin saberlo están pavimentando un camino al miedo en la mente de sus víctimas. Los más ignorantes de entre esos matones, los cobardes de la sociedad, aterrorizan a los niños, sin saber que la mente de los más jóvenes es profundamente impresionable y que esos actos recurrentes crearán patrones que pueden durar, y a menudo lo hacen, toda la vida. Esos patrones de miedo poseen la capacidad de gobernar la toma de decisiones y alterar el rumbo que un día tomará la vida de la víctima. Los acosadores empujan a los niños al precipicio de las emociones inferiores y dejan sus mentes en desarrollo a merced de su naturaleza más básica, sentenciándolos así tal vez a vivir en una conciencia inferior. Es una de las peores cosas que se le pueden hacer a un niño. Uno de los primeros pasos para elevar la conciencia humana es ayudar a las personas a dejar atrás el miedo.

Resumiendo, cada vez que sorprendas a tu conciencia desplazándose al futuro y creando una situación en tu mente que alimente el temor, emplea la indómita fuerza de voluntad para traer la conciencia de vuelta al presente y usa tu poder de concentración para sostener la conciencia en el ahora. Haz lo necesario para que tu conciencia no reviva la situación una y otra vez y agrave la sensación de miedo. Si el peligro que visualizas en tu mente tiene grandes posibilidades de manifestarse, busca soluciones para asegurarte de que no lo haga. Pide ayuda de ser necesario. Afirma, como hizo mi maestro siendo un niño: «Estoy bien aquí y ahora».

Cómo vencer la ansiedad y el estrés

Ya estudiamos la preocupación y el miedo; ahora vamos a conocer a otros dos secuaces que poseen la misma habilidad para saquear la energía y la paz mental de las personas.

El diccionario Merriam-Webster define la *ansiedad* como «agitación o desasosiego aprensivo provocado por la amenaza o la sospecha de un mal». El Oxford Learner's Dictionaries la define como un «estado de inquietud o preocupación provocado por la sensación de que va a pasar algo malo». Hum... Ambas definiciones sugieren cierta preocupación por un acontecimiento futuro.

Examinemos la parte que se refiere a «la amenaza o sospecha de un mal». Si la conciencia abandona el presente para dirigirse al futuro, crea un desenlace negativo en la mente, regresa al presente y se preocupa por lo que ha creado, se está angustiando por la amenaza de un mal. Cuanto más redunde en este proceso la conciencia, creando todo un abanico de desenlaces negativos, más experimentaremos desasosiego y preocupación por si sucede algo malo. Si el proceso se repite una y otra vez, empezaremos a vivir en estado de ansiedad. Los estados prolongados de preocupación conducen a la ansiedad. Es uno de los caminos que toma este sentimiento para manifestarse.

El estado de ansiedad aparece también cuando permitimos que la conciencia salte de una tarea inacabada a otra de manera incontrolada. He aquí un pequeño ejemplo para explicarlo. Imagina que tienes que trabajar en distintos proyectos. Empiezas con el proyecto A y, cuando llevas cinco minutos trabajando, tu conciencia se desvía hacia el proyecto B. En el breve lapso que pasas en el proyecto B, caes en la cuenta de que no has hecho un pago que deberías haber efectuado ayer. Suspiras y te dices que lo harás en cuanto termines con la parte del proyecto A que tienes entre manos. La conciencia vuelve al proyecto A.

Pasan unos minutos y la conciencia se desvía, esta vez al proyecto C. Mientras está allí, caes en la cuenta de que no llegaste a recibir aprobación de la jefa de finanzas al presupuesto del proyecto C. Musitas para tus adentros: «Tengo que hablar con ella».

Tu conciencia, molesta, regresa al proyecto A e intenta averiguar, desesperada, en qué estaba trabajando antes de irse de paseo. La contrariada conciencia apenas puede concentrarse en el proyecto A antes de desplazarse al proyecto D y comprender que no firmaste el contrato con el nuevo cliente.

—¡Maldita sea! —exclamas cruzando los dedos para que el cliente no esté demasiado enojado.

Según la conciencia ilumina un proyecto inacabado tras otro, empiezas a notar la carga de todo lo que tienes pendiente. Te preguntas si serás capaz de terminarlo en el plazo que te asignaron. Una sensación de desasosiego por el desenlace incierto empieza a apoderarse de ti. La ansiedad hace acto de presencia. La solución es sostener la conciencia en un proyecto cada vez. Si se desvía, la traes de vuelta. Si tienes una idea sobre el proyecto B mientras trabajas en el A, la escribes y devuelves la conciencia al proyecto A hasta que decidas conscientemente pasar al siguiente.

Pensar una y otra vez en las cosas que tienes pendientes no sirve para llevarlas a cabo. Pensar una y otra vez en algo que debes hacer provoca ansiedad. A medida que la conciencia repite mecánicamente el ciclo de iluminar tareas incompletas, la sensación de ansiedad se agrava. Los estados prolongados de ansiedad conducen al estrés.

La Fundación de Salud Mental de Reino Unido define el *estrés* como «la sensación de sentirse abrumado o incapaz de sobrellevar la presión mental o emocional». El diccionario de Britannica lo define como «algo que provoca fuertes sentimientos de preocupación o ansiedad». El nivel de estrés sirve de indicador para saber el control que poseemos sobre la conciencia.

Entender qué conducta de la conciencia produce angustia es fundamental para vencer la ansiedad y el estrés.

Yo me esfuerzo con ahínco en entender las cosas porque tengo muy claro que, una vez que entiendes los mecanismos de algo, puedes controlarlo. La gente no puede controlar su ansiedad porque no entiende cómo funcionan la conciencia y la mente, al igual que no comprende los patrones conductuales de la conciencia que causan ansiedad. Entender los mecanismos por los que se produce la ansiedad nos permite identificarla cuando aparece y tomar medidas para prevenirla.

El que la conciencia vaya de una tarea inacabada a otra de manera incontrolada produce ansiedad. Pero las tareas inacabadas no son el único factor que la desencadenan. Permitir que la conciencia salte de un pensamiento a otro sin control también puede causar ansiedad.

Una joven podría ponerse a pensar: «¿Y si nunca conozco a la persona de mi vida? Me quedaré sola». Un ratito más tarde se dice: «Tal vez sea porque no soy muy guapa». Y media hora más tarde cavila: «Debería perder cinco kilos. Tal vez sea esta la razón de que los chicos no me encuentren atractiva». Esta línea de pensamiento prosigue día tras día.

Si revisamos una de las definiciones de ansiedad, «estado de inquietud o preocupación provocado por la sensación de que va a pasar algo malo», podemos concluir que, en este caso, ese «algo malo» que le preocupa a la joven es no tener pareja. La idea le provoca ansiedad. Pero lo que debemos entender, desde la perspectiva de la conciencia y la mente, es qué acción desembocó en esa situación. Fue el proceso repetitivo de permitir que la conciencia saltara de un pensamiento a otro de manera incontrolada lo que la llevó a experimentar ansiedad.

Un adolescente tal vez publique algo en Instagram y actualice su cuenta cada minuto para comprobar a cuántas personas les gustó su publicación. Si no obtiene las cifras que esperaba y no posee demasiado control sobre su conciencia, podría empezar a saltar de una zona a otra de su mente de manera irracional. Y cuando lo hace, la ansiedad se acumula hasta alcanzar un punto en el que concluye que la publicación no era buena y toma la decisión de borrarla de su cuenta. Su conclusión procede del pensamiento irracional, que apareció como resultado de permitir que la conciencia rebotara de un pensamiento a otro sin pararse a reflexionar.

Examinar los motivos profundos que llevan a los protagonistas de los dos ejemplos a albergar ese tipo de pensamientos no es el objetivo de este libro. Cada caso de ansiedad posee su propio origen. Las razones pueden ser infinitas. El objetivo de esta lección tan solo es entender la causa de la ansiedad y el estrés con relación a la conciencia y la mente. Una conciencia voluble es la demencia personificada.

Una mente distraída equivale a una mente ansiosa. Si uno no es capaz de controlar la conciencia, ¿cómo va a supervisar en qué zona de la mente se posa la conciencia? Y si no puede supervisar eso, será incapaz de gobernar sus pensamientos. En los dos ejemplos que acabo de presentar, ese era el caso sin duda. Cuando no sucede así y la persona tiene control sobre su conciencia, puede gobernarla por el interior de la mente y, en consecuencia, es capaz de dominar sus pensamientos. Si se sorprendiera en una región de la mente que induce pensamientos dañinos, tendría suficiente dominio sobre su conciencia para dirigirla a una zona mental alternativa. Eso le impediría albergar pensamientos repetitivos que le provocaran preocupación, nerviosismo o desasosiego.

Esta enseñanza, que Gurudeva me impartió cuando yo tenía poco más de veinte años y que llegué a comprender a través de mi propia experiencia interna de la conciencia y la mente, me permitió no volver a experimentar ansiedad y estrés. Sucede así porque sé qué conducta de la conciencia conduce a la angustia y, tan pronto como advierto que mi conciencia incurre en ese comportamiento, la corrijo.

En ocasiones me siento agobiado por la cantidad de proyectos que tengo entre manos, pero no experimento ansiedad ni estrés. La sensación de «agobio» es darse cuenta de que uno tiene potencialmente demasiadas cosas que hacer en el plazo asignado, pero la conciencia sigue bajo control. No salta de proyecto en proyecto de manera incontrolada y generando angustia y estrés. A continuación te contaré una historia que ahonda en la diferencia entre sentirse presionado y estresado.

Uno de los mejores jugadores de baloncesto del mundo está a punto de lanzar un tiro libre. Quedan tres segundos de partido, en el transcurso de los cuales se decidirá quién gana la final del campeonato de la NBA. Como es una persona sumamente focalizada, se siente presionado, pero no estresado. «Presionado» significa que conoce las expectativas de su equipo, de los aficionados del mundo entero y de los espectadores, pero posee un control absoluto sobre su conciencia. Sostiene su conciencia plenamente enfocada en la tarea que tiene por delante y hace lo que mejor se le da: encestar la pelota en la canasta.

«Estresado» implicaría que está perdiendo o perdió el control sobre su conciencia. Al plantarse ante la línea de tiro, a punto de lanzar, su conciencia vuela de un lado a otro. Viaja al futuro y se ve a sí mismo haciendo el lanzamiento del triunfo y convirtiéndose en el héroe de su equipo y de sus fans. Tan pronto como concluye la visualización, su conciencia se desplaza al otro extremo. Se ve a sí mismo fallando el tiro, oye el silbido final e imagina a los medios crucificándolo al día siguiente. Esas imágenes y muchas más circulan en su mente en el transcurso de unos pocos segundos. Incapaz de ejercer control sobre su conciencia, lanza la pelota y falla.

La próxima vez que sientas ansiedad, examina lo que está experimentando tu conciencia en el interior de la mente. ¿Qué viajes emprendió tu conciencia para generarte ese estado de ansiedad?

La capacidad de controlar la conciencia en el interior de la mente y sostenerla en una cosa detrás de otra con un foco firme es la clave para eliminar el estrés y la ansiedad de la vida. Es el remedio contra el miedo y la preocupación. Es la panacea para la mente, el paso primero y necesario para empezar a abordar todos los problemas de salud mental.

Una vez que domines la facultad de controlar tu conciencia y concentrarte, la ansiedad y el estrés se convertirán en conceptos que conocerás o que verás en otras personas, pero no formarán parte de tu vida cotidiana.

CAPÍTULO 10

Herramientas en acción

Reacciones desafortunadas

Me sentía agotado tras un día largo y arduo viajando por la India con el grupo al que acompañaba durante mi viaje anual de aventura espiritual. El sol estaba a punto de ponerse y el tren en el que viajábamos acababa de parar en la estación de la siguiente ciudad de nuestro itinerario. No hay mejor modo de ver la India que en tren y el caleidoscopio de experiencias que acabábamos de vivir era digno de ser recordado.

Animé a mi grupo a darse prisa en bajar del vagón entre la desordenada invasión de pasajeros que se disponía a embarcar, pero mis instrucciones quedaron ahogadas por la cacofonía de sonidos procedente de la estación. Nos las arreglamos para bajar del tren cargados con el equipaje y cuando llegamos al andén fuimos devorados al momento por una anarquía de otro mundo; la aparente normalidad de una estación ferroviaria en la India. La mezcla de sonidos, imágenes y olores asaltó nuestros sentidos foráneos.

Yo había planeado que nos alojáramos en la antigua y hermosa ciudad, una catacumba de caminos estrechos y polvorientos y un laberinto de bazares y casas. No había un autobús con espacio para alojar a mi grupo de dieciocho buscadores espirituales y tenía pensado que saliéramos de la estación y cogiéramos *rickshaws* para ir al hotel.

Arrastramos las enormes maletas de turistas por el andén; al parecer éramos las únicas personas que se habían preparado para el Armagedón y avanzamos en zigzag como en un juego de Tetris humano golpeando las rodillas de los nativos al pasar. Salir por fin de la estación fue comparable con un nacimiento asfixiante y sudoroso.

La flota de *rickshaws* que aguardaba alineada en el aparcamiento aportaba la primera muestra de organización entre el barullo que nos rodeaba. No hizo falta llamar la atención de los conductores. En cuestión de segundos nos habían rodeado en masa, como espectadores de un accidente, para ofrecernos sus servicios. Los más proactivos agarraron nuestras maletas y las cargaron en sus vehículos.

Tras unos minutos de confusión, llegamos a un acuerdo con los conductores y maletas y aturdidos viajeros fueron a parar a esa especie de cajas metálicas de tres ruedas. Nuestra rauda partida entre tráfico, seres humanos y ganado bastó para restaurar la fe en Dios de cualquiera que la hubiera perdido. Poco después llegábamos al hotel. Mis fatigados viajeros se bajaron con tropiezos para encaminarse directamente al edificio mientras yo me quedaba atrás para asegurarme de que se descargaban todas las maletas y los conductores recibían el precio estipulado.

Cuando fui a pagar al conductor del último *rickshaw*, su precio se había multiplicado. Le pregunté el motivo y me dijo que había tenido que llevar equipaje extra. Yo sabía a ciencia cierta que eso no era verdad; sencillamente intentaba sacarme más dinero, y me quejé. Él bajó del vehículo, se plantó ante mí con su camiseta gris de tirantes y, con la transpiración empapando sus brazos redondos y velludos, insistió en que le pagara el doble.

Estallé. Los últimos hilos de fuerza de voluntad soltaron mi conciencia. Mi bola de luz salió catapultada a la zona de la ira de mi mente y antes de que fuera consciente de lo que estaba pasando, repliqué:

—¡No te pienso pagar ni una maldita rupia más!

La afirmación bastó para disparar su conciencia a la misma región mental que la mía. La rabia lo inundó en un instante y me gritó:

—¡Págame ahora mismo! La tarifa completa. ¡No intentes engañarme!

Mientras chillaba me rociaba con partículas de saliva. ¡Qué asco!

Es probable que el hombre solo pretendiese arrancarme unas monedas más para poder dar el día por terminado. Quién sabe. Yo, por principio, no podía permitirlo. Habíamos acordado un precio y ahora me estaba enredando. Corría el mes de abril en la India, pleno verano. Hacía calor y reinaba un ambiente húmedo y polvoriento. Ambos estábamos cansados y con los nervios de punta. Las condiciones eran ideales para que exhibiéramos reacciones incontroladas; dos cohetes a punto de estallar.

Mi esposa, una curtida neoyorquina que había presenciado de lejos lo que estaba pasando, intervino y apaciguó los ánimos con elegancia. Siendo sincero apenas recuerdo qué hizo o dijo. Únicamente recuerdo que le pagamos algo al conductor y ambos nos separamos en direcciones opuestas.

Esa noche, cuando me retiré a la habitación del hotel y por fin pude estar a solas un instante, noté que me inundaba una ola de decepción. Me senté en la cama con los brazos apoyados en los muslos, los dedos entrelazados y el cuerpo inclinado sobre las piernas. Mirando lo único que estaba mínimamente frío en toda la habitación, el duro suelo de mármol, me lamenté para mis adentros: «Perdí el control. Perdí el control de mi conciencia». En ese momento recordé haber oído al gurú definir la ira como locura temporal.

«Bueno, pues tiene toda la razón», pensé para mis adentros.

En esa zona de la mente llamada rabia que había visitado hacía un rato, la razón no existía. No cabía la reflexión sobre lo que estaba pasando. No había instantes de pausa. Tan solo una reacción desatada que era puramente instintiva.

Allí sentado con mis pensamientos, tuve la sensación de que décadas de disciplina personal autoimpuesta para controlar la conciencia en el interior de mi mente no me habían servido de nada. El fracaso no era nuevo para mí. Lo consideraba más un amigo que un concepto teórico. Me reprochaba haberle hablado mal al conductor del *rickshaw*, pero me sentía más decepcionado por la incapacidad de controlar mi propia conciencia que por las palabras que le había dedicado, pues estaba seguro de que no era su primera contienda verbal con un turista.

En los años que llevaba viviendo en Nueva York nunca me había enojado por nada ni con nadie. Ejercía un control férreo sobre mi conciencia a pesar de lo complicada que era la vida en la ciudad. Lo mismo podía decirse del resto de los lugares a los que había viajado. Pero la India era el último reducto. Por alguna razón que no entendía, cada vez que iba a ese país me las arreglaba para perder el dominio de mi conciencia y reaccionar de mala manera.

Tuve claro que la India tenía que ser mi nuevo campo de entrenamiento. Concluí que debía regresar cada año para volver a ponerme a prueba. El objetivo sería ser capaz de abandonar la India sin haber soltado las riendas de mi conciencia ni una sola vez. Y así empezó mi desafío indio. Cada año viajaría a ese país y trabajaría desde la presencia para no perder el control de la conciencia. Tres años más tarde, en la que fue mi tercera visita desde que había asumido el autodesafío, me fui de la India sin haber descuidado ni una sola vez el control de mi conciencia. Experimenté una leve sensación de deber cumplido. Pero sabía que una victoria no era suficiente. Debía aspirar a conseguir lo mismo en los siguientes viajes, así que me propuse seguir visitando la India anualmente para poder ponerme a prueba. El formato de ese viaje era crucial. Unas vacaciones en hoteles de cinco estrellas no supondrían un desafío. Pero arrastrar a un grupo por toda la India en un viaje de aventura espiritual diseñado para ayudar a los integrantes con su crecimiento me agotaría y me haría propenso a perder los nervios. Tenía que presionarme.

Me enorgullece decir que no he vuelto a perder el control de la conciencia en mis visitas posteriores a la India. Dicho esto, permanezco muy atento en cada visita a mi mayor adversario, la tierra que más amo. Es aquí, en este mundo de contrastes, donde he experimentado las mayores profundidades de frustración y las grandes alturas de la divinidad.

Durante los primeros años de mi vida, incluida la época más temprana en el monasterio, no sé la cantidad de veces que me arrepentí de no ser capaz de controlar mi reacción ante una situación o experiencia: enojarme por algo que una persona había dicho o hecho, rugir algo que preferiría haber callado. Lo más complicado era vivir con las consecuencias de mi reacción, convivir con mis sentimientos o con el dolor de saber cómo se habría sentido el otro por culpa de mi furia desatada. Me resultaba incómodo y desagradable, y deseaba con toda mi alma cambiarlo. Fue comprender el funcionamiento de la mente y la conciencia lo que me permitió gestionar mejor mis reacciones y respuestas a la vida.

Una de las entradas que incluye el diccionario Merriam-Webster en la definición de *reacción* es «una respuesta a algún tratamiento, situación o estímulo». Teniendo esa idea presente, podemos intentar definir *reacción* empleando los conocimientos que ya poseemos sobre la conciencia y la mente. Cuando experimento cierta situación o se me trata de determinada manera y, a causa de ello, soy incapaz de dominar mi conciencia, genero una respuesta que no controlo a esa situación o tratamiento. Es decir, reacciono sin poder evitarlo.

Imagina que estás paseando por una feria con un globo de helio atado a un hilo. De repente ves a un payaso que hace cómicos malabares con cuchillos al tiempo que se mantiene en equilibrio sobre un barril inclinado. Eso te hace reír y en ese instante te das cuenta de que soltaste el hilo. El globo empieza a alejarse flotando, pero tú te apresuras a sujetar el hilo y lo traes de vuelta.

Las reacciones funcionan de manera parecida. Supongamos que estás llevando a cabo tus actividades cotidianas y vives una experiencia que arranca la conciencia de tu control para enviarla a la zona mental de la ira. Observas lo que acaba de pasar desde la presencia y, con la misma rapidez con la que alargabas la mano para capturar el globo que se alejaba flotando, sujetas tu conciencia y la traes de vuelta. De no haberlo hecho, la conciencia habría llegado a la región mental de la ira y tú habrías reaccionado con enojo. La reacción podría ser mental: albergas pensamientos internos de rabia. Podría ser verbal: gritas con furia. O incluso podría ser física: reaccionas con violencia.

La reacción es aquella situación en que una fuente interna o externa arrastra a la conciencia a una zona de la mente y provoca una respuesta que uno no controla.

La fuente externa podría ser el entorno (las personas y las cosas que hay a tu alrededor). Un ejemplo de fuente interna sería la reacción de la conciencia a una experiencia emocional no resuelta del subconsciente. Al recordar una experiencia traumática de la infancia, la conciencia se ve arrastrada a la región mental de la tristeza y provoca una reacción sobre la que no tenemos control: estallamos en llanto.

Aunque ofrecí ejemplos de reacciones negativas, las reacciones también pueden ser positivas. En ocasiones, las positivas devienen también desafortunadas. Uno de los directivos de una empresa está celebrando un éxito reciente en la fiesta anual y, arrastrado por la emoción que siente, pierde el control de su conciencia. Absorbido por la euforia, divulga al resto del equipo información que los demás no deberían conocer. Esa reacción también es lamentable. Un consejo: reemplaza la emoción por entusiasmo. La emoción es energía (conciencia) sin control; el entusiasmo es energía (conciencia) canalizada.

En último término, nuestra capacidad para controlar la conciencia en el interior de la mente determina el grado de control que poseemos sobre nuestras reacciones y cómo respondemos a las experiencias de la vida. Cuanto mejor controle mi conciencia, mejor controlaré mis reacciones y más dominio tendré sobre mi estado de ánimo.

CONTROL DEL HABLA

A todos nos beneficiaría que hubiera un semáforo en la autopista entre la mente y los labios que estuviera programado para indicarnos cuándo hablar sin tapujos, cuándo reflexionar antes de hablar y cuándo sencillamente mordernos la lengua. El control del habla está íntimamente relacionado con la gestión de las reacciones.

La incapacidad de controlar las propias palabras es un signo que revela muchas cosas. Entre ellas, un subconsciente desordenado y, en consecuencia, confuso; falta de claridad; y la ausencia de un dominio suficiente de la conciencia en el interior de la mente, por nombrar solo unas cuantas. Cuando una persona abre la boca para hablar, crea una ventana por la que cualquiera se puede asomar a su mente. Podemos saber mucho de un individuo a partir de lo que dice en oposición a lo que calla.

Muchas personas tienen dificultades para controlar lo que dicen, circunstancia que a menudo deriva en desenlaces complicados o inundados de gran carga emocional; *a posteriori* se arrepienten de lo dicho y desearían poder borrar sus palabras. Una de las razones de la falta de control del habla es la incapacidad de dominar nuestras reacciones, que se deriva de los problemas para gobernar el rumbo de la conciencia en el interior de la mente.

Por ejemplo, una persona se me acerca en un evento y me comenta que el chal que llevo es muy feo. La carga emocional de sus palabras tiene la facultad potencial de desplazar mi conciencia a una zona de la mente relacionada con el disgusto..., si yo lo permito. El control que poseo sobre mi conciencia me ofrece la posibilidad, en ese instante, de decidir adónde quiero que vaya mi conciencia. Al oír sus palabras, decido desplazarla, con mi fuerza de voluntad y mi poder de concentración, a una zona elevada de la mente, que me permite ofrecerle una respuesta constructiva. Si dejase que la carga emocional de sus palabras dirigiese mi conciencia a una zona mental de rabia, le daría una respuesta poco edificante.

El motivo más habitual del habla incontrolada es la tendencia a reaccionar a lo que pasa dentro o fuera de nosotros. Si tenemos dominio sobre la conciencia, podemos escoger a qué región de la mente desplazarla, de tal modo que podremos dar una respuesta adecuada o no responder. Las reacciones de las personas y las dificultades para controlar sus palabras constituyen revelaciones públicas de lo que tienen en mente.

Es importante no confundir el control del habla con las limitaciones a la libertad de expresión. Yo definiría «control del habla» como la habilidad de escoger con sabiduría lo que se dice... y en qué momento. La esencia de este tipo de dominio es la combinación de unas palabras escogidas con sabiduría y su articulación en el momento oportuno. Cuando eres capaz de controlar lo que dices, te puedes expresar libremente; la única diferencia es que tú decides lo que dices y cuándo. En consecuencia, posees una enorme influencia en los efectos que tendrán tus palabras y lo que acontezca en tu vida.

Te propongo que medites lo siguiente; no voy a profundizar en ello. Si no posees demasiado dominio sobre tu conciencia, cuando alguien te dice unas palabras y la emoción que las acompaña es la ira, o si vibran en la frecuencia de la rabia, las palabras arrastrarán tu conciencia a la misma zona de la que proceden. La carga emocional de su discurso empapa tu conciencia de la misma emoción (la energía se transfiere), arrastrándola así al mismo espacio vibratorio de la mente. Del mismo modo, una canción de amor cargada con energía sentimental te puede transportar a la zona mental del intérprete; cuando la escuchas, sientes las emociones que el cantante quiere que experimentes.

La emoción posee un poder inmenso sobre la conciencia. Cuando un sentimiento empapa las palabras, estas tienen la capacidad de mover la conciencia a la zona de la mente que vibra en la frecuencia de esa emoción. Para no reaccionar a las palabras, tu fuerza de voluntad debe ser mayor que el poder de las emociones que te están proyectando.

La frase que le dije al conductor del *rickshaw* indio estaba empapada de rabia. La emoción de mi discurso transfirió energía a su conciencia, lo cual la hizo vibrar en la misma frecuencia que mi emoción: ira. Su conciencia empezó a funcionar entonces en la zona mental de la ira y reaccionó en consecuencia.

¿Cómo saber si uno está haciendo progresos en el control del habla? Cuando lo que digas provoque más desenlaces positivos que complicadas secuelas emocionales, las señales son buenas. Y los progresos en la práctica del control del habla son una señal clara de que vamos por buen camino en el dominio de la conciencia por el interior de la mente.

Discusiones mentales

Desperdiciamos gran cantidad de tiempo y energía, y sacrificamos buena parte de nuestra paz mental, involucrándonos una y otra vez en discusiones mentales. Este tipo de debates —casi siempre problemas con otras personas que tratamos de litigar en nuestra mente— constituyen asimismo una gran distracción.

Esta lección no trata de resolver discusiones mentales. Más bien consiste en aprender a ejercer control sobre los desplazamientos de la conciencia en el interior de la mente para que no te enredes en incesantes debates contigo mismo.

A menudo, los motivos de una discusión mental son los malentendidos. Cuando un problema no está resuelto, se apodera del subconsciente y cada vez que la conciencia interactúa con él, volvemos a involucrarnos en la discusión. Cuanta más emoción contiene esta experiencia no resuelta, mayor es su poder para arrastrar a la conciencia hacia ella.

Cada vez que la conciencia siente el poder de atracción de dicha experiencia no resuelta, la revivimos, ya sea de principio a fin o solo una parte. Entonces nos embargan de nuevo todas las emociones, algo que a su vez nos empuja a volver a reaccionar ante ellas.

Al reaccionar, a menudo nos enredamos en una discusión mental, un encuentro de dar y recibir con la persona con la que estamos disgustados. Tú le lanzas una acusación mental e imaginas su reacción a tus palabras. Te enojas de nuevo con esa persona, solo que ahora todo sucedió en tu mente. Esta replica con más agresiones verbales... en tu cabeza. Las palabras que te diriges a ti mismo de su parte te dejan impactado y el vaivén prosigue mientras el conflicto escala en tu mente.

Estás más alterado por esta discusión mental con cada segundo que pasa. Cinco minutos más tarde estás furioso con esa persona por ser tan irracional. Tu sistema nervioso está destrozado. Resoplando con fuerza, arrancas tu conciencia de esa experiencia emocional no resuelta y vuelves a lo que estabas haciendo antes de envolverte en esa pelea imaginaria.

Ni diez minutos han pasado antes de que tu conciencia vuelva a ser arrastrada a la zona de guerra mental. Otra diatriba verbal arranca y tu pobre mente, cuerpo y sistema nervioso se ven sometidos a otro centrifugado de emociones. La atroz experiencia se repite a lo largo del día e incluso algunos se acuestan por la noche incapaces de dormir según la batalla continúa en su mente.

Es importante comprender que, en el proceso de esta discusión mental, tú —y enfatizo el «tú»— eres la persona que está hablando en representación de los dos contendientes, de tal modo que la acalorada discusión es obra tuya.

Las experiencias emocionales no resueltas en el subconsciente son campos de minas que aguardan la llegada de la conciencia. La clave para vencerlas es resolver el problema. Tal vez parezca más fácil decirlo que hacerlo, dependiendo de la intensidad de la experiencia y de las emociones que lleve aparejadas. Como ya comenté en una lección anterior, hay distintas maneras de resolver estos problemas y eso incluye la psicoterapia.

Sin embargo, otra cosa que puede ayudar a superar las discusiones mentales es aprender a dominar la conciencia en el interior de la mente. Cuando controlamos la conciencia, podemos escoger en qué momento queremos abordar una experiencia emocional no resuelta. Te daré un ejemplo. En una reunión, un compañero de trabajo te dice algo que te disgusta. Vuelves a tu mesa molesto, pero de inmediato te sumerges en la bandeja de entrada de tu correo electrónico.

Transcurren unos minutos y tu conciencia regresa a la situación que acabas de protagonizar en la reunión. Según la conciencia se envuelve en la experiencia, empiezas a revivirla atravesando todas las emociones de nuevo y reaccionando a ellas.

Si posees un control suficiente sobre la conciencia, puedes retenerla cuando abandona la bandeja de entrada del correo y se abre paso a la experiencia emocional no resuelta de tu subconsciente, de tal modo que puedes devolver la conciencia a lo que estabas haciendo o desplazarla a una zona alternativa de la mente.

La capacidad de hacerlo indica una serie de cosas:

1. Que entendemos a la perfección que la conciencia y la mente son dos entes diferenciados.
2. Que el problema reside en el subconsciente, que es una región de la mente, y tenemos la opción de acudir a esa zona de la mente o no.
3. También podemos concluir que, cuando tenemos suficiente fuerza de voluntad, podemos redirigir la conciencia a una región de nuestra elección y usar la capacidad de concentración que desarrollamos para sostener la conciencia allí donde queremos que esté.

Saber eso y tener la habilidad de ponerlo en práctica genera una inmensa libertad y paz mental.

Muchos pensarán, al leer esto, que abogo por soslayar el problema o fingir que no existe. No es eso en absoluto lo que sugiero. Está claro que el problema existe y el primer paso para resolverlo es reconocer que está ahí. Mis propuestas sencillamente nos permiten elegir en qué momento llevamos la conciencia a la zona mental en la que reside el conflicto para abordar el asunto y resolverlo.

Se trata de una opción importante a la que mucha gente, por desgracia, no puede acceder, aunque podría hacerlo si comprendiera en profundidad los mecanismos de la conciencia y la mente y poseyera un dominio suficiente sobre su conciencia.

Cuando tenemos esta elección, podemos decirnos: «Conozco la existencia de este asunto no resuelto en mi subconsciente, pero no voy a dejar que mi conciencia se involucre en ello en este momento. Tengo un descanso a las dos de la tarde y entonces buscaré un espacio tranquilo para sentarme, desplazar mi conciencia al problema y abordarlo. Mientras tanto, emplearé mi fuerza de voluntad para sostener mi conciencia en la zona mental que yo escoja».

Hacerlo así es muy distinto a permitir que la conciencia se vea arrastrada una y otra vez al mismo conflicto a lo largo del día. Dicha situación resulta mental y emocionalmente agotadora y una pérdida inmensa de tiempo y energía. El impacto de tal experiencia, repetida una y otra vez, en la mente, cuerpo y sistema nervioso es sumamente dañino, por no mencionar cómo afecta a las personas de nuestro entorno y al rendimiento.

Imagina la paz mental que sentirías si pudieras controlar tu conciencia y escoger cuándo gestionar el problema. Sería algo parecido a convocar una reunión con tu asunto no resuelto, y ya sabemos que las reuniones funcionan mejor cuando determinamos de antemano la hora y el lugar.

Fija una cita, decide la hora y la ubicación para mantener una reunión con tu asunto pendiente. Hasta ese momento, recurre a la fuerza de voluntad y a la capacidad de concentración para sostener la conciencia en aquello en lo que esté involucrada. Cada vez que notes que ese asunto pendiente tira de tu conciencia, con la carga emocional que conlleva, devuélvela con suavidad y cuidado a su objeto de concentración actual. Recuérdate: «Todavía no es el momento de abordar ese problema no resuelto».

Como sucedería con cualquier otra cita, no hace falta que acudas cada diez minutos hasta el momento de la reunión para comprobar si la otra persona ya llegó. En la vida normal no lo harías. De manera parecida, cuando conciertes una cita con un problema no resuelto, no es necesario que la conciencia visite el asunto varias veces antes de la hora concertada. Hacerlo solo serviría para perturbarte.

Fijar una cita para abordar un problema pendiente y ejercer el control de la conciencia en el interior de la mente son dos gestos clave para evitar las discusiones mentales. Cuando llegue la hora de la cita, ve al lugar que hayas escogido, desplaza la conciencia al tema pendiente de tu subconsciente y da comienzo al proceso de resolverlo.

Muchas personas viven mentalmente paralizadas a causa de las discusiones mentales, que les impiden llevar a cabo tareas diarias según su conciencia se ve arrastrada una y otra vez a experiencias emocionales sin resolver. Eso no es vida. Para tener la oportunidad de elegir cuándo gestionamos nuestros problemas, tenemos que aprender sobre la conciencia y la mente, así como desarrollar la fuerza de voluntad y la capacidad de concentración para poder controlar los desplazamientos de la conciencia por el interior de la mente.

He aquí algo más que debemos tener presente con relación a las discusiones mentales. Recuerda la cita de mi maestro: «La energía fluye en la dirección que toma la conciencia». Examinemos la idea en el contexto de las discusiones mentales. Cada vez que permitimos que la conciencia se dirija a una experiencia emocional sin resolver de la mente subconsciente, estamos permitiendo que la energía fluya hacia esta. Si la energía fluye en esa dirección, reforzamos, como ya sabes, ese asunto pendiente. La pauta subconsciente que alberga esas emociones sin resolver recibe más carga emocional cada vez que nuestra conciencia acude a ella, de tal modo que se refuerza sin cesar. Por si fuera poco, seguramente estamos alterando el relato de la experiencia al mantener incontables monólogos emocionalmente sesgados. La situación incrementa la confusión mental en torno a la experiencia y dificulta cada vez más su resolución.

Cuanto mayor sea nuestra capacidad de controlar lo que hace la conciencia en el interior de la mente, más empoderados estaremos para elegir cuándo aplicamos la mente para resolver un asunto pendiente. Trabajar este aspecto disminuirá significativamente nuestras discusiones mentales.

El tanto de la victoria

A lo largo del libro he transmitido las enseñanzas de modo que cualquiera que albergue la intención seria de llevar una vida con foco pueda aplicarlas. Esta lección aborda cómo aplicar dichas enseñanzas al mundo del deporte para mejorar el rendimiento y mitigar los desafíos relativos a la salud mental. No hay necesidad de restringir estas enseñanzas a los atletas del más alto nivel. Cualquier individuo, niño o adulto que participe en actividades deportivas puede aprender y sacarles provecho para conseguir mejores resultados y cuidar su salud mental.

Llegó el descanso de uno de los partidos más importantes de la Premier League inglesa, quizá la liga de futbol más seguida del mundo. Un equipo está reunido en el vestuario. Van perdiendo por dos tantos y necesitan desesperadamente empatar o ganar si quieren aspirar al título. Justo antes de que el equipo abandone el vestuario para jugar la segunda parte, el entrenador les ofrece un mensaje final: «Chicos, hay que concentrarse ahí afuera». Una petición normal y sensata.

Aunque la exhortación a concentrarse se oye una y otra vez en el ámbito deportivo, apenas, por no decir nunca, va acompañada de instrucciones que aclaren cómo hacerlo. Como ya comenté en un capítulo anterior, pedirle a alguien que se concentre no es lo mismo que ejercitarlo en la focalización. En el deporte como en los negocios, exigir y esperar que tu equipo se focalice cuando nunca le has enseñado a hacerlo es un acto irreflexivo. Buena parte de aquellos que dan este tipo de instrucciones pasan por alto el hecho de que están pidiendo algo para lo cual el otro no está preparado o que tal vez no se le da bien.

Cientos de millones de dólares se invierten en los equipos deportivos de todo el mundo. Es una industria billonaria. Los jugadores de las grandes ligas reciben entrenamiento de alto nivel y cuentan con excelentes instalaciones, además de tener acceso a los mejores recursos para mejorar su rendimiento. Sin embargo, es probable que nadie haya enseñado a la mayoría de esos jugadores cómo funciona su mente, cómo concentrarse y qué hacer para gestionar el estrés generado por la competición de élite. Puedo decir por propia experiencia, después de trabajar con deportistas de máximo nivel, que el entrenamiento mental que reciben no se acerca ni remotamente a su entrenamiento físico y es muy inferior al que requiere su nivel de excelencia.

Se está celebrando la semifinal del Mundial de futbol y un jugador se dispone a lanzar un penalti decisivo. Si marca, ganan. Ha practicado ese lanzamiento hasta la saciedad. No cabe duda de que hay en su subconsciente un patrón grabado a fondo que le indica cómo ejecutarlo con éxito. Coloca el balón en el punto de lanzamiento y retrocede unos pasos como preparación para chutar el balón. Ochenta mil personas lo están viendo en el estadio y millones más en el mundo entero están pegados a la pantalla, concentrados en ese partido que se retransmite en directo. Todo el mundo contiene el aliento. La gente se muerde las uñas. Todos los ojos están pegados en ese hombre. Ahora el jugador tiene que apoyarse en su entrenamiento.

Buena parte de la batalla, por no decir toda, se libra en su mente. ¿Es capaz de controlar su conciencia? ¿Dejó que se desplazara al futuro, diez segundos más tarde, y se visualiza celebrando el penalti de la victoria? ¿O permitió que su conciencia viajara igualmente al futuro, esta vez pensando que, si pierde, no solo decepcionará a su equipo sino a todo el país? Su conciencia planea hacia el área del miedo y se pregunta si debe atenerse al plan que tenía previsto o cambiar un poco el lanzamiento. Todo esto sucede en cinco segundos, aunque a él se le hace una eternidad. El árbitro hace sonar el silbato para indicar que ha llegado el momento de lanzar. Avanza... y el resto ya es historia.

La capacidad o incapacidad de un jugador para controlar su conciencia en una situación de tanta presión es uno de los factores del éxito o el fracaso. Hay una cita muy hermosa de un miembro de los comandos de la Marina estadounidense que dice: «Uno no crece bajo presión, sino que desciende al nivel de su entrenamiento». Esto no solo se aplica a los deportistas, sino a todo el mundo. Si nunca has ejercitado el control de la conciencia en el interior de la mente, ¿cómo esperas hacerlo en las situaciones más exigentes, cuando es lo que más necesitas?

El jugador no podrá controlar su conciencia si no sabe cómo funciona la mente. Y si nunca le han enseñado a concentrarse y focalizar la conciencia con firmeza en un solo objeto de concentración, ¿cómo va a estar completamente enfocado en el lanzamiento? Imagina que el mismo futbolista debe lanzar el penalti en el Mundial, solo que en esta ocasión es alguien entrenado para controlar la conciencia en el interior de la mente. El relato sería muy distinto.

Avanza para marcar un penalti decisivo que seguramente será la jugada más importante de su carrera. La expectación se palpa en el ambiente. Tiene que apoyarse en su entrenamiento. Recurriendo a su fuerza de voluntad y a su capacidad de concentración, sostiene la conciencia en la tarea que tiene por delante, anclado en el presente con decisión. No permite que su conciencia se desvíe al futuro o al pasado imaginando éxitos todavía no obtenidos o reviviendo fracasos previamente experimentados. Avanza con calma y chuta el balón, que se clava en el fondo de la red. Mientras observa la escena, suelta las riendas de la fuerza de voluntad y la adrenalina de todo ello arrastra su conciencia a la zona mental de la emoción. Él y millones de aficionados celebran el gol con exultante alegría.

Al contrario de lo que se oye a menudo —tal como ya comenté en otras ocasiones— su estado de concentración no lo aísla de todo lo que hay a su alrededor. Más bien es un estado de absorción absoluta de su conciencia en aquello que la ocupa. Este estado de rapto absoluto no permite que su conciencia se sienta atraída por nada más. Entender la mente y aprender a focalizar la conciencia puede influir de manera significativa en el nivel de rendimiento de un individuo o equipo. *Si a ningún atleta o equipo le pidieran que se concentrara, el tema no sería tan importante. Pero si le exiges concentración a tu equipo, deberías ejercitarla.* Este libro es un manual para aprender a hacerlo.

Sin embargo, no todo consiste en incrementar el rendimiento. Los deportistas de élite se enfrentan a muchos otros desafíos. Por ejemplo, aprender a controlar sus reacciones dentro y fuera del campo es otra necesidad fundamental a la que se enfrentan. Su capacidad de controlar la conciencia determina su habilidad para gestionar sus reacciones a los insultos de equipos rivales, ataques verbales e incluso raciales de los aficionados, palabras críticas de los medios y linchamientos en las redes sociales. Si un deportista es capaz de gobernar su conciencia, sabe controlar sus reacciones y, en consecuencia, dominará los efectos colaterales de su profesión que sin duda permearán cada aspecto de su vida y su juego.

Muchos atletas salen al campo o a la pista mentalmente atormentados por el entorno. Muy pocos reciben el entrenamiento y las herramientas que necesitan para gestionar de manera adecuada su estado de ánimo. Los frecuentes altibajos emocionales pueden ejercer una influencia devastadora en su mente y su sistema nervioso que se prolongue más allá de su carrera. Los problemas mentales entre los deportistas de élite son una cuestión muy real. La euforia y el esplendor de la competencia consiguen enmascararlos, pero, sin duda, están presentes. Son uno de los muchos desafíos que las enseñanzas y las herramientas contenidas en esta obra pueden mitigar de manera significativa e incluso erradicar.

Detrás de la empresa

Ravi trabaja para una empresa de la lista Fortune 500. Es un ejecutivo en un equipo de liderazgo *senior* y tiene un papel importante en la empresa. Se le da muy bien su trabajo y por eso ostenta ese cargo tan importante. Pero nadie le ha enseñado cómo funciona la mente. No tiene conocimientos sobre la conciencia y la mente no sabe que se puede controlar el rumbo de la una por el interior de la otra. Tampoco le han enseñado a concentrarse. Con el paso de los años, según la exigencia de tiempo y atención se incrementa, se nota cada vez más distraído.

En la actualidad Ravi tiene dificultades para sostener la conciencia en un único objeto de concentración, si bien es incapaz de verbalizar que es eso lo que experimenta a lo largo del día. El hecho de que se le requiera atención desde todos los frentes al mismo tiempo lo ha llevado a ceder la soberanía de su conciencia al entorno. A menudo dice que está «en todas partes al mismo tiempo», lo que significa, en nuestro lenguaje, que su conciencia se encuentra totalmente dispersa. Eso explica por qué está siempre agotado: porque su energía fluye sin control. Cuanto más ensaya la distracción, mejor se le da. A estas alturas de su vida se convirtió en todo un experto.

Cuando llega a casa es incapaz de sostener la conciencia en ninguno de sus hijos o en su mujer más de unos pocos segundos. Por culpa de eso, no notan que su energía fluya hacia ellos y no se sienten conectados con él. Lo quieren, así que toleran la situación y pronto la normalizan. Él también se siente desconectado de su familia y eso lo entristece, pero no sabe cómo solucionarlo. Se acuesta en la cama sin poder dormir cada noche, pues es incapaz de despegar la conciencia de la región mental del trabajo. Al final cae dormido de puro cansancio y, cuando se despierta, el intenso magnetismo del área laboral de su mente, donde deposita casi toda su energía, atrae su conciencia hacia ella antes de que pueda pararse a pensar en nada más. Toma su teléfono y se sumerge en el mundo virtual antes de levantarse siquiera.

Según su conciencia rebota de un correo electrónico a otro, de un mensaje de texto a otro y por toda clase de avisos, la ansiedad se apodera de él. No tarda nada en llegar a ese estado. Lleva mucho tiempo labrando el surco a esa zona de la mente, el rincón favorito de su conciencia.

Ravi está irritado en todos los sentidos de la palabra, aunque apenas lo admite ante sí mismo y mucho menos ante sus colegas y allegados. En ocasiones desearía dejar todo e irse a vivir con su familia a algún lugar donde pueda experimentar paz. Se trata de una falacia de la que él no es consciente, pues el estado de ánimo que con tanta devoción ha cultivado durante años lo acompañará allá donde vaya. No es un compañero que se pueda abandonar a voluntad. No hay paz para Ravi, ni siquiera en la playa, en mitad de un bosque apacible o en las serenas laderas de una montaña. Fugaces momentos de serenidad tal vez, pero nada más; capturados en selfis y compartidos en las redes sociales para convencerse a sí mismo y a los demás de que todo va bien en su vida.

En el lugar de trabajo, su conciencia incontrolada alimenta su ansiedad sin cesar. Lidera un equipo de unas doscientas personas. Se siente enormemente responsable de sus empleados y de los objetivos que tienen marcados. Su conciencia realiza frecuentes viajes al futuro en el interior de su mente, a menudo evocando desenlaces inferiores a los objetivos marcados y de vez en cuando visualizando fracasos estrepitosos. La preocupación es constante y el miedo al fracaso acecha la periferia de su mente, tan cerca que puede olerlo. Todo ello hace estragos en su sistema nervioso, que está destrozado a causa del maltrato diario que sufre su conciencia, y su cuerpo alberga más nudos que una secuoya.

La mente y el cuerpo humanos hacen gala de una resiliencia increíble cuando soportan un castigo constante y muchos no dudan en someterlos a él. A menudo superado por la vida, Ravi sabe sin embargo que no puede tirar la toalla. Al fin y al cabo, debe pagar la escuela privada de sus hijos, ahorrar para la universidad de estos, pagar una cuantiosa hipoteca y sufragar el estilo de vida al que su familia y él están acostumbrados. La vida de Ravi no es una historia infrecuente. Muchas personas sufren cargas parecidas en grados diversos.

Las empresas y los empresarios deben comprender que mil costas sin orilla nunca podrán saciar la sed del deseo. El anhelo de crecimiento sin límite, nacido del deseo y la creatividad no orientados, es una carrera al abismo. El deseo debe ser refrenado y guiado con sabiduría, no materializado a expensas de la salud física y mental de las personas que lo manifiestan. Detrás de los negocios hay personas y debemos cuidar de ellas con primor. No hacerlo es un camino lento pero seguro a la extinción. Grandes cantidades de estadísticas demuestran que la salud mental en el lugar de trabajo constituye un grave problema global.

Si una empresa llega a esta conclusión, se plantean una serie de cuestiones: ¿cómo iniciar el proceso de crear una vida dichosa y próspera para las personas que forman parte de ella? ¿Cuál es la solución para Ravi y otros como él que están al borde del agotamiento físico y mental? Mi respuesta es, y siempre será, que la clave está en comprender qué son la conciencia y la mente, y aprender a desarrollar el foco y la fuerza de voluntad. No cabe duda de que hay temas más profundos que resolver en el terreno empresarial, pero, en el ámbito individual, el regalo que más trascenderá en tu equipo será el don de entender su mayor recurso, la mente, y aprender a sacarle partido para crear una vida en verdad gratificante.

A los empresarios que se preocupan por las personas que trabajan para ellos, por la salud mental de su equipo, por su calidad de vida y su necesidad de sentir que llevan una existencia satisfactoria, los animo a entrenarlos en el funcionamiento de la mente. A empoderarlos con conocimientos sencillos de la conciencia y la mente tal como los presenté en este libro. Enséñenles, a través de su propio ejemplo, el arte de aprender a desarrollar la fuerza de voluntad y el foco, y cómo aplicar ambos con sabiduría para vencer la preocupación, el miedo, la ansiedad y el estrés. Compartan con ellos las destrezas que se adquieren a partir de estas enseñanzas para ayudarlos a vivir experiencias más profundas con las personas que aman, a implicarse a fondo en las vivencias que, con gran esfuerzo, han financiado para sí mismos y sus familias. Es una inversión sencillísima y sumamente eficaz cuyos resultados transformarán su existencia.

Qué regalo para tu equipo: entender cómo emplear y sacar partido a su mejor recurso. Ese don que me ofreció mi maestro hace casi tres décadas todavía me acompaña, aunque ya no sea monje de su monasterio. Es un regalo que aumenta a través de la aplicación constante y aún hoy me recompensa de maneras que superan la imaginación. Gracias a mis conocimientos sobre la conciencia y la mente, y a la capacidad de focalizarme, puedo estar presente con mi familia y amigos, disfrutar cada momento de la vida a su lado y con las experiencias que he creado. Aunque me enfrento a desafíos vitales, tengo las herramientas y los conocimientos de cómo aplicarlas para poder afrontar mejor esos desafíos. Gracias a mis capacidades de focalización y autorreflexión, he llegado a conocerme mejor y a saber qué quiero en la vida. Descubrí mi propósito. Definí prioridades. Puedo focalizar mi energía hacia ellas. Puedo usar mi voluntad para perseverar y no renunciar nunca. Soy capaz de plasmar mis objetivos en el mundo. Disfruto de días plenos. No desperdicio ni un momento; no podría, ya que estoy presente en cada uno de los instantes y sé qué hacer con ellos. ¿No te gustaría hacerles este regalo a las personas que han dedicado buena parte de sus vidas a la creación, sustentación y éxito de tu empresa?

Sí, puedes enseñarles otras destrezas. A comunicarse mejor. A respirar mejor. A alimentarse de manera más saludable. A poner en forma sus cuerpos. A practicar mejores hábitos mentales. Sin embargo, ¿te has detenido a pensar que para aprender cualquiera de esas habilidades necesitan la mente? La mente es el centro de todo. Si no entienden cómo funciona la mente y no se han ejercitado en dominarla y focalizarla, ¿cómo esperas que la empleen para aprender y absorber a fondo las habilidades que deseas que adquieran?

Es complicado adquirir un nuevo conocimiento cuando no entiendes la herramienta que estás usando para aprenderlo. Todos los libros del mundo no servirían de nada si una persona no supiera leer. El primer e imprescindible paso para poder disfrutar de un texto es la destreza lectora. De manera parecida, en este caso tenemos que empezar por la mente.

Si decides ofrecerles este maravilloso don, comprométete con el proceso. Asegúrate de que captan a fondo las enseñanzas y entienden cómo aplicarlas en su vida para crear un cambio efectivo y prolongado. Solo entonces el regalo será una demostración de que en verdad te preocupas por tu equipo.

El foco en los negocios

Abundan las formaciones para empleados, por las que empresas de todo el mundo pagan millones de dólares, pero la más importante y mejor inversión es enseñar a los equipos a entender la conciencia y la mente, y el arte de focalizar. Como ya comenté otras veces, *si tu equipo sabe concentrarse, contará con la capacidad de prestar atención y podrá aprender todas las habilidades que quieras transmitirle.* Si están distraídos, es difícil que escuchen y asimilen lo que se les pretenda enseñar. Si no sabemos focalizar, ¿cómo vamos a concentrarnos el tiempo suficiente para escuchar siquiera lo que nos digan? No trates de cambiar el orden de las cosas.

En esta lección no abordaré el tema de la concentración en el lugar de trabajo, porque el libro ya te ofrece las instrucciones básicas que necesitas para aprender a concentrarte. El entrenamiento descrito se puede aplicar a todos los ámbitos. Si te estás preguntando: «¿Cuáles serían las mejores maneras de practicar la focalización en el lugar de trabajo?», significa que no has entendido lo que compartí en los capítulos anteriores y te sugiero que releas el libro. No necesitas unas prácticas especiales para concentrarte en el trabajo. Solo necesitas aprender a concentrarte. Una vez que sepas hacerlo, podrás aplicarlo en cualquier parte.

El objetivo de esta lección es convencer a las empresas de que se planteen el conocimiento de la mente y el aprendizaje de la concentración como un aspecto fundamental de la formación de sus empleados.

La fundadora de una empresa multimillonaria está finalizando una reunión con su equipo de liderazgo. Están a punto de llevar a cabo la presentación más relevante de su vida ante el que podría ser el cliente más importante que han tenido jamás. Captar al cliente marcaría un antes y un después para la empresa, y tanto la fundadora como su equipo lo saben. Cuando está a punto de dar la reunión por finalizada, se levanta, se inclina hacia delante, posa las manos en el hermoso escritorio de roble que decora la sala de reuniones donde reunió a los mejores miembros del equipo y dice:

—Tenemos que focalizarnos al máximo durante estos dos días que faltan para la presentación, en serio. Asegúrense de que sus equipos están totalmente concentrados en esto.

Es una petición del todo lógica.

Lo he mencionado unas cuantas veces a estas alturas, pero lo sacaré a colación de nuevo en relación con los negocios. Igual que los entrenadores deportivos, muchos jefes les piden a sus empleados que se concentren, pero no les enseñan a hacerlo. Como dueño de un negocio, nunca le pedirías a un empleado de recursos humanos que programe y desarrolle la nueva versión de una aplicación para tu celular, ¿verdad? No lo harías porque sabes que no posee la formación necesaria para ello. Está formado en recursos humanos y por eso trabaja en ese departamento. ¿Por qué, entonces, hay tantos líderes que no ven el paralelismo entre pedirle a un empleado de recursos humanos que programe el celular y solicitarle a una persona que nunca se ha formado en el arte de focalizar que se concentre?

En el mundo corporativo, donde la productividad y la eficacia están tan buscadas y valoradas, la mayoría de las empresas se saltan lo más fundamental para alcanzar la excelencia: aprender y practicar el arte de la concentración. Me gustaría creer que no enseñan a sus equipos cómo concentrarse sencillamente porque no son conscientes del costo que pagan por la distracción ni entienden que la concentración es una habilidad que se debe aprender y ensayar. Los directivos tienden a dar por supuesto que nos concentramos sin más y que, pidiéndole a alguien que se centre, sucede por arte de magia. No es así. Pero no basta con aprender a concentrarse. También hay que aprender a desarrollar la fuerza de voluntad y, como prerrequisito para ambas cosas, es necesario conocer el funcionamiento de la conciencia y la mente.

Solo estamos distraídos si no nos han entrenado en el arte de la concentración o si no sabemos dónde poner el foco. Opino que la mayoría de las empresas tienen muy claro en qué quieren que se concentren sus equipos. La pieza que falta es la formación para que sepan focalizar.

Fatiga y distracción

Si alguien tuviera que conducir de Nueva York a San Francisco, luego a Dallas, a continuación a Chicago y de ahí a Miami, consumiría una cantidad tremenda de gasolina. En cambio, si dejara el coche todo el tiempo en una sola ciudad, no gastaría para nada tanto combustible. Para desarrollar esta analogía, piensa en la conciencia como el coche y en la energía como la gasolina que impulsa el viaje de la conciencia por la mente. Si la conciencia tiene que desplazarse por cinco zonas distintas, consumirá mucha más energía que si se queda en un sitio.

Una conciencia focalizada consume menos energía que una distraída.

Una mente distraída derrocha grandes cantidades de energía. Cuando los niveles de energía se desploman, la productividad también lo hace. Internet está inundada de datos y estadísticas sobre el impacto de la fatiga en la seguridad, la productividad, la eficacia y demás. Hay muchas causas de fatiga, pero la distracción pocas veces se cuenta entre estas. Sin embargo, ahora sabes que, cuando la conciencia viaja sin control por el interior de la mente, la energía se dispersa y consumimos mucha más de la que necesitamos en zonas que no la requieren. Y cuando los niveles de energía se desploman, los resultados se resienten.

La concentración genera eficacia

Una mañana, mientras me encontraba absorto en un proyecto, me topé con un problema relacionado con el trabajo para el que precisaba el consejo de mi maestro. De modo que me que acerqué a su despacho y, cuando llegué, descubrí que la puerta estaba abierta y él estaba sentado a su mesa, trabajando con la computadora. Golpeé el marco con los nudillos y pregunté:

—Gurudeva, ¿puedo hablar contigo?

Él me respondió:

—Pasa y siéntate. En un minuto estoy contigo.

Terminó lo que estaba haciendo en la computadora, bajó la pantalla hasta casi cerrarla para indicar que había terminado y luego, volviéndose hacia mí, me prestó su atención plena. Me preguntó:

—¿En qué puedo ayudarte?

Le formulé mi pregunta y él me respondió. Pedí una aclaración y él me la ofreció. Le di las gracias por su ayuda, me levanté y me fui. La conversación duró dos minutos como máximo. Se desarrolló con gran eficacia, porque él había entrenado a sus monjes en el arte de la concentración. Nuestra conciencia nunca se desviaba del tema; en consecuencia, no perdíamos tiempo ni energía con desplazamientos de la conciencia por la mente. Es sorprendente hasta qué punto mejora la eficacia de las reuniones cuando todos los presentes participan focalizados.

¿Cuántas conversaciones relativas al trabajo se prolongan indefinidamente porque la gente no está lo bastante concentrada para atenerse al tema o escuchar con atención lo que el otro está diciendo?

Cuando las personas no saben concentrarse, la claridad de la comunicación y la transmisión de información se desploman. ¿Cuántas veces has conversado con alguien que estaba tecleando en la computadora o en el celular? Responden a lo que dices asintiendo con la cabeza para indicar que te están escuchando, pero ahora sabes, a partir de lo que hemos aprendido sobre la multitarea en estas páginas, lo que está haciendo su conciencia. Por más que la persona piense que está escuchando, no lo hace.

Con eso se derrocha una cantidad inmensa de tiempo y energía, por no mencionar el costo financiero, que sería difícil de calcular con exactitud. Grandes sumas e importantes piezas de información se pierden, oportunidades y dificultades se pasan por alto, todo porque las personas no saben concentrarse.

¿Qué podemos hacer al respecto? Abordamos este punto en capítulos anteriores. Si adviertes que un miembro de un equipo se distrae del proyecto, llama su atención y luego redirige su conciencia al tema que están tratando. No temas decirle a tu interlocutor que te gustaría disfrutar de su atención absoluta. Señálale la diferencia que eso marcaría en el trabajo que tienen entre manos.

La concentración genera eficacia y productividad, punto.

REUNIONES EN UN AMBIENTE DISTRAÍDO

La incapacidad de ceñirse a un tema tiene un costo enorme. He participado en una buena cantidad de reuniones y siempre me fascina observar adónde va la conciencia de los participantes en esas ocasiones. Empieza por desviarse hacia un punto y, como le sucedía al perro del parque, basta el menor susurro en un arbusto para que la conciencia salga disparada en un sentido totalmente distinto.

Narraré una experiencia vivida en una ocasión. La dueña de una empresa que quería contratarme para ofrecer un retiro con su equipo de supervisores más experimentados me citó en sus oficinas para comentar los detalles. Me senté con ella y unos cuantos integrantes del grupo en su despacho y dimos comienzo a la reunión. En cierto momento salió el tema de las fechas. Me preguntó si me quedaba bien a finales de febrero.

Respondí:

—Lo siento, pero no. Estaré en Sídney, Australia, en esas fechas.

Una de las asistentes reaccionó a mi respuesta comentando con entusiasmo:

—Oh, adoro Sídney. Es una de mis ciudades favoritas del mundo. Me encanta sentarme en alguna terraza de los restaurantes que hay en

Darling Harbour y disfrutar de una buena copa de vino australiano con vistas al edificio de la ópera. Aquello es precioso. ¿Qué va a hacer en Sídney?

Comprendí en ese momento que tenía dos alternativas. Podía entablar una conversación con ella sobre Australia o podía desplazar su conciencia de vuelta al tema. De no haber observado que su conciencia se apartaba del tema, me habría embarcado sin pensar en una charla sobre Sídney.

Decidí devolver su conciencia al asunto que nos ocupaba, de manera que respondí:

—Sí, aquello es precioso. Voy a dar una charla. ¿El segundo fin de semana de marzo les queda bien a todos?

No digo que nunca debamos entretenernos en conversaciones amistosas que se desvían del tema. Es fundamental, en cambio, saber distinguir cuándo es el momento oportuno. La oportunidad es la clave.

La reunión transcurrió de manera parecida el resto del tiempo. Surgían temas que no llegaban a cerrarse, así que no llegábamos a ninguna conclusión, no por falta de información, sino por la incapacidad de los presentes de sostener un asunto y llevarlo hasta el final. Eso significaba que tendríamos que abordar el tema más tarde, volver a ponernos en contacto y llegar a una conclusión que habría sido mucho más sencilla de alcanzar mientras estábamos todos presentes en la reunión.

Cuando la conciencia se desvía de un tema y, en consecuencia, de una región mental, perdemos la posibilidad de extraer más ideas de esa zona de la mente. Si tomo un libro de mil páginas y lo hojeo durante cinco segundos, no obtendré ninguna información. Pero si abro el libro y me concentro en una página, podré leer el contenido y absorber la información que contiene. Cuando permitimos que la conciencia se desplace a toda prisa de una región mental a otra, nunca pasamos en ninguna zona el tiempo suficiente para recabar la información que ofrece.

Requiere un esfuerzo focalizado ahondar en un tema durante una reunión, y ese esfuerzo se pierde cada vez que la conciencia se desvía.

Se pierde el impulso. Por si fuera poco, traer de vuelta la conciencia de todos los participantes a la ubicación mental en la que se encontraban antes de la distracción requiere aún más esfuerzo y energía; no se consigue con facilidad. El grupo llegó a ese punto siguiendo un hilo de pensamientos cohesionado, que se rompe cada vez que nos despistamos.

Cuanto más dejamos que la gente se desvíe del tema durante las reuniones, más los estamos entrenando en el arte de la distracción. Este entrenamiento prosigue durante el resto de la jornada laboral, así como en casa. Ejercitar a nuestro equipo para que se centre en el tema que tiene entre manos es entrenarlo en el delicado arte de la concentración. Cada vez que su conciencia se desvíe, tráela de vuelta de manera suave y amorosa. Puedes retomar lo que dijeron y luego devolver su conciencia al asunto, como hice yo al responder al entusiasta comentario sobre Sídney.

En esa reunión, cada vez que advertía que alguien se distraía y su conciencia se apartaba del tema, la arrastraba de vuelta a la conversación que estábamos manteniendo, con delicadeza y amor. ¿Cómo lo hacía? Manteniendo la concentración. Solo estando focalizado podía darme cuenta cada vez que se distraían. Cuando lo hacían, yo decía, por ejemplo: «Siento interrumpir, pero me gustaría que nos ciñéramos al tema que estamos comentando, porque es importante que tomemos una decisión».

Puedes recurrir a todas las estrategias y herramientas que existen para garantizar el éxito de una reunión, pero a menos que los asistentes sean capaces de concentrarse, las posibilidades de que la reunión sea eficaz y productiva son muy escasas. Mi objetivo en esta lección no es explicarte cómo dirigir reuniones fabulosas, sino transmitirte hasta qué punto la capacidad de concentración puede influir en el resultado de una reunión. La gente dedica mucho tiempo a las reuniones laborales y la duración se acortaría quizá incluso con mejores resultados si todo el mundo aprendiera a concentrarse.

Interrupciones

En cierta ocasión asesoré a una empresa de moda y la jefa de diseño me contó una anécdota. Estaba sentada a su escritorio diseñando una chamarra para la colección de otoño cuando un colega se acercó y le preguntó:

—¿Sabes dónde dejaron el papel de la fotocopiadora?

Al ser interrumpida, su conciencia abandonó la región de la mente destinada al diseño, en la que estaba sumamente concentrada canalizando su intuición creativa, y se desplazó a su compañero al tiempo que se daba la vuelta en la silla. Tardó un par de segundos en adaptarse a un estado mental abierto al exterior y respondió.

—Lo guardaron en ese mueble de allí.

—Gracias —respondió su compañero, y se fue.

Ella volvió a su esbozo y advirtió que su conciencia ya no estaba en la zona de la mente en la que fluía su creatividad. Reconoció que se había sentido muy frustrada cuando hacía esfuerzos por regresar a ese lugar. Este tipo de experiencias, imagino, resultan muy costosas para la empresa. ¿Con qué frecuencia piensas que se producen interrupciones como esa en las empresas de todo el mundo?

Sucede mucho más a menudo de lo que imaginan las compañías. Las interrupciones se pueden producir en forma de interacciones físicas o de distracciones digitales como mensajes de texto, llamadas, chats o mensajería interna, por mencionar solo unas cuantas. Cada vez que la conciencia se despista, debe separarse de aquello en lo que estaba inmersa e implicarse en el nuevo objeto de concentración que reclama su atención. Una vez que terminó, debe desandar el camino, si es que puede, a la zona de la mente en la que se hallaba antes de la distracción. El gesto de implicarse y separarse constantemente consume una gran cantidad de tiempo y energía. La valiosa continuidad se rompió. El potencial de mejores ideas, soluciones y creatividad se perdió.

Las interrupciones son una forma de distracción. La mayoría de las empresas abordan el problema tratando de limitar las distracciones de distintas maneras. Crear salas más aisladas, zonas de silencio y cosas parecidas puede ayudar, pero son parches, no remedios. El remedio es enseñar a la gente a concentrarse. Si saben cómo focalizarse y lo hacen bien, las empresas no tendrán que ocupar tantas formas de proteger a los empleados de las distracciones. Una parte de este libro se escribió a lo largo de unos cuantos meses en el New York City Bagel and Coffee House, en Astoria, en mañanas de días laborables. Compraba una taza de café, me sentaba en una mesa y escribía. Allí nunca había silencio. El excelente café y los *bagels* atraían un flujo constante de gente. Pero el ruido, la música y la gente no me molestaban. Mi conciencia se encontraba centrada en lo que estaba haciendo. Con todo esto pretendo decir que podemos destinar tiempo, energías y dinero a idear maneras de proteger a nuestros empleados de las distracciones... o sencillamente podemos enseñarles a concentrarse.

Las interrupciones se producen también porque los empleados a menudo ignoran lo que están haciendo los demás. Como me crie en Australia y me encantaba ir a la playa, observé que se informaba a la gente del estado del mar mediante un sencillo sistema de banderas. La bandera roja significa que está prohibido entrar al mar y la amarilla indica que debes tener cuidado porque hay peligro potencial; señales sencillas que envían un mensaje claro. Sin profundizar demasiado en el tema, a lo largo de los años he animado a numerosas compañías a adoptar de mutuo acuerdo un sistema de signos que cada individuo pudiera usar para transmitir a sus colegas su nivel de concentración. Por ejemplo: «alta», que significaría no interrumpir; «moderada», solo asuntos urgentes; y otras por el estilo.

ADOPTAR UNA POLÍTICA DE CONCENTRACIÓN

Si alguna empresa desea poner en práctica los métodos de este libro, el primer paso será conseguir que el director o los altos cargos estén convencidos. El foco en una compañía solo funciona si se implementa desde arriba. Los altos cargos de una empresa tienen que creer en él para adoptarlo en su propia vida y predicar con el ejemplo. Esa es la manera de empezar. El segundo paso consiste en convencer al equipo. Los jefes tienen que conseguir que sus empleados estén interesados. Es fundamental para el éxito.

Una vez que eso se haya logrado, recomiendo encarecidamente implementar las enseñanzas en pequeños grupos. Por ejemplo, si diez personas del equipo de *marketing* desean embarcarse en la aventura, he aquí lo que pueden hacer:

1. Empezar por leer este libro al mismo tiempo.
2. Revisar cada capítulo en grupo y tomar nota de los puntos más importantes para cada uno. Compartir los puntos con el resto de los integrantes y discutir cómo aplicarlos a las tareas del grupo a diario.
3. Comprometerse a usar la terminología correcta cuando se comuniquen entre ellos.
4. Identificar las situaciones recurrentes no negociables en un día promedio que cada persona puede emplear para desarrollar la fuerza de voluntad y la capacidad de concentración. Las situaciones grupales, como las reuniones, ofrecen oportunidades perfectas. Responsabilizarse unos de otros con amabilidad y delicadeza.
5. Autoevaluarse y hacer seguimiento de los progresos. Recordar siempre «el poder de los pequeños pasos». Celebrar los hitos y las victorias.
6. Apoyarse mutuamente de manera suave y amorosa con la finalidad de dominar la conciencia en el interior de la mente. Ejercitar la paciencia y la compasión.
7. Apoyarse unos a otros animándose a proseguir las prácticas en la vida personal. El ejercicio de la focalización debe integrarse en la totalidad de la vida.

Los beneficios de una mente focalizada

No lo olvides: cuando enseñas a tu equipo a concentrarse siguiendo los principios específicos de este libro, no solo les enseñas a focalizar, sino también:

- A controlar los desplazamientos de su conciencia por el interior de la mente, que implica...
- Controlar adónde se dirige la energía y, por tanto, qué se manifiesta en la vida (incluidos los proyectos laborales).
- Aplicar los tres principios para desarrollar la fuerza de voluntad en todo lo que hacen.
- Estar presentes en todos sus encuentros y compromisos.
- Gestionar y vencer la preocupación, el miedo, la ansiedad y el estrés recurriendo a la conciencia.
- Controlar reacciones y respuestas.

Mi objetivo en esta parte del libro es convencer a las empresas de que adopten los principios expuestos en la obra como parte de su plan de formación. Hacerlo no solo contribuirá a mejorar el rendimiento de los empleados, sino que también capacitará a los equipos con conocimientos y herramientas para cuidar su salud mental y, en consecuencia, llevar vidas más gratificantes. Los beneficios no acaban ahí. Cada individuo que experimente una transformación constructiva contará con los conocimientos experienciales necesarios para empoderar a sus seres queridos con estas enseñanzas y herramientas, que les ayudarán a llevar también vidas satisfactorias.

Al principio del libro te contaba una historia en la que Gurudeva elevaba el centro de un pañuelo de papel y, al hacerlo, decía: «Estás conectado energéticamente con todos aquellos que forman parte de tu vida. A medida que elevas tu conciencia, elevas la suya también». Al empoderar y contribuir a desarrollar a las personas que te rodean con las nociones fundamentales de la mente, el foco y la fuerza de voluntad, estás haciendo la elección consciente de influir en todo aquello que es importante para ellos. Les ayudas a crear una vida cuya consecuencia, entre otras muchas, sea la felicidad.

CONCLUSIÓN

Hace veintisiete años, mi maestro compartió conmigo la profunda sabiduría que supone entender los mecanismos internos de la mente. Esas enseñanzas, de eficacia contrastada a lo largo del tiempo, constituyen un legado con más de dos milenios de historia entre los monjes del linaje espiritual al cual pertenecíamos el gurú y yo.

Los que comprendieron la trascendencia de estas enseñanzas —su simplicidad, su practicidad, su capacidad para suscitar profundas revelaciones si se entienden y se aplican en la propia vida— son aquellos cuyas vidas se han transformado para siempre. Yo soy una de esas personas. Soy uno de aquellos cuyas existencias experimentaron una transformación por el hondo impacto de estas enseñanzas. ¿Cómo no compartirlo contigo?

Este libro es una obra de amor. Lo escribí para que tú también puedas experimentar el poder de este saber que cambió mi vida y la de tantas personas. La sabiduría que comparto, por profunda que sea, no servirá de nada si no la comprendes y la aplicas en tu vida de manera constante y correcta. La responsabilidad recae en ti y en nadie más. Puedes recorrer la senda de las palabras, que consiste en hablar de lo que leíste y aprendiste, o puedes recorrer el camino de la experiencia personal, que consiste en aplicar estas enseñanzas en tu día a día y vivenciar la transformación que aportan. Tú decides.

Tal vez te estés preguntando: «¿Y ahora qué?». Esfuérzate en entender las enseñanzas. Léelas una y otra vez. Deja que permeen cada célula de tu cuerpo. Aplícalas en todos los aspectos de tu vida. Y, por encima de todo, practica, practica y no dejes de practicar. Aprendemos a dominar la conciencia en el interior de la mente porque ansiamos los maravillosos beneficios que aporta a nuestra vida.

Cuando vayas implementando estas enseñanzas en tu día a día, sé comprensivo, paciente y compasivo contigo. Recuerda que eres un proceso en curso, una obra en construcción. Algunas partes necesitan arreglos y no pasa nada, siempre y cuando trabajes para ajustarlas sin prisa, pero sin pausa.

Tienes la suerte de disfrutar del don más maravilloso: la vida. El contenido de este libro te ayudará a llevar una existencia verdaderamente excepcional. Entender a fondo qué son la conciencia y la mente y poseer la destreza necesaria para gobernar y focalizar la conciencia es uno de los mayores dones a los que podemos acceder. Es el remedio prodigioso para muchos de los males que sufre la mente. Es el ingrediente esencial para manifestar tus objetivos vitales y vivir con propósito. La alegría, la felicidad y la satisfacción se cuentan entre los efectos secundarios que nos aporta esta práctica, pero la consecuencia más importante que se deriva de ella es la de «conocerte a ti mismo».

Para terminar, te dejaré una de mis citas favoritas de Gurudeva: «Avanza con seguridad».

AGRADECIMIENTOS

La gratitud y el reconocimiento son virtudes esenciales para alcanzar una vida mejor. Funcionan como hechizos con los que se disuelven el odio, el dolor y la tristeza; son la medicina que cura los estados de ánimo subjetivos y nos devuelve el autorrespeto, la seguridad en nosotros mismos y la confianza en las propias posibilidades.

GURUDEVA

No hay nada en el mundo que haya sido creado por una sola persona. Todo surge de un esfuerzo colectivo y hace falta una tribu para escribir un libro. Esta obra es una realidad gracias a todas las personas que han creído en mí y me han apoyado a lo largo del proceso.

A Gurudeva, Yogaswami y los gurús de ese linaje, gracias por el amor incondicional, la sabiduría y la orientación que nos han concedido a mi familia y a mí durante las últimas cinco generaciones.

A Alice Martell, mi agente literaria: tu fe en mi trabajo al comienzo de esta aventura fue el principio de todo. Gracias por hacerlo realidad.

A Adrian Zackheim, mi editor: gracias por creer en esta obra y por tu audaz apoyo a mis decisiones. Me alentaste hasta lo indecible.

Al equipo de Portfolio y Penguin Random House EE.UU.: gracias por todo lo que hacen; lo que se ve y lo que no. Su trabajo hizo posible este libro e impulsó su misión de mejorar y transformar muchas vidas. Quiero que sepan que los valoro enormemente a todos. Un agradecimiento especial a Annie Gottlieb.

A James Landis, Michael Lützenkirchen, Robert van der Putten y Ragy Thomas les doy unas gracias inmensas por su apoyo y su fe en Gurudeva y en mi trabajo.

A Sadhaka Haranandinatha y Sadhaka Tejadevanatha, gracias por ser mis hermanos en el monasterio y por su amor y fe en mí, que abarcan varias vidas.

A mi fantástico equipo (Marilyn, Yeimi, David, Icho, Alex y Georgii), gracias por no bajar el ritmo mientras yo estaba absorto en la creación de este libro. Les estoy infinitamente agradecido a todos y cada uno.

A mi madre, por su amor y apoyo sin límites: tú me trajiste aquí y tu amor me impulsa allá donde voy.

A mi hija, Meenakshi: gracias por tu amor, por la inmensa alegría que me proporcionas a diario, por venir cuando te llamé y por inspirar la sección «La verdad oculta» con tus preguntas y tu sabiduría sobre la conciencia y la mente.

A mi mujer y mejor amiga, Tatiana: gracias por tu increíble amor y paciencia, y por ser siempre mi seguidora número uno. Este libro no habría sido posible sin tu apoyo y aliento constantes. Soy inmensamente afortunado por tenerte en mi vida.

ÍNDICE ONOMÁSTICO Y DE MATERIAS

El poder de la concentración fue posible gracias al
trabajo de su autor, Dandapani, así como de la
traductora Victoria Simó, de la correctora Laura
Vaqué, el diseñador José Javier Ruiz-Zarco Ramos, el
equipo de Realización Planeta, la directora editorial
Marcela Serras, la editora ejecutiva Rocío Carmona,
la editora Ana Marhuenda, y el equipo comercial, de
comunicación y marketing de Diana.

En Diana hacemos libros que fomentan el
autoconocimiento e inspiran a los lectores en su
propósito de vida. Si esta lectura te gustó, te
invitamos a que la recomiendes y que así, entre todos,
contribuyamos a seguir expandiendo la conciencia.